21 世纪高等院校创新课程规划教材
浙江工业大学重点教材建设项目资助

数字时代的管理信息系统

主　编　叶　枫　曹　聪
副主编　叶许红　许荣华

中国财经出版传媒集团
经济科学出版社
Economic Science Press

图书在版编目（CIP）数据

数字时代的管理信息系统 / 叶枫，曹聪主编；叶许红，许荣华副主编. -- 北京：经济科学出版社，2023.6
21 世纪高等院校创新课程规划教材
ISBN 978-7-5218-4699-7

Ⅰ. ①数… Ⅱ. ①叶… ②曹… ③叶… ④许… Ⅲ. ①管理信息系统-高等学校-教材 Ⅳ. ①C931.6

中国国家版本馆 CIP 数据核字（2023）第 066961 号

责任编辑：周胜婷
责任校对：李 建
责任印制：张佳裕

数字时代的管理信息系统
主 编 叶 枫 曹 聪
副主编 叶许红 许荣华
经济科学出版社出版、发行 新华书店经销
社址：北京市海淀区阜成路甲 28 号 邮编：100142
总编部电话：010-88191217 发行部电话：010-88191522
网址：www.esp.com.cn
电子邮箱：esp@esp.com.cn
天猫网店：经济科学出版社旗舰店
网址：http://jjkxcbs.tmall.com
固安华明印业有限公司印装
787×1092 16 开 16.25 印张 370000 字
2023 年 6 月第 1 版 2023 年 6 月第 1 次印刷
ISBN 978-7-5218-4699-7 定价：56.00 元

前言

QIANYAN

2022年10月16日上午10时，中国共产党第二十次全国代表大会在北京人民大会堂开幕，习近平总书记代表第十九届中央委员会向大会作了题为《高举中国特色社会主义伟大旗帜 为全面建设社会主义现代化国家而团结奋斗》的报告。党的二十大是在全党全国各族人民迈上全面建设社会主义现代化国家新征程、向第二个百年奋斗目标进军的关键时刻召开的一次十分重要的大会，是一次高举旗帜、凝聚力量、团结奋进的大会。党的二十大报告强调，“教育是国之大计、党之大计”，并进一步指出，“育人的根本在于立德。全面贯彻党的教育方针，落实立德树人根本任务，培养德智体美劳全面发展的社会主义建设者和接班人”。党的二十大为高等教育的改革创新，提供了新的历史机遇，也为本科教育的高质量发展提出了更高的要求。

自20世纪90年代以来，以学生为中心的教学理念得到了广泛的研讨和普及，被大部分国家的教育管理部门所采纳，并得到了联合国教科文组织的推荐。社会各界人士不同的组织机构都在强调并呼吁教学的创新，因为只有这样才能提高青年人的技能，以适应全球化的组织形态和生产经营模式，进而适应当下的大变局社会。同时，通过教育的方式，塑造学生的“世界观、人生观和价值观”是对一个国家公民的基本要求，也是当前教育发展的新期望。

在以往的教育体系中，我们希望学生毕业后能够利用大学中学习到的知识和技能服务或支撑他们所从事的职业。然而，随着当前技术的发展，信息技术的普及，特别是互联网资讯的广泛增长，对于学生的要求不再仅仅是知识的获取或理解，而是提出了更高的标准和要求。在如今这个万物互联的时代，特别是全球化的市场环境下，企业和社会期待我们培养的学生能够创造新的知识，并将其应用于不同的社会场景中，进而影响他人、提高相关领域的话语权。高等教育不再是“填鸭式”的教育模式，而是转变成培养学生的技能，并强调利用技能实现学生自主学习、终身学习的目标。这些技能包括提出思考、解决问题、理性思辨、团队合作、沟通共享、人文关怀、职业素养、家国观念以及有助于实际和高效地解决问题的能力。同时，为了实现中华民族的伟大复兴，产业的协同发展，我们期待学生能够具备创新创业的意识和能力，也渴望培养他们的企业家精神。因此，教育的创新就成为每一个高校工作者必须思考的问题。

正如《中华人民共和国国民经济和社会发展第十四个五年规划和2035年远景目标纲要》中指出的那样，我们应全面贯彻党的教育方针，坚持优先发展教育事业，坚持立德树人，增强学生文明素养、社会责任意识、实践本领，培养德智体美劳全面发展的社会主义建设者和接班人。同时，伴随我国技术的发展以及世界格局的变化，我们应进一步深化新时代教育评价体系，建立健全教育评价制度和机制，发展素质教育，更加注重学生爱国情怀、创新精神和健康人格的培养。同时，要考虑国家发展方向、企业人才需求以及学生个性化培养等方面的有机结合，以“知行合一”为核心，发挥在线教育的优势，通过实践导向型与研究导向型的统一，完善终身学习体系，建设学习型的社会。

当前管理信息系统方面的教材内容形式多样，但从实践效果上看，还存在理论的阐述与实践部分脱节的问题。如果理论不能解释现实，教育就不会有实际效果。理论上不彻底，就难以服人。因此推动课程的改革与创新，需要不断增强思政内容的思想性、理论性、亲和力和针对性。只有这样才能激发课堂活力，才能提升育人效果。国外有很多经典教材，其使用效果也较为出众，虽然我们也引进并建设了一批课程，但是依旧存在本土化不够彻底的问题，没有考虑我国的国情，其使用的企业案例也主要是海外的公司，没有结合并考虑我国企业的发展。

综上所述，本次出版的新编教材希望依托浙江工业大学的课程改革，以中国企业的实际发展和数字化进程为参考，构建更适用于我国大学生学习的教材。

教材编写团队

2023 年 3 月 1 日

目录
MULU

第1章 信息系统概论

1.1 数据与信息的概念

1.1.1 数据的概念

数据是用符号描述的客观事物的属性值，用于表示客观事物未经加工的原始素材。或者说，数据是通过物理观察得来的事实和概念。这些符号包括可以被人们识别的数字、文字、图像、声音、影像等。例如，描述某个企业的数据有企业营业执照号、企业名称、注册地址、注册资金、法人代表等，描述学生的数据有学号、姓名、性别、出生年月、联系电话、照片等。在计算机科学中，数据是指所有能输入计算机并被计算机程序处理的符号和介质的总称。随着大数据时代的到来，数据已经成为一种重要的资源。

1.1.2 信息的概念

信息的定义非常多，信息论创始人香农的定义是：信息是用来消除未来的某种不确定性的东西[①]。

根据人们这些年对信息的研究成果，信息的概念可以概括如下：信息是客观世界中各种事物的运动状态和变化的反映，是客观事物之间相互联系和相互作用的表征，表现的是客观事物运动状态和变化的实质内容。从物理学角度来讲，信息与物质是两个不同的概念，信息不是物质，虽然信息的传递需要能量，但是信息本身并不具有能量。信息最显著的特点是不能独立存在，信息的存在必须依托载体。

1.1.3 数据与信息的关系

数据与信息是相互关联的。相对于“信息”而言，“数据”是原始的，即对客观事物

---

① Shannon C. E. A mathematical theory of communication [J]. The Bell System Technical Journal, 1948, 27 (3): 379-423.

的原始记录；而“信息”则是人对数据进行处理之后获得的知识或含义，仍然可以以数据的形式被记录。数据具有客观性，而信息具有主观性。

在数据处理领域，特别是对于一个数据处理过程或系统而言，我们通常将输入的原始数据称为数据，而将加工后输出的数据称为信息。但是，一个系统的输出数据可能成为另一个系统的输入数据，或者说，一个系统产生的信息对另一个系统来说可能是数据。因此，管理信息系统归根到底就是一个数据处理系统，其作用就是把原始的输入数据加工成用户所期望形式的输出数据。

1.1.3.1　数据的性质

（1）客观性。原始数据是对客观事物的记录，具有客观性。对数据进行加工可以获得信息，将获得信息加以记录（信息的数据化）又成为了数据，这种数据称为二次数据。二次数据则不一定具有客观性。

（2）可存储性。数据可以通过一定的方法和介质存储起来，以满足其采集、处理、使用的要求。

（3）可传递性。数据可以通过各种方式（声、光、电等）传递，以满足其在采集、处理、使用等环节的空间差异要求。

（4）介质依赖性。数据依赖于一定的介质而存在，其存储、传递和加工均需依赖各种介质。

（5）有用性。可以从数据中获得信息，消除不确定性，以帮助人们决策。

（6）时效性。数据是记录客观事物的，但客观事物是不断变化的，一段时间之后，数据记录的状态可能与事物的实际状态不符，从而失去效用。数据的时效性要求人们及时采集、处理、传递、更新和使用数据。

（7）可加工性。可以对数据进行编码、分类、汇总、排序、变换等各种加工，以方便数据的存储、传递和使用。

1.1.3.2　信息的性质

（1）数据依赖性。数据是信息的载体，没有数据就没有信息。

（2）非消耗性。信息不同于物质，物质交换时，一方的获得往往伴随着另一方的失去。但信息就不同，它不会因为某人接收了信息，其他人就不能接收了。教育就是一种信息传播的过程，通过传播前人总结的知识和经验，可以大大降低个人掌握知识和技能的成本。

（3）主观性。按照信息论的观点，信息具有强烈的主观性。例如，一只股票的行情数据是客观的，但不同的股民会从中获得不同的信息，从而作出不同的买卖决定。原始数据是客观的，但一旦经过处理得到了信息，再将信息数据化记录下来，则得到的数据（可以称为二次数据）就可能具有主观性。应该尽量使数据具有客观性。

（4）价值性。信息可以消除不确定性，以帮助人们决策。但信息价值与其接收者有关，不是任何信息对任何人和组织都是有用的。

（5）真伪性。信息是人对数据含义的理解。受各种因素的影响，这种理解可能是真实准确的，也可能是不符合实际情况的。虚假的、不准确的信息会导致人们作出错误的决策。

（6）时效性。信息的时效性源于数据的时效性。由于在管理信息系统中将信息看作是加工后的数据，所以人们往往将数据与信息概念混用。为了让管理信息系统更好地支持组织的决策，就必须尽可能地保证数据的客观性、正确性和时效性。

1.1.4　管理信息

管理信息，是指组织在其经营管理活动中采集到的，经过加工处理后对组织的经营管理决策产生影响的数据。

1.1.4.1　管理信息的作用

管理的五大职能是计划、组织、协调、决策和控制。管理信息的作用体现在对这五大职能的支持上。

（1）管理信息是制订计划的依据。计划是组织的行动规划和发展目标，制订计划必须依据组织的现状和组织内外部的情况。管理信息能够反映这些情况，同时计划本身也是一种管理信息。

（2）管理信息是管理组织的依据。管理组织需要了解各种关于人的信息，对人员进行考核和激励，运用各种资源，这些都离不开相应管理信息的支持。

（3）管理信息是管理决策的依据。正确决策的决定性因素之一是对现实、发展趋势、组织计划采取的行动及其可能的后果的准确判断，离开了这些，决策就会变得盲目从而导致失败。管理信息反映了组织运作的历史与现状，以及组织面对的内外部环境，能够帮助决策者消除不确定性，明确决策的目标和条件，预测未来，从而有利于决策者作出正确的决策，避免决策的盲目性，减少风险。

（4）管理信息是实施管理控制和协调的依据。组织在其运作过程中，由于各种因素，随时可能偏离目标和计划，发生各种冲突，这时实施及时而正确的控制和协调就非常必要。而实施控制和协调必须了解实际与计划发生了什么偏差、多大的偏差、是什么因素引起的、矛盾由何而来等问题，否则控制和协调就无从谈起。而管理信息可以帮助管理者了解这一切，从而使有效的管理控制和协调成为可能。

（5）管理信息还是联系组织和环境的纽带。管理信息不仅包括组织内部的信息，而且包括组织外部的信息。组织从外部获得输入，同时向外部提供输出，这些输入输出都伴随着大量的管理信息。组织只有清楚地了解外部环境，同时将自己的需求和能力告诉外部环境，才能更好地提供服务并得到外部提供的服务。简而言之，管理信息是组织的重要资源。

离开管理信息，任何组织都将无法生存。不能好好利用管理信息，将严重影响组织的发展。

1.1.4.2 组织的管理层次及其信息需求特点

典型的组织结构是金字塔状的，由底向上依次是业务层、知识层、管理层和决策层。不同的层次对信息的需求是不同的。组织的管理层次及其信息需求特点如图 1－1 所示。不同层次的信息需求存在较大差异。而且几乎所有的子系统都存在这几个层次，当然不同子系统不同层次之间的需求也是不一样的。概括起来可以总结为：业务层的信息需求主要是一些业务信息，主要特点是来自内部，范围确定，数据量大，信息详尽，使用频率高；知识层的信息需求具有专业性、知识性和经验性；管理层的信息需求主要是战术信息，主要来自组织内部，较概括，范围较确定，定期变化；决策层需要的主要是战略信息，包括来自组织内部和外部的信息，概括性强，范围广，信息需求不确定。

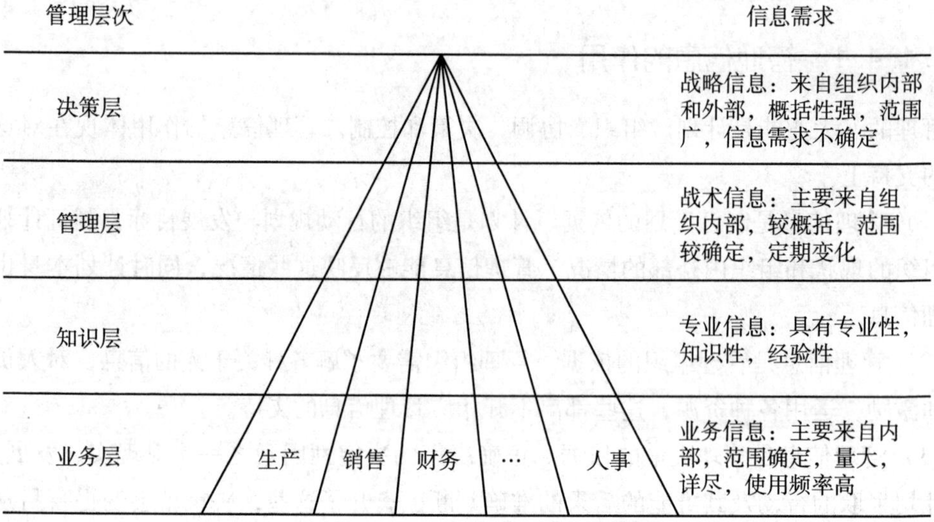

图 1－1 组织的管理层次及其信息需求

1.1.5 信息技术与信息技术从业者

信息技术（information technology，IT），是用于管理和处理信息所采用的各种技术的总称，主要是应用计算机科学和通信技术来设计、开发、安装和实施信息系统及应用软件。它也常被称为信息和通信技术（information and communications technology，ICT），主要包括传感技术、计算机与智能技术、通信技术和控制技术。

信息技术的应用包括计算机硬件和软件、网络和通信技术、应用软件开发工具等。计算机和互联网普及以来，人们日益普遍地使用计算机来生产、处理、交换和传播各种形式的信息（例如书籍、商业文件、报刊、唱片、电影、电视节目、语音、图形、影像等）。

信息技术从业者包括：

（1）系统分析师，负责信息系统的分析与设计。

（2）UX/UI 设计师。UX 代表“用户体验”，仅表示用户对产品或品牌的体验；UX 设计师的工作是使用市场研究、心理学、测试和分析来确保用户拥有愉快的体验；UX 设计者是否具有对产品的决策权或产品和品牌（包括销售、客户支持和营销）的决定权取决于公司。UI 代表“用户界面”，如产品或服务的按钮、旋钮和链接；UI 设计师的工作是使用心理学、测试和分析来确保用户界面的美观、简单易学和操作。

（3）软件工程师，负责信息系统的开发与维护。

（4）测试工程师，负责信息系统的测试和评估。

（5）质量保证技术员，负责软件缺陷测试，可以使用企业质量管理软件。

（6）安全分析师，负责保护组织的敏感数据免受未经授权的访问。安全分析师将创建和实施安全策略，培训员工数据安全最佳做法，并向管理层报告这些措施是否有效。

（7）解决方案架构师，负责设计解决方案。

（8）硬件工程师（或计算机硬件工程师），负责设计、创建、测试、分析和建议非软件组件，例如，路由器、处理器、电路板、芯片、存储设备、服务器、键盘、打印机等。

（9）机器学习工程师，也属于软件工程师，但重点是机器学习。随着时间的推移，这个角色将可能与其他功能一起工作，它可能从客户服务或产品开发开始。

（10）技术支持人员，主要负责在计算机或互联网出现问题时，帮助解决问题。他们可以通过电话或者互联网进行远程帮助，也可以到现场解决问题；原则上是在远程方式解决不了问题时再到现场解决。

（11）网络管理员，负责确保组织的计算机网络正常运行，包括计算机、外围设备、软件系统、操作系统等方面的协同工作。

（12）数据库管理员，负责信息系统数据库的正常运行，做好数据库的维护和安全保障。

1.2 信息系统的概念

1.2.1 系统的概念

系统论创始人贝塔朗菲给出的系统（system）定义是：系统是相互联系相互作用的诸元素的综合体①。也就是说，对象集要满足两个条件：系统中至少包含两个不同元素；系

① Goldberg A I. General System Theory. Foundations, Development, Applications [J]. Archives of General Psychiatry, 1969, 21 (2): 251 - 252.

统中的元素按一定方式相互联系。

系统具有普遍性，从基本粒子到整个宇宙，从人类到所有生物界，从自然科学到社会科学，系统无所不在。从宏观方面来看，系统一般可以分为自然系统、人工系统、复合系统。自然系统包括生态系统、生命系统、天体系统、物质微观结构系统以及社会系统等。人工系统包括生产系统、交通系统、电力系统、计算机系统、医疗系统、企业管理系统等等。复合系统是自然系统和人工系统的组合。

任何系统都具有以下特性：

（1）整体性。系统由相互依赖的若干部分组成，各部分之间存在着有机联系，形成一个综合整体，并实现一定的功能，这就是系统的整体性。系统的整体性表现为系统具有集合性，即构成系统的各个部分可以具有不同的功能，但能实现系统的整体功能，系统不是各部分的简单机械组合，而是一个具有统一目标的协作整体。

（2）相关性。所谓系统的相关性，就是指构成系统的各部分相互关联、相互制约和相互影响。这种相关性确定了系统的性质和形态。

（3）目的性和功能性。大多数系统的活动或行为都可以完成一定的功能，但不一定所有的系统都有目的。社会系统一般都具有自己的目的，且都是根据系统的目的来设定其功能的。例如，自然形成的河流系统并没有目的性，但具有在河上行船的功能。人类利用河流的这种功能构造船运系统，以达到运输人和物的目的。

（4）环境适应性。系统总是处在环境之中。一个系统和包围该系统的环境之间通常都有物质、能量和信息的交换。环境会随着时间而发生变化，系统本身也会随着时间发生变化，并且它们会相互影响。外界环境的变化会引起系统特性的改变，相应地引起系统内各部分相互关系和功能的变化。为了保持和恢复系统原有特性，或者满足系统新的目标，系统必须具有对环境的适应能力。系统有各种适应环境的机制，如反馈系统、自适应系统和自学习系统等。

（5）动态性。系统及其所处的环境都是处在不断运动和动态变化之中的。开放系统与外界环境有物质、能量和信息的交换，系统内部结构也可以随时间变化。系统由物质组成，而物质和运动是密不可分的，各种物质的特征、形态、结构、功能等，都是通过运动表现出来的。物质与运动的必然联系决定了系统具有动态性。系统的动态性使其能够不断发展，并且具有生命周期。

（6）有序性。系统具有有序性。系统的结构、功能和层次的动态演变具有某种方向性，使系统能够实现有序和相对的稳定。一般系统论的一项重要研究成果就是把生物与生命现象的有序性和目的性同系统的结构稳定性联系起来，也就是说，有序能使系统趋于稳定，而系统的目的性能使系统走向期望的稳定的系统结构。

（7）独立性。系统与其所处的环境既有联系，但同时也具有独立性，即：与外部环境具有明确的界限。

1.2.2　系统方法与系统工程

1.2.2.1　系统方法

系统方法，就是按照事物本身的系统性把对象放在系统的形式中加以考察的一种方法，它是一种立足整体、统筹全局，使整体与部分辩证地统一起来的科学方法。具体地说，就是从系统的观点出发，始终着重在整体与部分（要素）、要素与要素、整体与外部环境的相互关系中揭示对象的系统性质和运动规律，以达到最佳地处理问题的一种方法。在运用系统方法考察客体对象时，一般应遵循整体性、历时性和最优化的原则。

整体性原则是系统方法的出发点。它是指把对象作为一个合乎规律的、由各个构成要素组成的有机整体来研究。系统整体的性质和规律，只存在于各部分之间相互联系、相互作用、相互制约的关系中，单独研究其中任何一部分都不能揭示出系统的规律性。各组成部分的孤立特征和局部活动的总和，并不能反映整体的特征和活动方式。因此，它不要求人们像以前那样，事先把对象分割成许多简单的部分，分别加以考察后再把它们机械地叠加起来，而是把对象作为整体对待，从整体与部分的相互关系中揭示系统的特征和运动规律。

历时性原则是系统方法的基本原则之一。所谓历时性，是指在运用系统方法分析研究对象时，应着重注意系统是什么方式产生的，在其发展过程中经历了哪些历史阶段，以及它的发展前景如何。也就是说，把客体当作随时间变化着的系统来考察，从客体的形成过程和历史发展中认清现象的本质规律。任何系统都有一个生命周期，即系统从孕育、产生、发展到衰退、消亡的过程。由于现代社会系统内部信息流动的速度不断加快，对于信息系统来说，这种历时性则表现得更为明显。

最优化原则是指从许多可供选择的方案中挑选出一种最优方案，以便使系统运行趋于最优状态，从而达到最优效果。它可以根据需要和可能为系统确定最优目标，并运用最新技术手段和处理方法把整个系统分成不同等级和不同层次结构，在动态中协调整体与部分的关系，使部分的功能和目标服从系统总体的最优功效，达到整体最佳的目的。例如，对一个信息系统的设计和控制问题，系统方法可以根据信息环境与信息系统的关系，根据信息需要和可能提供的资源条件，为该系统确定一个最优目标；通过分析系统结构，研究如何把这个大系统划分成若干个子系统，如财务管理、制造、营销、人力资源等；每个子系统又可分为更低一级的分支系统，以便逐阶分级进行最优处理，然后在最高一级统一协调，求得整个系统的最优化。

1.2.2.2　系统工程

系统工程是运用系统思想改造客观世界的一大类工程技术的总称。人们对于系统的认识，即关于系统的思想，来源于社会实践。人们在长期的社会实践中逐渐形成了把事物的各个组成部分联系起来从整体角度进行分析和综合的思想，即系统思想。随着科学技术的迅速发展和生产规模的不断扩大，迫切地需要发展一种能有效地组织和管理复杂系统的规划、研究、设计、制造、试验和使用的技术，即系统工程。

系统工程的研究范围已经覆盖到社会、技术和经济领域，如科学系统工程、企业系统工程、军事系统工程、经济系统工程、社会系统工程、农业系统工程、行政系统工程、法治系统工程等。除了特有的专业学科基础外，作为系统工程共同的基础技术科学，有运筹学、控制论、信息论、计算科学和计算技术。系统工程可以解决的问题涉及改造自然，提高社会生产力，增强国防力量，直至改造整个社会活动。

1940 年，美国贝尔电话公司试验室的 E. C. 莫利纳（E. C. Molina）和丹麦哥本哈根电话公司的 A. K. 厄朗（A. K. Erlang）首次提出“系统工程”，他们在研制电话自动交换机时，意识到不能只注意电话机和交换台设备技术的研究，还需从通信网络的总体上进行研究。他们把研制工作分为规划、研究、开发、应用和通用工程等五个阶段，以后又提出了排队论原理，并应用到电话通信网络系统中，推动了电话事业的飞速发展。

1940～1945 年，美国制造原子弹的“曼哈顿”计划，由于应用了系统工程方法进行协调，在较短的时间内取得了成功。1945 年，美国建立了兰德公司，应用运筹学等理论方法研制出了多种应用系统，在美国国家发展战略、国防系统开发、宇宙空间技术以及经济建设领域的重大决策中，发挥了重要作用，“兰德”又被誉为“思想库”和“智囊团”。

1956 年，中国科学院在著名科学家钱学森、许国志教授的倡导下，我国建立了第一个运筹学小组；60 年代，著名数学家华罗庚大力推广了统筹法、优选法；与此同时，在钱学森领导下，在导弹等现代化武器的总体设计组织方面，取得了丰富经验，国防尖端科研的“总体设计部”取得显著成效。1977 年以来，系统工程的推广和应用出现了新局面，1980 年成立了中国系统工程学会，与国际系统工程界进行了广泛的学术交流。近年来，系统工程在各个领域都取得了许多成果。

系统工程有三个特点：

（1）研究的对象广泛，包括人类社会、生态环境、自然现象和组织管理等。

（2）系统工程是一门跨学科的边缘学科。不仅要用到数、理、化、生物等自然科学，还要用到社会学、心理学、经济学、医学等与人的思想、行为、能力等有关的学科，是自然科学和社会科学的交叉。因此，系统工程形成了一套处理复杂问题的理论、方法和手段，使人们在处理问题时，有系统的整体的观点。

（3）在处理复杂的大系统时，常采用定性分析和定量计算相结合的方法。因为系统工程所研究的对象往往涉及人，这就涉及人的价值观、行为学、心理学、主观判断和理性推理，因而系统工程所研究的大系统比一般工程系统复杂得多，处理系统工程问题不仅要有科学性，而且要有艺术性和哲理性。

1.2.3 信息系统

1.2.3.1 信息系统的概念

信息系统是一种社会技术系统，它是由计算机硬件、网络和通信设备、计算机软件、信息资源、信息用户和规章制度组成的以处理信息流为目的的人机一体化系统，对数据和信息进行采集、存储、加工和再现。

其主要任务是最大限度地利用现代计算机及网络通信技术加强企业的信息管理，通过对企业拥有的人力、物力、财力、设备、技术等资源的调查了解，建立正确的数据，加工处理并编制成各种信息资料及时提供给管理人员，以便进行正确的决策，不断提高企业的管理水平和经济效益。

信息系统在不同的发展阶段，数据采集与输入、数据处理、数据存储、数据传递和数据输出的手段和方式有所不同。目前的信息系统普遍采用各种自动、半自动设备或人工输入等方式采集数据；使用大容量的高速存储设备保存数据；利用计算机对数据进行快速、智能和自动化的处理；通过各种有线或无线的高速网络传递数据；以各种生动、丰富的形式输出数据。

1.2.3.2 信息系统的功能

信息系统具有数据采集和输入、数据存储、数据处理、数据传递和数据输出五个基本功能。实现这些功能的多种手段和形式又派生出了无数的应用。

（1）数据采集和输入。数据是无穷无尽的。信息系统需要采集的是对于使用者有用的信息。原始数据通常是分散的，数据的存在形式也是多种多样的。因此，数据的采集就是要从分散的数据中选择对信息系统有用的数据，转换成系统能够接受的格式，并输入信息系统中。数据的采集对于信息系统的运行是关键的第一步。如果输入的原始数据是错误的，那么处理结果肯定也是错误的。

数据采集分为一次采集和二次采集。一次采集是指对原始数据的采集，主要关心数据的及时性和完整性；二次采集通常是指从其他系统收集对本系统有用的数据，主要工作是对数据的筛选和格式转换，要特别关注的是数据的有用性以及统计口径、数据单位的一致性。

（2）数据存储。信息系统采集到的数据和加工处理后的数据，需要在一定的介质上存储起来，以备后续处理和使用。对于信息系统而言，数据存储的容量和访问效率是非常关键的因素。

（3）数据处理。数据处理的目的是将数据转换成方便用户使用的形式，或者通过数据处理获得数据中隐藏的价值。数据处理的范围很广，不仅包括分类、排序、核对、合并、更新、分解、形式转换等基本处理，还包括基于数学模型的高级处理，涉及运筹学、管理科学、人工智能等多门学科。

（4）数据传递。信息系统覆盖的范围可以很广，不仅仅可以分布在国内的不同省市，也有不少信息系统是跨越国界的。因此如何实现不同空间之间的数据传输也是非常重要的。通过互联网技术可以实现分布在不同地域的用户共享信息。“地球村”的时代已经到来。

（5）数据输出。数据输出就是信息系统向用户提供能满足需求的信息。除了数据的内容外，输出数据的形式也是十分重要的。正确的内容、恰当的数据输出形式可以大大地方便用户对数据的理解，从而简化用户从数据中获取信息的过程。用户对信息系统数据输出的基本要求是：及时、准确、完整和易于理解。

1.3　管理信息系统的概念

1.3.1　管理信息系统定义

1985 年，管理信息系统的创始人——美国明尼苏达大学卡尔森管理学院的著名教授戴维斯（G. B. Davis）给管理信息系统下了一个定义：管理信息系统是一个利用计算机硬件和软件，手工作业，分析、计划、控制和决策模型以及数据库的用户 - 机器系统；它能提供信息支持企业或组织的运行、管理和决策功能。

目前国内比较常见的定义是：管理信息系统（management information system，MIS）是以现代管理理论为指导，以计算机和网络通信设施等现代信息技术为基础，以系统思想为主导，建立起来的能进行信息的收集、传输、加工、存储并为管理人员提供决策信息的人机信息系统。

管理信息系统的目标是为管理人员提供在管理工作中所需要的信息。管理信息系统是为管理工作服务的，不能代替管理人员的工作。

1.3.2　管理信息系统结构

管理信息系统结构是指系统内部各组成要素之间的相互关系和相互作用方式，即各要素之间在时间和空间上排列和组合的具体形式，包括管理信息系统的功能结构、硬件结构和软件结构。管理信息系统为实现组织的目标，对整个组织的信息资源进行综合管理、合理配置各种要素并有效利用。完整的管理信息系统包括九大部分。

（1）企业数据。企业数据是企业管理信息系统最重要的组成部分，这些数据直接反映企业产、供、销活动，人、财、物等状况，其他部分一旦损失，都可以修复。但企业的数据一旦损失，如果没有备份，根本不可能恢复，或恢复的成本极其高昂。因此，对数据的重视怎么高也不过分，对数据管理工作最重要的是备份。

（2）硬件系统。硬件系统包括服务器、台式电脑、笔记本以及其他智能设备，包括智能手机、平板电脑等。还有许多外围设备，如摄像头、扫描仪、打印机，以及一些必需的网络设备。目前的服务器可以在自建的机房或数据中心，也可以租用云服务器，例如阿里云、腾讯云、华为云等。

（3）软件系统。软件系统包括系统软件和应用软件。系统软件包括服务器操作系统、数据库管理系统、开发语言，以及客户端的计算机操作系统或者智能设备的操作系统。应用软件包括通用的应用工具包和专用软件等。常用的工具包有办公软件、图形图像处理软件、数据分析软件和优化软件等。专用软件包括商品化的管理信息系统，例如企业资源计划（ERP）系统、客户关系管理（CRM）系统等，也包括一些为企业定制开发的信息系统。

（4）数据存储介质。数据及其存储介质可以和服务器配套，也可以相对独立，在云服务器解决方案中，数据存储也可以租用，可以根据数据安全等级的要求设置数据备份方式。对于在本地自建数据中心的信息系统，除了服务器自有的硬盘之外，还可以配置磁盘阵列柜、光盘刻录备份设备等。为了保证数据的安全性，可能还需要建立异地备份的机制，以防止灾难发生导致数据的丢失。

（5）通信系统。管理信息系统的通信系统包括服务器与客户端计算机或者智能设备的通信系统，可以是企业内联网（intranet）、企业外联网（extranet）、互联网（internet），以及这些网络的组合。企业外联网一般可以通过虚拟专用网络（virtual private network，VPN）实现企业内部系统的部分访问。除了这些之外，管理信息系统还可能会用到一些新型的通信方式，例如蓝牙、近场通信（near-field communication，NFC）、无线射频识别（radio frequency identification devices，RFID）等短距离传输技术。自建数据中心的网络通信设备的投入是一笔不小的开支。

（6）信息采集、处理设备。随着信息技术的飞速发展，信息采集与处理设备层出不穷，除了常规的键盘、鼠标输入之外，还有条码二维码扫描仪、智能摄像头、各种智能仪器的自动数据导出接口、智能手机等。这些数据采集设备的广泛采用，造成数据量快速膨胀，对数据处理设备的要求也不断提高，靠传统的单服务器模式可能根本就处理不了。所以需要通过多台服务器的并行计算来解决，还可以用强大的GPU组合算力，完成一些耗时算法的计算要求。

（7）管理信息系统规章制度。管理信息系统要能够正常运行，除了系统本身要具有良好的性能之外，必须有一系列规章制度的支持。这些规章制度包括人员的分工、权力、责任、工作规范、工作流程等，在整个信息采集、编码、存储、加工、传输过程中制定各种技术标准和工作规范。甚至需要通过一些规章制度弥补信息系统存在的漏洞，以保证系统的正常运行，避免一些不良事故的发生。

(8) 管理信息系统管理机构。管理信息系统的运行需要相应的管理机构或管理部门负责，比较常见的部门为信息中心或信息部（科），其职责是保证管理信息系统的正常运行，其中包括系统维护、日常运行记录、系统监管、数据备份、人员培训，以及与系统的开发商或供应商保持联系，要求他们尽快地处理系统运行中出现的问题。该部门的管理人员起码要包括系统管理员、数据库管理员、硬件与网络设备维护人员等。

(9) 工作人员。管理信息系统涉及的人员包括使用、操作、维护管理信息系统的各类人员。首先是直接操作计算机或相关智能设备的操作员、管理员以及相关领导；其次是进行系统管理与维护的管理机构人员，包括系统管理员、数据库管理员、硬件与网络设备维护人员等；还有就是管理信息系统的供应商或开发商，他们要负责系统的运行维护的保障工作，需要在7×24小时随时待命，一旦发生问题，必须在若干小时内解决问题。

1.3.3 管理信息系统的类型

与图1-1的组织层次结构相对应，管理信息系统可以分为6类。分别为事务处理系统、知识管理系统、办公自动化系统、管理信息系统、决策支持系统和经理支持系统。

1.3.3.1 事务处理系统

事务处理系统（transaction processing system，TPS）是组织内最基础最常用的信息系统，主要用于处理组织的日常业务，通过对业务处理的自动化，实现提高工作效率和工作质量的信息系统。事务是指组织的基本业务活动，这些活动组成了事务处理的生命周期，具体包括数据收集、数据编辑、数据修改、数据操作、数据更新、生成文档和报告。事务处理系统的特点是：事务信息是高度结构化的信息，而且信息量大；问题明确，处理方法规范，提供的信息一般是规范的报表。这种系统主要是由企业的各种事务操作人员使用，例如，订单处理系统、超市收银系统、仓库管理系统、学籍管理系统、教务管理系统等。

事务处理系统的目标是实现事务处理的自动化。能够帮助企业实现以下几个方面的目标：

(1) 提高准确度。由计算机代替人工进行数据处理，会提供一些数据检验，在数据传递和数据转换时由计算机自动完成，一般不会出错。

(2) 提高处理速度。某些数据报表甚至可以随时生成，大大方便了数据的查询与统计。

(3) 提高劳动效率。原先需要人工完成的报表制作以及数据处理工作都由计算机完成了，这样对人力的需要明显减少，降低了成本。

(4) 改善服务水平。事务处理系统可以记录客户服务过程中的相关细节内容，并可以归纳总结客户反馈或投诉的问题，为提高产品和服务质量打好基础。

(5) 提供决策支持的基础数据。事务处理系统是管理信息系统和决策支持系统的主要数据来源。

1.3.3.2 管理信息系统

狭义管理信息系统是指建立在事务处理系统之上的，为组织的中层管理者提供管理所需信息的信息系统。例如，除了日常事务处理之外，还要利用各种数据分析与管理模型对系统中存储的数据进行进一步的加工，生成对组织营运进行管理控制、常规决策所需要的各种报表和资料。该系统对中层管理工作有支持作用，但对高层管理工作的支持较少或没有支持。对于那些目标明确、具有确定信息需求的结构化决策问题，系统能够在决策活动的各个环节给决策者以有效的支持。例如中层管理者常会遇到以下的问题：

（1）某些产品的市场占有率是多少？销售量多少？变化趋势如何？

（2）企业的收支情况如何？与上期比有何变化？

（3）产品每月或每日的订单是多少？变化趋势如何？

（4）企业员工的文化程度、年龄结构、专业能力情况如何？每年或每月有何变化？等等。

管理信息系统输出的报表包括以下几种：

（1）周期性的报表，例如按日、周、月、季、年汇总的各类报表，包括生产进度表、销售进度表等。

（2）各种定制化的报表，例如财务的资产负债表、损益表、利润表以及一些反映关键业绩指标（key performance indicator，KPI）的报表。

（3）异常行为报表，主要包括反映企业运营过程中出现的不符合常规的异常情况的报表，管理者可以事先设定一些界限，异常报表能够及时提醒管理者快速对一些异常情况进行处理，将可能的损失降低到最低限度。

1.3.3.3 决策支持系统

决策支持系统（decision support systems，DSS）的概念是美国学者莫顿（S. Morton）于20世纪70年代首次明确提出的。它是辅助决策工作的一种信息系统，其重点在“支持”而非决策工作的自动化。决策支持系统是以信息技术为手段，应用管理科学、运筹学、行为科学、计算机科学及相关学科的理论和方法，针对半结构化和非结构化的决策问题，通过提供背景材料、协助明确问题、改善模型，列出可能的解决方案，进行分析比较，帮助管理者在互动信息系统中作出正确的决策。决策支持系统通过与决策者的人机对话，帮助决策者选择决策问题的有效解决方案，并通过模型计算解决方案的可能结果，为决策者作出最终决策提供科学依据。

在决策支持系统发展历程中比较重要的一些类型有群体决策支持系统、分布式决策支持系统、智能决策支持系统以及综合决策支持系统等。

1. 群体决策支持系统（GDSS）

群体决策是数个决策者针对复杂性问题或者大型问题，在共同的环境和一定的目标之下相互联系、相互制约，并通过协商，寻求各方面都满意的决策结果。群体决策的成员可以分散在较远的地方，分布式计算机网络可以方便地将决策成员连接起来，通过GDSS辅助群体决策。

GDSS有多种应用类型。最常见的是远程会议系统，它是由两个及以上决策室通过可视化通信设备连接起来，在视频会议系统加GDSS系统的基础上开展群体决策。在决策室中，每一位决策者都有独立的终端，在终端上运行GDSS，GDSS可以内嵌视频会议系统，也可以有投影设备支持。群体决策支持系统的组织者需要主持调解和平衡各个决策者的决策意见。GDSS会提供相关的数据分析结果，并以图形、图像等方式展示出来。这种形式把相对遥远的决策室联系起来，通过计算机网络、电子黑板、电话网络等设备，实现实时通信、大屏幕显示，让与会人员有一种同处一室的感觉，达到群体共同决策的效果。

2. 分布式决策支持系统（DDSS）

由于大量管理决策活动都需要集中方式进行，而一些大中型企业分布在全国甚至全球各地，要帮助这些企业进行辅助决策，自然想到了分布式决策支持系统。

DDSS要求在计算机网络的每个节点上，最少包含一个决策支持系统，以便于实现辅助决策。而且，这些节点可以分布在多个物理链路上，但是应能够同时进行信息处理。显然DDSS是由软件、硬件结合的产物，不仅仅是软件系统。

3. 智能决策支持系统（IDSS）

IDSS系统结合了定量模型分析求解和人工智能技术的定性推理，具有不确定推理的优势，通过人机交互，利用人们在解决问题中的习惯经验和知识，为半结构化及非结构化的决策问题提供相应的决策支持。

4. 综合决策支持系统

综合决策支持系统是将数据仓库、联机分析技术（on-line analytical processing，OLAP）、数据挖掘、模型库等部件有机地结合起来，形成更高层次整合的决策支持系统。

综合决策支持系统的结构包括3个主要部分：一是模型库系统和数据库系统的相互结合，这是决策支持的根基；二是数据仓库和OLAP，从数据仓库中提取有价值的数据；三是专家系统和数据挖掘相互结合，通过数据挖掘从数据库、数据仓库中发现知识，将知识转化为规则知识或案例知识，融入专家系统的知识库以后，要实现辅助决策的作用，还需要运用知识推理。

1.3.3.4 办公自动化系统

办公自动化系统（office automation systems，OAS）的目的是实现办公活动的科学化、自动化，提高办公人员与管理人员的工作效率。办公自动化系统在组织中的作用包括：协调管理组织中的工作；对组织中各个层次、各种职能的工作进行合理安排；加强组织与外部环境的联系。

早期的办公自动化系统主要包括以下六项：

（1）文字处理，包括文件的输入、编辑、修改、合并、生成、存储、打印、复制和印刷等。涉及的设备包括台式计算机、复印机、打印机等。

（2）文件管理，包括文件的登记、存档、分类、检索、保密、制表等，需要关系数据库或非关系数据库系统实现。

（3）行政管理，包括图表生成、日程安排、工作计划、人事管理等，需要图形系统、数据库以及各种相关的应用软件实现。

（4）信息交流，通过电子邮件、QQ、微信、钉钉等方式交流以及实现远程会议。

（5）决策支持，OA 系统可配置决策支持系统（DSS）和群体决策支持系统（GDSS）。

（6）图像处理，包括用光学字符阅读器直接将印刷体字母和数字输入计算机，用光电扫描仪或数字化仪将图形文字输入计算机。有的 OA 系统配置图像处理系统，它具有图像识别、增强、压缩和复原等功能。

工作流程是办公自动化系统的核心部分。强大的工作流引擎为企事业单位复杂的跨部门审批提供了极大的便利，比如电子签章、动态密钥、短信组件等，可对接各种信息系统。办公自动化系统的高级核心工作流，可以设计多样化的表单和复杂的流程，可根据申请的内容智能判断审批步骤和选择办理人，大大提高审批效率。

办公自动化系统可以有效管理人事办公流程，自动化建立人事员工档案、考勤、薪酬等一体化管理体系。多样式的上下班登记，根据排班比对数据统一汇总，轻松查询考勤记录，关联请假等多种申请流程，审批结果显示到考勤记录和在岗状态。方便了人事进行每个月每个部门上下班考勤、加班、出差、请假、外出登记记录的数据统计。

多样化的移动办公方式也为企事业单位高效办公提供便利。移动办公方式中就包含企业微信办公。企业注册企业微信号之后，企业微信号提供了统一入口，用户无须安装任何 App 就能够与 OA 办公自动化系统进行交互。除此之外，实现移动考勤、审批、汇报等功能更简便快捷，更进一步体现平台化和开放性。

1.3.3.5　知识管理系统

知识管理系统（knowledge management system，KMS）是为知识工作者以及管理人员提供的知识查询、知识创新、知识存储、知识分享以及知识应用等功能的信息系统。不同组织对于知识管理系统的需求存在较大差异，因此很难研发具有一定通用性的商品化软件。但是，知识管理系统还是有一些共性的东西。具体展开可以分为知识文档管理系统、知识工作系统（knowledge work system，KWS）、知识发现与应用系统等。

知识文档管理系统可以发现企业中在一些领域应用较为普遍的专业技能，通过分享这些技能，可以提高所有知识工作者和管理人员的工作效率。对于一些知识密集型企业（如设计院、研究院）具有明显的好处。知识工作系统是指辅助专业人员为企业开发新产品而使用的专业化信息系统，它是一种利用专业领域内的知识对企业内部或外部的信息进行处理的信息系统。知识发现系统是一个知识资源的大数据服务平台，能满足资源发现、知识管理、情报服务的多层次需求，可为图书馆、科研单位和个人用户等提供全方位的一体化解决方案。

这种系统能够从知识管理角度出发，通过知识收集、分享以及知识推送，实现知识管理效益最大化：构建企业知识库，对纷杂的知识内容（方案、策划、制度等）和格式（图片、word、excel、ppt、pdf 等）分门别类管理；充分发动每个部门、员工贡献自己所掌握的企业知识，积少成多，聚沙成塔。

创建企业知识地图，可以清晰了解企业的知识分布状况，为管理决策提供依据。构建知识权限体系，对不同角色的员工开放不同级别的知识库，保证企业知识安全；让知识查询调用更加简单，充分利用知识成果，提高工作效率，减少重复劳动。

知识管理是适应知识经济时代发展的需求而产生的，是管理学科的思想与理念向纵深发展的结果，是随着人们对资源认识的不断深化和企业管理能力的不断提高而发展起来的。知识管理是以知识为中心的管理，旨在通过知识共享，获取和利用知识来提升企业竞争力和反应能力，以迎接经济全球化竞争的挑战。因此，知识管理是企业在知识经济时代构造新的管理机制的指导思想和理念，是企业赢取竞争优势的重要手段与工具。

与任何大型信息系统实施一样，高层的支持对于知识管理系统实施的成败是十分关键的。由于大部分企业或者组织中都没有专门的部门负责知识管理，在实施过程中，高层管理人员必须既要支持系统的实施，又要支持一个新的部门的成立——一个负责全组织内知识管理的部门。高层的支持必须是竭尽全力的，这种支持来自高层对于知识管理的正确认识和对知识管理对企业价值的认知。

实现成功的知识管理体系的 5 项关键是：

（1）制定企业知识管理战略，建立知识创新激励机制，塑造知识共享的企业文化。

（2）设置知识主管专门负责企业知识管理工作，开发知识创新能力。

（3）与企业的业务流程相结合，调整企业知识结构。

（4）建立企业知识管理系统，管理知识生产、交换、整合和内化。

（5）对知识管理体系制定评价方法和原则，以期改进。

1.3.4 管理信息系统的作用

信息系统对于不同类型企业的作用会存在一定的差异。有不少企业已经完全离不开信息系统，这些企业的运营已经完全依赖于信息系统，例如超市、银行、各种营业部，甚至部分医院，如果系统发生故障可能就不能正常工作了。

公司应用信息系统可以影响到其发展的战略目标。例如，在增加市场份额、提高产品质量、降低生产成本、开发新产品、提升员工工作效率等方面都离不开信息系统的支持。

我们可以基于迈克尔·波特的五力模型：同行业竞争者的竞争、新进入者的威胁、替代品的威胁、客户的议价能力以及供应商的议价能力，在不同的维度和范围内分析、设计并应用信息系统。与此同时，竞争者也会在这五个方面对企业形成竞争压力，要获得竞争优势就必须制定有效的竞争战略。从战略层面分析信息系统对企业获得竞争优势的作用。总体上表现为以下几个方面：

（1）低成本战略。管理信息系统通过优化资源配置、精益化生产、准时制（JIT）等管理方法的支持，能够帮助企业降低产品或服务的成本。基于供应链层面的信息系统还可以降低供应商和客户的成本。对于银行业，通过网上银行、手机银行协助业务处理，降低了银行实体网点的运营成本和 ATM 的投入成本。

（2）差异化战略。信息系统和信息技术是公司创造新产品或服务的主要驱动器。通过创新为市场提供被客户感知为与众不同的新产品和新服务。例如苹果公司的差异化战略就是不断打造外观独特、屏幕新颖以及令人眼前一亮的黑科技，以及其稳定的操作系统，不停地刺激着用户的购买欲望。

（3）卓越经营。信息系统作为管理者最重要的工具之一，可以帮助企业实现更高的运营效率与生产率，特别是在配合业务流程和管理行为改变时，效果更显著。信息系统还可以帮助企业寻找新的经营模式，开发含有独特信息技术元素的新产品和新服务。

（4）成长战略。基于管理信息系统，可以帮助企业大幅度地提高产品制造和服务能力。利用 ERP 系统，结合企业内联网、外联网以及互联网，企业可以与供应商、经销商甚至最终客户保持及时的信息沟通，以保证产品的生产与服务能够准时、到位。

（5）联盟战略。基于供应链管理的思想，建立跨企业的企业间信息系统，可以帮助企业与供应商、客户，甚至是竞争对手建立企业联盟，实现联盟企业的双赢和多赢。

因此，企业管理信息系统的应用对于企业的发展至关重要，尤其是数字时代的到来，是企业必须抓住的机会。只有紧跟时代节奏，及时调整企业战略，应对瞬息万变的环境，才能让企业处于行业的领先地位，获得更大的发展空间。

1.3.5　管理信息系统与组织的关系

组织一般是指一个稳定、正规的社会结构，它从环境中获取资源，然后对资源进行加工而生产出产品。从行为学的角度看，组织是权力、特权、义务和责任的集合，通过冲突和冲突的解决而在一段时期形成微妙的平衡状态。

目前国内的大部分组织或多或少地应用了信息系统，而且在不少组织内部，信息系统已经成为其重要的组成部分。因此，认识组织与信息系统，尤其是管理信息系统之间的关系，以及如何利用管理信息系统将组织的绩效最大化，非常有必要。

1.3.5.1 信息系统对组织的影响

管理信息系统可能对组织结构、组织文化、组织政治和组织工作流程乃至组织管理产生影响。

（1）信息系统对组织结构的影响。它主要体现在减少组织的等级层次，缩减组织的规模，使权威集中，组织趋于扁平化；信息系统可以提高工作效率，完成同样工作量所需的职工人数更少，因而可以缩减组织的规模。借助于信息系统，组织内的员工可以直接沟通，中间层的减少使组织的结构趋于扁平。

（2）信息系统对组织文化的影响。组织文化是组织在生产经营和管理活动中所创造的具有组织特色的精神财富和物质形态，包括企业愿景、文化观念、价值观念、组织精神、道德规范、行为准则、历史传统、组织制度、文化环境、组织产品等。其中价值观是企业文化的核心。信息系统的应用会在许多方面对组织文化产生正面或负面的影响，信息系统可能改变组织的产品、生产方式和工作方式，使生产地点变得不那么重要。信息系统能够加强组织间的合作，从而诞生了所谓的虚拟组织。能否在信息系统的基础上，将组织文化提升到一个更高的层次，决定了信息系统成功的关键因素。

（3）信息系统对组织政治的影响。组织政治就是组织中的个人或群体为了获得、维护或扩大自身利益，而在组织中运用权力。管理信息系统的引入可能会改变组织内部的部门和人员结构，这样就会打破组织原先的政治平衡，从而影响组织的政治。甚至有些组织的领导者会有意识地利用这一点来对组织进行变革，以建立和运用信息系统的需要为理由，减少组织变革的阻力。

（4）信息系统对组织工作流程的影响。组织应用信息系统的一个动因就是通过信息系统对现有的工作流程进行改造，从而提高工作的效率和组织的效益。因此，信息系统的运用常常伴随着工作流程的变化。

（5）信息系统对组织管理的影响。信息系统对组织管理会产生重大的影响。组织的领导者可以利用信息系统加强对组织成员、工作过程等的监督，降低管理成本，改善决策的制定过程并提高决策水平，从而实现组织的重构。

1.3.5.2 组织对信息系统的影响

信息系统和组织是相互影响的。组织对信息系统的影响主要体现在以下几个方面：

（1）组织决定如何使用信息系统。组织对信息系统最直接的影响就是，是组织决定用信息系统来干什么，用什么样的信息系统，信息系统的运营与维护怎么进行，信息系统在组织中的覆盖面有多广。这些问题需要组织的高层管理者决策。维持组织的生存、提高组织的竞争力是组织采用信息系统的主要原因。

（2）组织文化对信息系统的影响。组织文化影响信息系统的立项、设计和使用。组织文化有时会对信息系统带来一些不良的影响。例如，在立项时，某些领导对信息系统的认识不足，只是盲目跟风，导致在信息化方面的投资浪费；也可能有些领导观念保守落后，拒绝必要的立项，从而错失良机；在系统开发时，保守的组织文化可能会迫使信息系统的设计者屈从于权力以及现有的不合理的组织结构和业务流程，或者花大的代价满足某些不合理的需求，从而不能真正发挥信息系统的优势；在使用方面，不良的组织文化可能使组织中的一些人员对信息系统采取漠视、观望，甚至抵制的态度，造成信息系统难以推广使用，严重时甚至导致信息系统无法正常运行。组织在考虑建立信息系统时，必须对信息系统与企业文化的适应性作充分的研究，有意识地建设先进的组织文化，或逐步推进组织的信息化，以避免盲目投资造成的损失。

（3）组织政治对信息系统的影响。信息系统的建设和应用对旧的组织体制和业务流程的改造，会引起组织中权力和局部利益的调整，进而引发组织内部的政治斗争。由此引发的组织内的政治斗争有可能成为信息系统一大阻力。因此，管理信息系统的成功运营与实施，需要组织最高领导者坚定不移的支持。

1.3.6 管理信息系统与其他学科的关系

管理信息系统是一门新学科，它涉及社会和技术两大领域，是基于管理科学、系统科学、运筹学、统计学以及计算机科学、人工智能、互联网技术等一系列新型科学与技术的一个边缘性、综合性、系统性的交叉学科。

信息系统借助管理科学研究管理方法和决策过程的建模；借助运筹学研究优化组织运作的数学方案；借助计算机科学研究计算方法、数据存储和软件开发技术以及管理模型的实现；借助社会学研究信息系统对群体、组织和社会的作用；借助经济学研究信息和信息系统资源的经济价值；借助心理学研究个人对信息系统的反应和人类推理的认知模型以及影响信息系统成长的行为问题。

1.3.6.1 运筹学

运筹学（operational research），作为管理学的重要基础之一，起源于20世纪30年代。运筹学的目的就是为管理人员提供决策的科学依据。该学科利用统计学、数学模型和算法寻找复杂问题最优或近似最优解，在解决现实生活中的复杂问题，尤其是优化问题具有明显的作用。运筹学的基础知识包括实分析、矩阵论、随机过程、离散数学和算法基础等。

莫尔斯和金博尔（P. M. Morse & G. E. Kimball）作为运筹学的创始人给出的运筹学定义是：运筹学是在实行管理的领域，运用数学方法，对需要进行管理的问题统筹规划，作出决策的一门应用科学。[①] 它使用许多数学工具（包括概率统计、数理分析、线性代数等）和逻辑判断方法，来研究系统中人、财、物的组织管理、筹划调度等问题，以期发挥最大

① Morse P, Kimball G, Blackett P. Methods of operations research［J］. Physics Today, 1951（4）: 18.

效益。

运筹学作为一门用来解决实际问题的学科，在处理千差万别的各种问题时，一般有以下几个步骤：确定目标、制定方案、建立模型和制定解法。虽然不大可能存在能处理极其广泛对象的运筹学，但是在运筹学的发展过程中还是形成了某些抽象模型，并能应用解决较广泛的实际问题。随着科学技术和生产力的发展，运筹学已渗入很多领域，发挥着越来越重要的作用。运筹学本身也在不断发展，涵盖线性规划、非线性规划、整数规划、组合规划、图论、网络流、决策分析、排队论、可靠性数学理论、库存论、博弈论、搜索论以及模拟等分支。

运筹学有广阔的应用领域，它已广泛应用在诸如服务、搜索、人口、对抗、控制、时间表、资源分配、厂址定位、能源、设计、生产、可靠性等各个方面。

1.3.6.2 管理科学

管理科学理论是管理领域中的一个学派，也称数理学派，是美国的工程师泰罗的“科学管理”理论的继续和发展。它以运筹学、系统工程、电子技术等科学技术为手段，从操作方法、作业水平的研究向科学组织的研究发展，同时吸取了现代自然科学和技术科学的新成果，形成的一种现代组织管理学。其特点是利用有关的科学工具，为管理决策寻得了一个有效的数量解，着重于定量研究。

解决一个管理问题的一般程序是：

（1）提出问题。

（2）建立一个研究系统的数学模型。用包含一组变量的函数表示系统的效益，其一般形式是：$Z = f(x_i, y_j)$，其中 Z 表示系统的效益（利润，成本等），f 表示函数关系，x_i，y_j，表示系统中的变量。

（3）从模型中取得解决问题的方案。对数学模型求解，从而取得能使系统达到最佳效益的数量值。

（4）检查这个模型及它的解的实际意义。

（5）对所求得的解进行控制，制订出当变量函数与函数发生某些变化时，提出对方案进行调整控制的措施。

（6）把方案付诸实施。

管理科学的代表人是美国的伯法·布莱克特、贝尔曼，苏联的康托络维奇等人，主要观点是利用数学、自然科学和社会科学知识，把管理问题列成数学模型，求出它的解并进行系统研究。早期代表作品是布莱克特著的《运筹学方法论上的某些方面》、康托络维奇著的《生产组织与计划中的数学方法》等。

第二次世界大战结束后，这种方法广泛应用于民用企业，大学、高级技术学校也开设了这方面的课程。1950 年在英国伦敦首先出版了这个领域的刊物《运筹学季刊》，1953 年美国成立了管理科学学会，会刊是《管理科学》，法国巴黎从 1956 年起也出版了这方面的刊物。

1956年中国科学院成立了运筹学研究小组，向全国推广数量管理，并在许多领域取得了一定的经济效果。有不少人员从事这方面的工作，其中以我国的华罗庚教授为代表，在大庆油田、黑龙江省林业战线、山西省大同市口泉车站、太原铁路局、太原钢铁厂等推行了统筹法，并取得成功。目前在许多大学里设立了管理科学学科，成立了有关学会，并出版了专门刊物。

1.4　数字化的概念

1.4.1　什么是数字化

数字化的概念分为狭义数字化和广义的数字化。狭义的数字化，是指利用信息系统、各类传感器、机器视觉等信息通信技术，将物理世界中复杂多变的数据、信息、知识，转变为一系列二进制代码，引入计算机内部，形成可识别、可存储、可计算的数字、数据，再以这些数字、数据建立起相关的数据模型，进行统一处理、分析、应用。这就是数字化的基本过程。

广义上的数字化，则是通过利用互联网、大数据、人工智能、区块链、人工智能等新一代信息技术，对企业、政府等各类主体的战略、架构、运营、管理、生产、营销等各个层面，进行系统性的、全面的变革；强调的是数字技术对整个组织的重塑，数字技术能力不再只是单纯地解决降本增效问题，而成为赋能模式创新和业务突破的核心力量。

数字化的概念、场景、语境不同，其含义也不同。对具体业务的数字化，多为狭义的数字化；对企业、组织整体的数字化变革，多为广义的数字化。广义的数字化概念，包含了狭义的数字化。

1.4.2　数字化的内涵

与传统的信息化相比，无论是狭义的数字化，还是广义的数字化，均是在信息化高速发展的基础上诞生和发展的，但与传统信息化条块化服务业务的方式不同，数字化更多的是对业务和商业模式的系统性变革、重塑。

（1）数字化打通了企业信息孤岛，释放了数据价值。信息化是充分利用信息系统，将企业的生产过程、事务处理、现金流动、客户交互等业务过程，加工生成相关数据、信息、知识来支持业务的效率提升，更多的是一种条块分割、烟囱式的应用，而数字化则是利用新一代IT技术，通过对业务数据的实时获取、网络协同、智能应用，打通了企业数据孤岛，让数据在企业系统内自由流动，数据价值得以充分发挥。

（2）数字化以数据为主要生产要素。数字化要求将企业中所有的业务、生产、营销、客户等有价值的人、事、物全部转变为数字存储的数据，形成可存储、可计算、可分析的数据、信息、知识，并和企业获取的外部数据一起，通过对这些数据的实时分析、计算、应用来指导企业生产、运营等各项业务。

（3）数字化变革了企业生产关系，提升了企业生产力。数字化让企业从传统生产要素，转向以数据为生产要素，从传统部门分工转向网络协同的生产关系，从传统层级驱动转向以数据智能化应用为核心驱动的方式，让生产力得到指数级提升，使企业能够实时洞察各类动态业务中的一切信息，实时做出最优决策，使企业资源合理配置，适应瞬息万变的市场经济竞争环境，实现最大的经济效益。

1.4.3 数字化的应用

数字化是信息技术发展的高级阶段，是数字经济的主要驱动力，新一代数字技术的快速发展，推动了各行业的数字化变革。数字技术革命推动了人类的数字化变革。人类社会的经济形态随着技术的进步不断演变，农耕技术开启了农业经济时代，工业革命实现了农业经济向工业经济的演变，如今数字技术革命，推动了人类生产生活的数字化变革，孕育出一种新的经济形态——数字经济。数字化成为数字经济的核心驱动力。

数字技术自计算机的发明开始，物联网、云计算、人工智能等各类数字技术不断涌现，成本不断降低，使得数字技术从科学走向实践，形成了完整的数字化价值链，在各个领域实现应用，推动了各个行业的数字化，为各行业不断创造新的价值。数字基础设施快速发展推动数字化应用更加广泛深入。政府和社会各界全面加快数字基础设施建设，推进工业互联网、人工智能、物联网、车联网、大数据、云计算、区块链等技术集成创新和融合应用，让数字化应用更加广泛深入到社会经济运行的各个层面，成为推动数字经济发展的核心动力。

1.5 管理信息系统的应用与发展

随着信息技术的飞速发展以及全球化经济的推动，管理信息系统不断跨越组织、地域甚至国家的限制，跨组织信息系统、全球信息系统不断发展壮大。

1.5.1 跨组织信息系统

跨组织信息系统由多个关联的企业（组织）组成，它们为了实现共同目标，应用信息技术尤其是互联网技术，克服空间地理位置以及组织界限等障碍，建立起跨越组织协同工作的信息系统。跨组织信息系统包括交易中介型、流程整合型、资源共享型和互补合作型。

（1）交易中介型信息系统包括：为供需双方提供信息发布和查询功能，并能对各种信息进行分类匹配的综合信息服务平台；为交易双方进行撮合（包括询价、报价和议价）功能，以及网上下单功能和电子签约功能的电子交易支持系统；基于数字安全证书等认证技术，对交易双方进行身份确认以及资质的审核，确保交易者信息的唯一性和不可抵赖性，以保护交易各方的利益，实现安全交易的信用中介系统。淘宝、天猫、拼多多、亚马逊等都是典型的交易中介平台。

（2）流程整合型信息系统的典型应用为供应商、制造商、客户、第三方物流等供应链节点企业提供服务的供应链信息平台；它为企业提供信息共享、流程整合和流程优化功能，支持供应链中各个伙伴企业之间的合作与协调。

（3）资源共享型信息系统，能够整合闲置的仓储资源，形成区域或行业性的企业联盟，整体提高社会仓储资源的利用率，达到提升企业竞争力的目的。

（4）互补合作型信息系统是一种能够帮助企业克服竞争局限，实现复杂产品互补性生产的一种跨组织信息系统，例如，动态网络组织（dynamic network）、虚拟组织（virtal organization）、增值伙伴关系（value-added partnership）等。

1.5.2 全球信息系统

企业要开展全球化业务运作，就必须借助全球信息系统（global information systems）。连接同一公司的不同部门，或者位于两个以上国家的若干个公司的组织间信息系统就是全球信息系统。全球信息系统支持跨国公司（multinational firms）和虚拟全球公司的供应链、物流和电子商务业务。跨国公司是指由位于两个或两个以上国家的经济实体组成的，从事生产、销售和其他经营活动的国际性大型企业。跨国公司以本国为基地，在世界各地设立分支机构或子公司，是一种跨产品、市场、国家和文化经营的无国界、全球化的企业。

全球信息系统强大的信息处理能力，提高了跨国公司的协作能力，为它们带来了竞争优势，具体表现在以下方面。

（1）提高了对位于全球各地的竞争对手的反应速度和灵活性。

（2）能够及时获得各地区的市场需求信息，与全球市场需求保持同步。

（3）能够在不同国家的公司部门之间迅速传递信息，提高协同工作的能力。

（4）能够在不同国家的公司部门之间传播新知识，提高全公司的创新能力。

（5）能够迅速处理来自世界各地的客户订单，提高满足客户需求的能力。

（6）通过全球采购，在世界各地选择最优的供应商，并保证准时供货。

（7）全球信息系统能够使跨国公司减少运作成本。

1.5.3 社交媒体信息系统

1.5.3.1 社交媒体信息系统的定义和功能

社交媒体是支持互联网用户之间内容共享的信息技术平台。社交媒体能够将有共同兴趣的一群人关联起来，形成社区。社交媒体信息系统（social media information system，SMIS）是支持互联网用户之间内容共享的信息系统。组织与人一样也有社会化资本。组织通过销售人员、客户支持和公共关系来创造社会化资本。被知名度高的人认可是一种传统的增加社会资本的方式。

1.5.3.2 社交媒体信息系统的组成

社交媒体信息系统包括用户社区、社交媒体使用组织和社交媒体应用供应商。用户社区与传统社区相比，社交媒体社区超越了家庭、地理位置和组织的边界而存在。正是因为社交媒体构建的场景分为虚拟场景和应用场景，其核心特征主要是以加强用户之间的人际关系为目的，并借助社交媒体平台进行交流互动、信息分享等，因此社交媒体信息系统的组成强调了用户、社区平台、媒体组织结构、应用与互联网供应商的共同参与。

1.5.3.3 社交媒体信息系统的要素

社交媒体信息系统的要素包括：计算机硬件、软件、数据、过程和人员。目前的计算机硬件除了传统的服务器、台式计算机之外，更多地使用云服务器、笔记本电脑、平板电脑和智能手机等。软件除了通过浏览器访问的网站系统之外，更多地使用了移动端的App、小程序和公众号应用等。社交媒体数据包括内容数据和连接数据，内容数据为用户社区内产生的原创数据和回复数据，连接数据为连接到相关网站的内容数据。

习题

1. 简述数据与信息的概念与关系。
2. 简述管理信息系统的概念与作用。
3. 简述信息技术与信息系统概念之间的区别与联系。
4. 简述管理信息系统与其他学科的关系。
5. 简述数字化发展对信息系统有哪些影响？
6. 应用信息系统一定能使企业获得并长期保持竞争优势吗？为什么？
7. 什么是全球信息系统？举一例说明全球信息系统的作用。

第2章　管理信息系统的技术基础

2.1　计算机与网络技术

计算机与网络技术是管理信息系统的基础。计算机的硬件和软件的迅猛发展对管理信息系统起到了巨大的推动作用。计算机又称电脑，可以进行数值计算、逻辑计算，具有存储记忆功能，能够按照程序运行，自动、高速处理海量数据。它由硬件系统和软件系统所组成，没有安装任何软件的计算机称为裸机。

2.1.1　计算机硬件系统

2.1.1.1　计算机硬件组成

（1）运算器，或称算术逻辑单元（arithmetical and logical unit）。运算器的主要功能是对数据进行各种运算。除了常规的加、减、乘、除等算术运算之外，还具有包括“与”“或”“非”在内的多种逻辑处理能力。

（2）存储器（memory unit）。存储器的主要功能是存储程序和各种数据，并能在计算机运行过程中高速、自动地完成程序或数据的存取。存储器用记忆元件存储信息，由于记忆元件只有两种稳定状态，因此在计算机中采用二进制表示数据。日常使用的十进制数以及各种字符都要转换成二进制数才能存入存储器。

计算机采用地址访问的方式到存储器中存数据和取数据，当计算机需要访问数据时，向存储器发送一个数据存储的地址和一个“存放”或“取出”命令。

（3）控制器（control unit）。控制器是计算机系统的控制中心，指挥计算机各部分协调地工作，保证计算机按照预先规定的目标和步骤有条不紊地进行操作及处理。控制器从存储器中逐条取出指令，分析每条指令规定的是什么操作以及所需数据的存放位置等，然后根据分析的结果向计算机其他部分发出控制信号，统一指挥整个计算机完成指令所规定的操作。因此，计算机自动工作的过程实际上是自动执行程序的过程，而程序中的每条指令都是由控制器来分析执行的，它是计算机实现“程序控制”的主要部件。

通常把控制器与运算器合称为中央处理器（central processing unit，CPU）。它是计算机的核心部件，其性能对机器的整体性能有全面的影响。

（4）输入设备（input device）。输入设备实现向计算机输入各种原始数据和程序。它把各种形式的信息，如数字、文字、图像、影像等转换为数字形式的“编码”，即计算机能够识别的用1和0表示的二进制代码，并将它们“输入”到计算机存储起来。常用的输入设备有键盘、鼠标器、图形输入板、条码（二维码）扫描仪、摄像头等。

（5）输出设备（output device）。将计算机数据输出的设备叫输出设备。输出设备把计算机处理的结果转换为人或其他设备所能接收和识别的信息形式，如文字、数字、图形、声音、电压等。常用的输出设备有显示器、打印机、绘图仪等。

通常把输入设备和输出设备合称为I/O设备（输入/输出设备）。

2.1.1.2 总线（Bus）

总线是计算机各种功能部件之间传送信息的公共通信干线，按照计算机所传输的信息种类，计算机的总线可以划分为数据总线、地址总线和控制总线，分别用来传输数据、数据地址和控制信号。总线是一种内部结构，它是CPU、内存、输入/输出设备传递信息的公用通道，主机的各个部件通过总线相连接，外部设备通过相应的接口电路再与总线相连接，从而形成了计算机硬件系统。在计算机系统中，各个部件之间传送信息的公共通路叫总线，微型计算机是以总线结构来连接各个功能部件的。

计算机存储单位一般用B、KB、MB、GB、TB、PB、EB、ZB、YB、BB来表示，它们之间的关系是：

位bit（比特）（binary digits）：存放一位二进制数，即0或1，最小的存储单位。

字节byte：8个二进制位为一个字节（B），最常用的单位。

1GB = 1024MB = 1024 × 1024KB = 1024 × 1024 × 1024B

1PB = 1024TB = 1024 × 1024GB

1YB = 1024ZB = 1024 × 1024EB = 1024 × 1024 × 1024PB

2.1.1.3 常见硬件名称

CPU（central processing unit）：中央处理器，被喻为电脑的心脏。

ROM（read only memory）：只读存储器，只能读不能写。

RAM（random access memory）：随机存取存储器，内存属于这种存储器。

LCD（liquid crystal display）：液晶显示屏。

WAN（wide area network）：广域网，指地理上跨越较大范围的跨地区网。

LAN（local area network）：局域网，地理上局限在小范围，属于一个单位组建的网。

Hub：网络集线器，提供许多计算机连接的端口。

Router：路由器，互联网的标准设备，具有判断网络地址、选择路径、实现网络互联的功能。

LD（laser disk）：镭射光盘，又称激光视盘。

CD（compact disc）：压缩光盘，又称激光唱盘。

CD-ROM（compact disc-read only memory）：压缩光盘－只读记忆（存储），又叫“只读光盘”。

VCD（video compact disc）：视频压缩光盘，即人们通常所说的“小影碟”。

DVD（digital versatile disc）：它不仅可用于影视娱乐，还可用于多媒体计算机等领域。

蓝光：是DVD之后下一时代的高画质影音储存光盘媒体（可支持Full HD影像与高音质规格）。

2.1.2 计算机软件

计算机软件是与计算机系统操作有关的计算机程序、规程、规则，以及可能有的文件、文档及数据。软件是用户与硬件之间的接口界面。用户主要通过软件与计算机进行交流。软件是计算机系统设计的重要依据。为了方便用户，为了使计算机系统具有较高的总体效用，在设计计算机系统时，必须通盘考虑软件与硬件的结合，以及用户的要求和软件的要求。

2.1.2.1 计算机软件的含义

（1）运行时，能够提供所要求功能和性能的指令或计算机程序集合。

（2）程序能够满意地处理信息的数据结构。

（3）描述程序功能需求以及程序如何操作和使用所要求的文档。

2.1.2.2 计算机软件的特点

（1）软件是无形的，没有物理形态，只能通过运行状况来了解功能、特性和质量。

（2）软件渗透了大量的脑力劳动，人的逻辑思维、智能活动和技术水平是软件产品的关键。

（3）软件不会像硬件一样老化磨损，但存在缺陷维护和技术更新。

（4）软件的开发和运行必须依赖于特定的计算机系统环境，对于硬件有依赖性，为了减少依赖，开发中提出了软件的可移植性。

（5）软件具有可复用性，软件开发出来很容易被复制，从而形成多个副本。

2.1.2.3 计算机软件分类

按应用范围划分，一般可将软件划分为系统软件、应用软件和介于这两者之间的中间件。系统软件是各类操作系统，如windows、Linux、UNIX等，还包括操作系统的补丁程序及硬件驱动程序，都是系统软件类。应用软件可以细分的种类就更多了，如工具软件、游戏软件、管理软件等都属于应用软件类。

1. 系统软件

系统软件是负责管理计算机系统中各种独立的硬件，使得它们可以协调工作。系统软件使得计算机使用者和其他软件将计算机当作一个整体而不需要顾及底层每个硬件是如何工作的。系统软件包括操作系统和一系列基本的工具（如编译器、数据库管理、存储器格式化、文件系统管理、用户身份验证、驱动管理、网络连接等方面的工具）。具体包括以下几类：

（1）各种服务性程序，如诊断程序、排错程序、练习程序等。

（2）语言程序，如汇编程序、编译程序、解释程序。

（3）操作系统。

（4）数据库管理系统。

（5）计算机编程语言。

2. 应用软件

应用软件是为了某种特定的用途而被开发的软件。它可以是一个特定的程序，比如一个图像浏览器，也可以是一组功能联系紧密、可以互相协作的程序的集合，还可以是一个由众多独立程序组成的庞大的软件系统。它包括用计算机编程语言和编程工具开发出来的各类应用软件。

2.1.3 计算机网络

计算机网络可以从网络体系（network architecture）结构、网络组织和网络配置三个方面来描述。网络体系结构是从功能上来描述，指计算机网络层次结构模型和各层协议的集合；网络组织是从网络的物理结构和网络的实现两方面来描述；网络配置是从网络应用方面来描述计算机网络的布局、硬件、软件和通信线路。

计算机网络体系结构是计算机网络及其部件所应该完成的功能的精确定义。这些功能究竟由何种硬件或软件完成，要遵循这种体系结构。体系结构是抽象的，实现是具体的，是运行在计算机软件和硬件之上的。

世界上第一个网络体系结构是美国 IBM 公司于 1974 年提出的，它取名为系统网络体系结构（system network architecture，SNA）。凡是遵循 SNA 的设备就称为 SNA 设备。这些 SNA 设备可以很方便地进行互连。此后，很多公司也纷纷建立自己的网络体系结构，这些体系结构大同小异，都采用了层次技术。

2.1.3.1 通信协议

在网络系统中，为了满足数据通信的双方准确无误地进行通信，需要我们根据在通信过程中产生的各种问题，制定一系列通信双方必须遵守的规定，这就是通信协议。从通信协议的表现形式看，它规定了交互双方用于通信的一系列语言法则和语言意义，这些相关的协议能够规范各个功能部件在通信过程中的正确操作。

2.1.3.2　实体

每层的具体功能是由该层的实体完成的。所谓实体是指能在某一层中具有数据收发能力的活动单元（元素）。一般就是该层的软件进程或者实现该层协议的硬件单元。在不同系统上同一层的实体互称为对等实体。

2.1.3.3　接口

上下层之间交换信息通过接口实现。一般要求上下层之间传输的信息量尽可能少，这样可以使两层之间保持其功能的相对独立性。

2.1.3.4　服务

服务就是网络中各层向其相邻上层提供的一组功能集合，是相邻两层之间的界面。因为网络各个分层机构中的单方面依靠关系，使得网络中相互邻近层之间的相关界面也是单向性的：下层作为服务的提供者，上层作为服务的接受者。上层实体必须通过下层的相关服务访问点（service access point，SAP），才能够获得下层的服务。SAP 作为上层与下层进行访问的服务场所，每一个 SAP 都会有自己的一个标识，并且每个层间接口可以有多个 SAP。

2.1.3.5　服务原语

网络中的各种服务是通过相应的语言进行描述的，这些服务原语可以帮助用户访问相应的服务，也可以向用户报告发生的相应事件。服务原语可以带着不同的参数，这些参数可以指明需要与哪台服务器相连、服务器的类别、和准备在这次连接上所使用的数据长度。假如被呼叫的用户不同意呼叫用户建立的连接的数据大小，它会在一个“连接响应”原语中提出一个新的建议，呼叫的一方能够从“连接确认”的原语中得知情况。这样的整个过程细节就是协议内容的一部分。

2.1.3.6　数据单元

在网络中，信息传送的单位称为数据单元。数据单元可分为协议数据单元（PDU）、服务数据单元（SDU）和接口数据单元（IDU）。

（1）协议数据单元。在不同系统某层对等实体为实现该层协议所交换的信息单位，称为该层协议数据单元。其中：协议控制信息，是为实现协议而在传送的数据的首部或尾部加的控制信息，如地址、差错控制信息、序号信息等；用户数据为实体提供服务而为上层传送的信息。考虑到协议的要求，如时延、效率等因素，对协议数据单元的大小一般都有所限制。

（2）服务数据单元。上层服务用户要求服务提供者传递的逻辑数据单元称为服务数据单元。考虑到协议数据单元对长度的限制，协议数据单元中的用户数据部分可能会对服务数据单元进行分段或合并。

（3）接口数据单元。在同一系统的相邻两层实体的一次交互中，经过层间接口的信息单元，称为接口数据单元。其中，接口控制信息是协议在通过层间接口时，需要加一些控制信息，如通过多少字节或要求的服务质量等，它只对协议数据单元通过接口时有作用，进入下层后便丢弃；接口数据为通过接口传送的信息内容。

2.1.3.7 网络体系结构

网络体系结构是以完成不同计算机之间的通信合作为目标，把需要连接的每个计算机相互连接的功用分成明确的层次，在结构里面它规定了同层次进程通信的协议及相邻层之间的接口及服务。实际上网络体系结构就是用分层研究方法定义的计算机网络各层的功能、各层协议以及接口的集合。

2.1.3.8 OSI 七层参考模型

为把在一个网络结构下开发的系统与在另一个网络结构下开发的系统互联起来，以实现更高一级的应用，使异种机之间的通信成为可能，便于网络结构标准化，国际标准化组织（ISO）于 1984 年形成了开放系统互连参考模型 OSI/RM（open systems interconnection reference model，OSI）的正式文件。OSI 从逻辑上把一个网络系统分为功能上相对独立的 7 个有序的子系统，这样 OSI 体系结构就由功能上相对独立的 7 个层次组成。它们由低到高分别是物理层、数据链路层、网络层、传输层、会话层、表示层和应用层。

（1）物理层（physical，PH）。传递信息需要利用一些物理传输媒体，如双绞线、同轴电缆、光纤等。物理层的任务就是为上层提供一个物理的连接，以及该物理连接表现出来的机械、电气、功能和过程特性，实现透明的比特流传输。在这一层，数据还没有组织，仅作为原始的比特流提交给上层——数据链路层。

（2）数据链路层（data-link，D）。数据链路层负责在 2 个相邻的结点之间的链路上实现无差错的数据帧传输。每一帧包括一定的数据和必要的控制信息，在接收方接收到数据出错时要通知发送方重发，直到这一帧无差错地到达接收结点，数据链路层就是把一条有可能出错的实际链路变成让网络层看起来像不会出错的数据链路。实现的主要功能有帧的同步、差错控制、流量控制、寻址、帧内定界、透明比特组合传输等。

（3）网络层（network，N）。网络中通信的 2 个计算机之间可能要经过许多结点和链路，还可能经过几个通信子网。网络层数据传输的单位是分组（packet）。网络层的主要任务是为要传输的分组选择一条合适的路径，使发送分组能够正确无误地按照给定的目的地址找到目的主机，交付给目的主机的传输层。

（4）传输层（transport，T）。传输层的主要任务是通过通信子网的特性，最佳地利用网络资源，并以可靠与经济的方式为 2 个端系统的会话层之间建立一条连接通道，以透明地传输报文。传输层向上一层提供一个可靠的端到端的服务，使会话层不知道传输层以下的数据通信的细节。传输层只存在端系统中，传输层以上各层就不再考虑信息传输的问题了。

（5）会话层（session，S）。在会话层以及以上各层中，数据的传输都以报文为单位，会话层不参与具体的传输，它提供包括访问验证和会话管理在内的建立以及维护应用之间的通信机制。如服务器验证用户登录便是由会话层完成的。

（6）表示层（presentation，P）。这一层主要解决用户信息的语法表示问题。它将要交换的数据由适合某一用户的抽象语法，转换为适合 OSI 内部表示使用的传送语法，即提供格式化的表示和转换数据服务。数据的压缩和解压缩、加密和解密等工作都由表示层负责。

（7）应用层（application，A）。这是 OSI 参考模型的最高层。应用层确定进程之间通信的性质以满足用户的需求，以及提供网络与用户软件之间的接口服务。

2.1.3.9 TCP/IP 参考模型

20 世纪 70 年代初期，美国国防部高级研究计划局（Defense Advanced Research Projects Agency，DARPA）为了实现异种网之间的互联与互通，大力资助网络技术的研究开发工作，由其建立的美国高等研究计划署网络（Advanced Research Projects Agency Network，ARPANET）允许其成员使用其设备并对大批不同的计算机存取数据，并逐步使用一种被称为网络控制协议（network control protocol，NCP）的协议。随着 ARPANET 的发展，需要更为复杂的协议。1973 年，引进了传输控制协议（transmission control protocol，TCP），随后，在 1981 年引入了网际协议（internet protocol，IP）。1982 年，TCP 和 IP 被标准化为 TCP/IP 协议组，1983 年取代了 ARPANET 上的 NCP，并最终形成较为完善的 TCP/IP 体系结构和协议规范。

TCP/IP 由它的 2 个主要协议即 TCP 协议和 IP 协议而得名。TCP/IP 是互联网上所有网络和主机之间进行交流时所使用的共同“语言”，是互联网上使用的一组完整的标准网络连接协议。通常所说的 TCP/IP 协议实际上包含了大量的协议和应用，且由多个独立定义的协议组合在一起，因此，更确切地说，应该称其为 TCP/IP 协议集。

TCP/IP 共有 4 个层次，它们分别是网络接口层、网际层、传输层和应用层。

（1）网络接口层是 TCP/IP 模型的最底层，也被称为网络访问层，它包括了可使用 TCP/IP 与物理网络进行通信的协议，且对应着 OSI 的物理层和数据链路层。TCP/IP 标准并没有定义具体的网络接口协议，而是旨在提供灵活性，以适应各种网络类型，如 LAN、MAN 和 WAN。这也说明，TCP/IP 协议可以运行在任何网络上。

（2）网际层是在互联网标准中正式定义的第一层。网际层所执行的主要功能是处理来自传输层的分组，将分组形成数据包（IP 数据包），并为该数据包在不同的网络之间进行路径选择，最终将数据包从源主机发送到目的主机。在网际层中，最常用的协议是网际协议 IP，其他一些协议用来协助 IP 的操作。

（3）传输层也被称为主机至主机层，与 OSI 的传输层类似，它主要负责主机到主机之间的端对端可靠通信，该层使用了 2 种协议来支持 2 种数据的传送方法，它们是 TCP 协议和 UDP 协议。

（4）应用层，在 TCP/IP 模型中，应用程序接口是最高层，它与 OSI 模型中第 3 层的任务相同，都是用于提供网络服务，如文件传输、远程通信等。

以下是协议族中一些常用协议英文名称和用途：TCP（transport control protocol）为传输控制协议；IP（internet protocol）为互联网协议；UDP（user datagram protocol）为用户数据报协议；ICMP（internet control message protocol）为互联网控制信息协议；SMTP（simple mail transfer protocol）为简单邮件传输协议；SNMP（simple network manage protocol）为简单网络管理协议；FTP（file transfer protocol）为文件传输协议；ARP（address resolution protocol）为地址解析协议。

2.1.3.10　互联网简介

互联网（internet），又叫作国际互联网，是由遍布全球的各种网络系统、主机系统，通过统一的协议 TCP/IP 联接在一起所组成的世界性计算机网络系统。

（1）WWW 服务。WWW 是 world wide web 的英文缩写，也称为 Web 服务。容易把 WWW 服务与互联网混为一谈，甚至产生 WWW 就是互联网的误解。访问 WWW 资源需要使用一种称为“浏览器”的客户端程序。

（2）电子邮件服务。电子邮件（e-mail）是互联网上历史最悠久的服务，直到今日它依然是使用最多且最完善的互联网服务之一。

（3）文件传输协议服务。文件传输协议（file transfer protocol，FTP）是一种应用协议，用于联网的两台计算机之间进行文件传输，能够使连入互联网的计算机之间方便地传送文件。

（4）实时信息交流服务。目前在互联网中实时信息交流的平台软件很多，例如微信、QQ、钉钉等，用户可以使用网上聊天平台软件与他人进行交流。

（5）流媒体服务。流媒体（stream-media）简单来说就是应用流技术在网络上传输的多媒体文件。用户可以一边下载一边观看、收听，而不需要等整个压缩文件下载到自己机器后才可以观看的网络传输技术。

（6）IP 地址。IP，即 internet protocol，中文意思为互联网协议；IP 地址就是给每个连接在互联网上的主机分配的 32bit 地址，比特换算成字节，就是 4 个字节。经常被写成十进制的形式，中间使用符号“.”分开不同的字节。

IP 地址由两部分组成，一部分为网络地址，另一部分为主机地址。在 IP 地址的四段号码中，第一段号码为网络号码，剩下的三段号码为本地计算机的号码。

IP 地址分为 A、B、C、D、E 五类。常用的是 B 和 C 两类。

A 类 IP 地址可以用于主机数达 1600 多万台的大型网络。

B 类网络地址适用于中等规模的网络，每个网络所能容纳的计算机数为 6 万多台。

C 类网络地址数量较多，适用于小规模的局域网络，每个网络最多只能包含 254 台计算机。

D 类 IP 地址并不指向特定的网络，目前这一类地址被用在多点广播（multicast）中。

E 类 IP 地址保留用于将来和实验使用。

（7）域名。与网络上的数字型 IP 地址相对应的字符型地址，称为域名。以下列举了一些与域名有关的术语和域名：DNS（domain name system）为域名服务系统；. com（commerce）为商业部门的域名；. edu（education）为教育部门的域名；. net 为网络服务部门的域名；. org（organization）为非商业组织的域名；. gov（government）为政府部门的域名。

（8）子网。将网络内部分为多个部分，但对外如同一个网络，这种技术称为子网技术，其中各部分称为子网。

（9）网关（gateway）。网关是网络连接设备的重要组成部分，它不仅具有路由器的功能，而且能在两个不同的协议集之间进行转换，从而使不同的网络之间进行互联。

（10）防火墙。防火墙是一类防范措施的总称，用来保护网络的安全性。

2.2　地理信息系统

2.2.1　地理信息系统的概念及工作原理

地理信息系统（geographic information system 或 geo-information system，GIS）有时又称为“地学信息系统”。它是在计算机硬、软件系统支持下，对整个或部分地球表层（包括大气层）空间中的有关地理分布数据进行采集、储存、管理、运算、分析、显示和描述的技术系统。

位置与地理信息既是基于位置的服务（location based services，LBS）的核心，也是 LBS 的基础。一个单纯的经纬度坐标只有置于特定的地理信息中，代表为某个地点、标志、方位后，才会被用户认识和理解。用户在通过相关技术获取到位置信息之后，还需要了解所处的地理环境，查询和分析环境信息，从而为用户活动提供信息支持与服务。

地理信息系统是一门综合性学科，结合地理学与地图学以及遥感和计算机科学，已经广泛地应用在不同的领域，是用于输入、存储、查询、分析和显示地理数据的计算机系统。GIS 技术把地图这种独特的视觉化效果和地理分析功能与一般的数据库操作（例如查询和统计分析等）集成在一起。

古往今来，几乎人类所有活动都是发生在地球上，都与地球表面位置（即地理空间位置）息息相关，随着计算机技术的日益发展和普及，地理信息系统以及在此基础上发展起来的“数字地球”“数字城市”在人们的生产和生活中起着越来越重要的作用。

GIS 由以下五部分构成：

（1）人员，是 GIS 中最重要的组成部分。开发人员必须定义 GIS 中被执行的各种任务，开发处理程序。熟练的操作人员通常可以克服 GIS 软件功能的不足，但是相反的情况就不成立。最好的软件也无法弥补操作人员对 GIS 的一无所知所带来的负作用。

（2）数据，精确的可用的数据可以影响到查询和分析的结果。

（3）硬件，硬件的性能影响到软件对数据的处理速度、使用的方便性及可能的输出方式。

（4）软件，不仅包含 GIS 软件，还包括各种数据库，绘图、统计、影像处理及其他程序。

（5）过程，GIS 要求明确定义一致的方法来生成正确的可验证的结果。

2.2.2 地理信息系统的组成

GIS 属于信息系统的一类，它与其他信息系统的不同在于它能运作和处理地理参照数据。地理参照数据描述地球表面（包括大气层和较浅的地表下空间）空间要素的位置和属性，在 GIS 中的两种地理数据成分：空间数据，与空间要素几何特性有关；属性数据，提供空间要素的信息。

地理信息系统（GIS）与全球定位系统（GPS）、遥感系统（RS）合称 3S 系统。

地理信息系统是一种具有信息系统空间专业形式的数据管理系统。在严格的意义上，这是一个具有集中、存储、操作和显示地理参考信息的计算机系统。地理信息系统技术能够应用于科学调查、资源管理、财产管理、发展规划、绘图和路线规划。

地理信息作为一种特殊的信息，它来源于地理数据。地理数据是各种地理特征和现象间关系的符号化表示，是指表征地理环境中要素的数量、质量、分布特征及其规律的数字、文字、图像等的总和。地理数据主要包括空间位置数据、属性特征数据及时域特征数据三个部分。空间位置数据描述地理对象所在的位置，这种位置既包括地理要素的绝对位置（如大地经纬度坐标），也包括地理要素间的相对位置关系（如空间上的相邻、包含等）。属性数据有时又称非空间数据，是描述特定地理要素特征的定性或定量指标，如公路的等级、宽度、起点、终点等。时域特征数据是记录地理数据采集或地理现象发生的时刻或时段。时域特征数据对环境模拟分析非常重要，正受到地理信息系统学界越来越多的重视。空间位置、属性及时域特征构成了地理空间分析的三大基本要素。

地理信息是地理数据中包含的意义，是关于地球表面特定位置的信息，是有关地理实体的性质、特征和运动状态的表征和一切有用的知识。作为一种特殊的信息，地理信息除具备一般信息的基本特征外，还具有区域性、空间层次性和动态性特点。

地理信息系统处理地理信息的技术包括：

（1）数字化技术：输入地理数据，将数据转换为数字化形式的技术。

（2）存储技术：将这类信息以压缩的格式存储在磁盘、光盘以及其他数字化存储介质上的技术。

（3）空间分析技术：对地理数据进行空间分析，完成对地理数据的检索、查询，对地理数据的长度、面积、体积等的量算，完成最佳位置的选择或最佳路径的分析以及其他许多相关任务的方法。

（4）环境预测与模拟技术：在不同的情况下，对环境的变化进行预测模拟的方法。

（5）可视化技术：用数字、图像、表格等形式显示、表达地理信息的技术。

2.2.3　地理信息系统的发展

自 20 世纪 60 年代地理信息系统出现以来，历经多年发展，GIS 系统软件和应用软件逐渐成熟和完善，但 GIS 的发展还没有停下脚步，GIS 的发展趋势主要有以下几个方面。

（1）网络 GIS（web GIS）。网络 GIS 是指在互联网上发布信息、共享数据和交流协作，以实现 GIS 的在线查询、业务处理等操作。网络浏览器的使用从视觉上给提供和使用地理数据的人们带来了极大的方便，网络技术具有巨大的潜力，但对于如何在 GIS 领域得到有效的使用并充分发挥它的潜力依旧是需要探索的问题。

（2）开放式 GIS（open GIS）。开放式地理信息系统是指在计算机和通信环境下，根据行业标准和接口建立起来的地理信息系统。它能够使数据在应用系统内流动，还能在系统间流动。它使不同的地理信息系统软件之间具有良好的互操作性，以及在异构分布数据库中实现信息共享。在开放性方面，GIS 技术还有很长的路要走。

（3）组件式 GIS（com GIS）。组件式软件技术的出现使得以往封闭、复杂、难以维护的软件开发模式得到改变。组件式 GIS 的基本思想是将各个功能模块做成控件，利用软件开发工具以搭积木的形式集成起来，构建地理信息系统平台和应用系统。GIS 软件属于大型软件，开发一套功能齐全的 GIS 软件是一项十分复杂的工程。组件式为用户提供了更为便利的二次开发手段，基于标准化的 GIS 平台，各组件间自由灵活地重组，还有可视化的界面和方便的标准接口，无须专门的 GIS 开发语言就能完成应用系统的开发。

（4）虚拟 GIS（VGIS）。虚拟 GIS 其实就是 GIS 与虚拟现实技术的结合。VR 技术是一种有效模拟人在自然环境中视、听、动等行为的高级人机交互技术。由于技术受限，目前还未能开发出适用于遥感和 GIS 用户需要的真三维可视化的数据分析软件包。GIS 与虚拟环境技术的结合促使GIS更加完美。通过虚拟现实的可视化技术，GIS用户在计算机上就能观察到真三维的客观世界。开发虚拟GIS已经成为GIS发展的一大趋势。

（5）多媒体GIS（MGIS）。多媒体地理信息系统将文字、图形、图像、色彩、动画、声音等技术相结合，拓宽了GIS的应用领域。多媒体技术在GIS领域深层次应用，直至出现具有良好的集成能力的MGIS，是技术发展的必然趋势。

（6）三维GIS（3D GIS）。在三维GIS中，研究对象是根据空间X、Y、Z轴进行定义，描述的是真三维的对象。真正的三维GIS必须支持真三维的矢量和栅格数据模型以及以此为基础的三维空间数据。三维基础上的数据量巨大，难以建立起一个有效的、易于编程实现的三维模型，因此还需要理论研究和技术的发展支持。

（7）时态GIS（TGIS）。时态GIS的组织中心是时空数据库，时间和空间不可分割地联系起来，在环境监测、地震救援、天气预报等应用领域中，空间对象是随时间而变化的，这种变化规律在求解过程中有着极其重要的作用。研究GIS的时态问题已经成为当今GIS领域的一个重要方向。

（8）无线通信与GIS。利用手机进行无线上网、无线资料传输已经成为人们的生活常态。将GIS与无线通信相结合，借助无线通信等技术手段，使GIS更加深入地应用到生活中，这将是一个非常广阔的市场。

2.3 云计算

云计算（cloud computing）是基于互联网的相关服务的增加、使用和交互模式，通常通过互联网来提供虚拟化的资源，旨在通过网络把多个计算实体整合成一个具有强大计算能力的系统，让终端用户可以得到这些强大计算能力的服务。

云计算甚至可以体验每秒10万亿次的运算能力，强大的计算能力可以模拟核爆炸、预测气候变化和市场发展趋势。“云”具有强大计算能力，意味着计算能力也可以作为商品流通，取用方便而且价格低廉。用户可以通过电脑、手机等方式接入“云”，按自己的需求进行运算。云计算的一个核心理念就是通过不断提高“云”的处理能力，减少终端的处理负担，并最终简化成单纯的输入输出装备，按需享受云计算的强大信息处理能力。

对云计算的定义有很多种说法。现阶段广为接受的是美国国家标准与技术研究院（NIST）定义：云计算是一种按使用量付费的模式，这种模式提供可用的、便捷的、按需的网络访问，进入可配置的计算资源共享池（资源包括网络、服务器、存储、应用软件、服务），这些资源能够被快速提供，只需投入很少的管理工作，或与服务供应商进行很少的交互。

2.3.1　云计算的发展历程

云计算的历史，可以追溯到 1956 年，克里斯托弗·斯特雷奇（Christopher Strachey）发表了一篇有关虚拟化的论文，正式提出了虚拟化的概念。虚拟化是今天云计算基础架构的核心，是云计算发展的基础。而后随着网络技术的发展，逐渐孕育了云计算的萌芽。

2004 年，Web2.0 成为当时的热点，这也标志着互联网泡沫破灭，计算机网络发展进入了一个新的阶段。在这一阶段，如何让更多的用户方便快捷地使用网络服务成为互联网发展亟待解决的问题，与此同时，一些大型公司也开始致力于开发大型计算能力的技术，为用户提供了更加强大的计算处理服务。

2006 年 8 月 9 日，谷歌首席执行官埃里克·施密特（Eric Schmidt）在搜索引擎大会（SESSanJose2006）首次提出"云计算"的概念。这是云计算发展史上第一次正式地提出这一概念，有着巨大的历史意义。

2008 年，微软发布其公共云计算平台（windows azure platform），由此拉开了微软的云计算大幕。同样，云计算在国内也掀起一场风波，许多大型网络公司纷纷加入云计算的阵列。

2009 年 1 月，阿里软件在江苏南京建立首个"电子商务云计算中心"。同年 11 月，中国移动云计算平台"大云"计划启动。到现阶段，云计算已经发展到较为成熟的阶段。

2019 年 8 月 17 日，北京互联网法院发布《互联网技术司法应用白皮书》。发布会上，北京互联网法院互联网技术司法应用中心揭牌成立。

2020 年我国云计算市场规模达到 1781 亿元，增速为 33.6%。其中，公有云市场规模达到 990.6 亿元，同比增长 43.7%，私有云市场规模达 791.2 亿元，同比增长 22.6%①。

2.3.2　云计算的特点

云计算主要包括高灵活性、高性价比和可扩展性等特点，与传统网络模式相比具有以下优势和特点：

（1）虚拟化技术。虚拟化是云计算最显著的特点，突破了时间和空间的界限。物理平台与应用部署的环境在空间上是没有任何联系的，正是通过虚拟平台对相应终端操作完成数据备份、迁移和扩展等。虚拟化技术包括应用虚拟和资源虚拟。

（2）动态可扩展。云计算的高效计算能力能够在原有服务器基础上增加云计算功能，帮助计算能力快速提高，最终实现动态扩展虚拟化的层次达到对应用进行扩展的目的。

（3）灵活性高。目前大多数 IT 资源以及软硬件都支持虚拟化，比如存储网络、操作

① 资料来源：2021 年 7 月 13 日中国互联网协会组织发布的《中国互联网发展报告 2021》。

系统和开发软件等。虚拟化要素统一放在云系统资源虚拟池中进行管理，可见云计算的兼容性非常强，不仅可以兼容低配置机器、不同厂商的硬件产品，还能够获得更高的性能计算。

(4) 按需部署。计算机包含了许多应用、程序软件等，不同的应用对应的数据资源库不同，所以用户运行不同的应用需要较强的计算能力对资源进行部署，而云计算平台能够根据用户的需求快速配备计算能力及资源。

(5) 性价比高。将资源统一放在虚拟池中管理能够优化一定的物理资源，用户可以不再需要昂贵和存储空间大的主机，可以减少使用费用，但计算能力丝毫不会减弱。

(6) 可靠性高。即使服务器出现故障也不会影响计算与应用的正常运行，因为单点服务器故障可以通过虚拟化技术进行恢复。

(7) 可扩展性。用户可以利用快速部署条件将所需的业务进行扩展。例如云计算系统中出现故障的设备在具体应用上不会受到阻碍，可以利用云计算的动态扩展功能对其他服务器进行有效扩展。

2.3.3 云计算的作用

云计算最大的优点是安全，为人们提供了最可靠和安全的数据处理中心，用户不用担心数据丢失和泄密，政府用户使用云计算不仅可以提高办公效率，还能保证数据的安全，进一步帮助实现政府转型。对于云计算来说，政府的积极推动促进了云计算产业的进一步发展。

云计算的另一个特点是方便，云计算对用户端的设备要求较低，使用起来比较方便，还能够轻松实现不同设备之间的数据共享，企业使用云计算能够大大提高工作效率，利用云计算整合现有的数据中心，实现对资源的充分利用，提高信息资源的使用效率，同时加强企业经营决策的能力。

尽管大多数人可能并不太清楚云计算这一概念，但在日常生活和工作已经离不开云计算，很多人都成为了云计算的使用者。云计算可以将我们的数据和资料保存在云端，能让一切都变得简单起来，在云计算的网络模式中，数据只有一份，保存在“云”的一端，你的所有电子设备只需要连接互联网，就可以同时使用和访问同一份数据。云计算为我们使用网络提供了无限可能，为存储和使用数据提供了无限空间，为各类应用提供了强大的计算能力，云计算的潜力无限，它正在悄悄改变我们的生活。

2.3.4 云计算的应用

随着云计算的深入发展，云计算产品不断成熟，并已开始向更多的领域拓展。

在医药医疗领域，以“云信息平台”为核心的信息化集中应用模式将应运而生，能够整合医疗信息平台并提高医药企业的信息共享能力，进而提高医疗企业的整体服务能力。

在制造领域，企业需要不断进行产品创新，整合市场的信息资源，未来云计算一定会在制造领域方面得到广泛应用，形成企业云供应链信息平台，提高企业核心竞争力，加快企业一体化进程。

在电信领域，电信企业将成为云计算产业的主要受益者，从各云服务平台中获取大量收入，实现电信企业利润的增长。在电子政务领域，云计算将会助力中国各级政府机构"公共服务平台"建设，努力打造服务平台，打造服务型政府的形象，这就需要云计算技术提供帮助，构建高效运转的技术平台。

在教育科研领域，云计算可以帮助各大高校建立符合自身领域的云计算平台，为科研教育工作提供强大的计算资源，进一步提高研发效率。

2.4 大数据

2.4.1 什么是大数据

根据维基百科的定义：大数据意指一个超大的、难以用现有常规的数据库管理技术和工具处理的数据集。国际数据公司（international data corporation，IDC）将大数据技术定义为：大数据技术描述了一种新一代技术和构架，它以很经济的方式以及高速的捕获、发现和分析技术，从各种超大规模的数据中提取价值。

数据规模到底多大才叫大数据？"大数据"一词的重点不是在于数据规模的定义，而是指信息技术发展已经进入了一个新时代，行业数据爆炸性增长，传统计算技术已无法应对，面临巨大挑战，为此需要研究和寻找新的有效技术手段，以完成大数据的分析处理和价值发现。

2.4.2 大数据的特征

大数据本身是一个比较抽象的概念，单从字面上看它表示数据规模的庞大。但是仅仅从数量上的庞大这一个特点还无法区分大数据和以往的"超大规模数据"（very large data）、"海量数据"（massive data）等概念之间的区别。目前大数据还没有普遍认可的定义，一些定义基本是从大数据的特征出发，试图通过对这些特征的阐述和归纳给出定义。最具代表性的是3V定义，此定义表明大数据应该满足三个特征：规模性（volume）、多样性（variety）和高速性（velocity）。还有学者提出4V定义，即尝试在3V的基础上增加一个新的特性。关于第4个V的说法并不统一，IBM认为大数据应当具有真实性（veracity），而IDC认为大数据还应当具有价值性（value）。眼下在大数据定义问题上很难达成一个完全的共识，这点和云计算的概念刚提出时的情况是相似的。

2.4.3 数据的发展阶段

人类历史上从来没有哪个时代和今天一样产生如此海量的数据。数据的产生已经完全不受时间、地点的限制。自从采用数据库作为主要的数据管理方式以来，人类社会的数据生成方式经历了三个阶段，正是数据生成方式的巨大变化最终导致了大数据的产生。

（1）运营式系统阶段。数据库的出现大大降低了数据管理的复杂性。实际上数据库大都为运营系统所采用，作为运营系统的数据管理子系统，比如超市、银行的交易记录系统、销售记录系统、医院病人的医疗记录等。人类社会数据量第一次大的飞跃正是从运营式系统广泛使用数据库开始的。这一阶段最重要的特点是，数据通常与某些业务活动一起生成并记录在数据库中，例如，超市销售的每一件商品都会在数据库中生成相应的销售记录，而产生这些数据的方式是被动的。

（2）用户生成内容阶段。互联网的诞生推动了人类社会数据量的第二次飞跃。但是真正的数据爆发产生于Web2.0时代，而Web2.0的最重要标志就是用户生成内容（user generated content，UGC）。这类数据近几年一直呈现爆炸性的增长，主要原因有两个：首先是以博客、微博为代表的新型社交网络的出现和快速发展，使得用户更积极地产生更多的数据；其次就是以智能手机、平板电脑为代表的新型移动设备的出现，这些易携带、全天候接入网络的移动设备使人们更方便地在互联网上表达自己的意见。在这个阶段，数据是以主动的方式生成的。

（3）感知式系统阶段。人类社会数据量第三次大的飞跃最终导致了大数据的产生。这一飞跃的根本原因在于感知式系统的广泛使用。随着科技的发展，人们已经能够制造出具有处理功能的超小型传感器，并开始将这些设备布置在社会的各个角落，通过这些设备监控整个社会的运行。这些设备会源源不断地产生新数据，这种数据的产生方式是自动的。

简单地说，数据生成经历了被动、主动和自动三个阶段。这些被动、主动和自动的数据共同构成了大数据的数据来源，而自动数据是大数据产生的最根本原因。

数据收集的根本目的是根据需求从数据中提取有用的知识，并将其应用到具体的领域之中。正如谷歌的首席经济学家范里安（Hal Varian）所说，数据是广泛可用的，所缺乏的是从中提取出知识的能力①。正是大数据的广泛存在使得解决大数据问题具有挑战性，其广泛的应用也促使越来越多的人关注和研究大数据问题。

---

① 孟小峰，慈祥．大数据管理：概念、技术与挑战［J］．计算机研究与发展，2013，50（1）：146－169.

2.4.4　从数据库到大数据

从数据库到大数据，看起来只是一个简单的技术演进，但仔细推敲不难发现两者的本质差别。大数据的出现必然将颠覆传统的数据管理方式。在数据来源、数据处理方式和数据思维等方面都将带来革命性的变化。

如果想简单地比较传统数据库和大数据，那么“池塘捕鱼”和“海洋捕鱼”就是一个很好的类比。“池塘捕鱼”代表了传统数据库时代的数据管理方式，而“大海捕鱼”则对应着大数据时代的数据管理方式，“鱼”指的是需要处理的数据。“捕鱼”环境条件的变化导致了“捕鱼”方法的根本性差异。这些差异主要体现在如下几个方面：

（1）数据规模。“池塘”和“大海”最明显的区别就是规模。“池塘”规模相对较小，即便是以前认为比较大的“池塘”，譬如大型数据库 VLDB（very large database），和“大海”超大型数据库 XLDB（extremely large database）相比仍旧偏小。“池塘”的处理对象通常以 MB 为基本单位，而“大海”则常常以 GB 甚至是 TB、PB 为基本处理单位。

（2）数据类型。在过去的“池塘”中，只有一种或几种数据，而这些数据主要是结构化数据。而在“海洋”中有很多种类的数据，这些数据数以千计，并且包含着结构化、半结构化以及非结构化的数据，其中半结构化和非结构化数据所占的份额越来越大。

（3）模式（schema）和数据的关系。传统数据库的模式和数据的关系都是先确定模式，然后才会生成数据。这就好像是先选择合适的“池塘”，然后在其中释放适合在该“池塘”环境中生长的“鱼”。然而，在大数据时代，很多情况下很难提前确定模式。模式只有在数据出现之后才能确定，并且随着数据量的增长，这种模式处于不断演化之中。就像有少量的鱼，随着时间的推移，鱼的数量和种类都在增长。鱼类的变化导致海洋成分和环境的不断变化。

（4）处理对象。在“池塘”中捕鱼，“鱼”只是捕捞的对象。而在“大海”中，“鱼”除了是捕捞对象之外，还可以通过一些“鱼”的存在来判断其他种类的“鱼”的存在。也就是说，传统数据库中的数据只作为处理对象。在大数据时代，数据应该作为一种资源来帮助解决许多其他领域的问题。

（5）处理工具。一种或少数几种渔网基本就可以进行对于“池塘”中的“鱼”的捕捞，也就是所谓的“一刀切”。但是在“大海”中，没有一种网可以捕到所有的鱼，也就是所谓的没有一个放之四海皆准的标准。

从“池塘”到“大海”不仅仅代表着规模的扩大。传统的数据库代表着数据工程（data engineering）的处理方法，在大数据时代，数据不仅是工程处理的对象，还需要采用新的数据思维来处理。图灵奖获得者、著名数据库专家詹姆斯·格雷（James Gray）博士观察并总结道：人类自古以来，在科学研究上，先后历经了实验、理论和计算三种范式。当数据量持续增长和累积到今天，传统的三种范式已经不能很好地发挥其在科学研究中的作用，特别是在一些新的研究领域，需要新的第四种范式来指导新形势下的科学研究。基于这种考虑，格雷提出了一种新的数据探索型研究方法，他称之为科学研究的“第四种范式”（the fourth paradigm）。

第四种范式的实质就是从以计算为中心转变到以数据处理为中心，也就是我们所说的数据思维。这种方式要求我们从根本上进行思维的转变。正如在上文提到的“捕鱼”，在大数据时代，数据不再只是一个“捕捞”的对象，而应当将其看作一种基础资源，用数据这种资源帮助解决其他各领域的问题。计算社会科学（computational social science）是基于特定社会需求，在特定的社会理论指导下，收集、整理和分析数据足迹，以便进行社会解释、监控、预测与规划的过程和活动。计算社会科学就是需要采用第四种范式指导的研究领域。沃茨（Watts）在《自然》（*Nature*）杂志上的文章“A twenty-first century science”也指出，借助于社交网络和计算机分析技术，21 世纪的社会科学有可能实现定量化的研究，从而成为一门真正的自然科学。

2.4.5 大数据的处理流程

大数据的处理流程一般如图 2－1 所示。

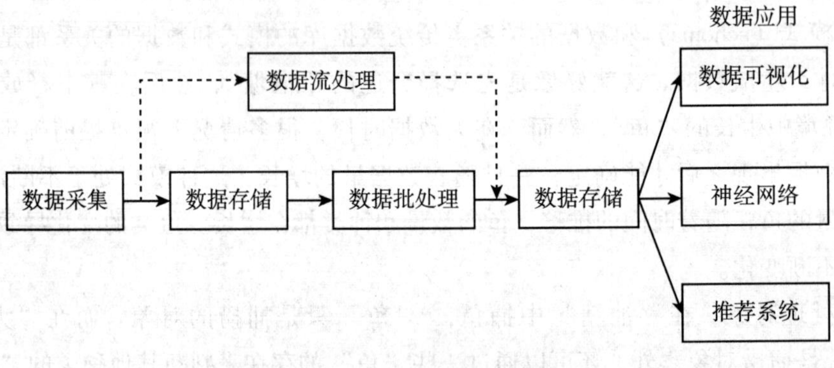

图 2－1 大数据处理流程

2.4.5.1 数据采集

大数据处理的第一步是数据采集。大数据并不是从天而降的，它需要从各种数据源采集。从街道的监控设施，空气中的污染物，到卫星发射等，每天都会产生高达 100 万 TB 的原始数据。同样，科学实验和模拟可以轻松地产生 PB 级的数据。

目前，中大型项目通常采用微服务架构进行分布式部署，数据采集需要在多台服务器上进行，且在数据采集的过程中不能影响正常业务的进行。基于该需求，衍生出了许多日志收集工具，如 Flume、Kibana、Log stash 等，通过简单的配置就可以完成复杂的数据采集和数据聚合。

2.4.5.2 数据存储

数据是如何存储的？最常见的存储方式是利用 My SQL、Oracle 等传统的关系型数据库，它们的优点是能够快速存储结构化的数据，并支持随机访问。但大数据的数据结构通常是半结构化（如日志数据），甚至是非结构化的（如视频、音频数据），为了解决海量半结构化和非结构化数据的存储，衍生了 Hadoop、HDFS、KFS、GFS 等分布式文件系统，它们都能够支持结构化、半结构和非结构化数据的存储，并可以通过增加机器的数量进行横向扩展。

分布式文件系统完美地解决了海量数据存储的问题，但是一个优秀的数据存储系统需要同时考虑数据存储和访问两方面的问题。比如用户希望能够对数据进行随机访问，这是传统的关系型数据库所擅长的，但却不是分布式文件系统所擅长的，因此用户希望有一种存储方案能够同时兼具分布式文件系统和关系型数据库的优点，基于这种需求，就产生了 HBase 数据库、MongoDB 数据库。

2.4.5.3 数据分析

大数据处理最重要的环节就是数据分析，数据分析通常分为两种：批处理和流处理。

（1）批处理：它是指对一段时间内海量的离线数据进行统一的处理，对应的处理框架有 Hadoop Map Reduce、Spark、Flink 等。

（2）流处理：它是指对运动中的数据进行处理，即在接收数据的同时就对其进行处理，对应的处理框架有 Storm、Spark Streaming、Flink Streaming 等。

批处理和流处理有各自的适用场景，时间不敏感或者硬件资源有限，可以采用批处理；时间敏感和及时性要求高的可以采用流处理。随着服务器硬件价格的降低和对及时性的要求越来越高，流处理越来越普遍，如股价预测和电子商务运营数据分析等。

2.4.5.4 数据应用

在应用层面，大数据包括数据可视化、神经网络、推荐系统等。数据可视化是指以计算机图形或图像的直观方式将大数据分析预测结果显示给用户，并能与用户交互处理的过程。数据可视化技术有利于发现大量业务数据中隐藏的规律性信息，为管理决策提供支持。数据可视化可以大大提高大数据分析结果的直观性，便于用户理解和使用。因此，数据可视化是影响大数据可用性和可访问性的关键因素。

2.5 人工智能

2.5.1 人工智能概述

人工智能（artificial intelligence，AI）是1956年由麦卡锡（McCarthy）在达特茅斯（Dartmouth）学会上提出的。关于人工智能的定义主要有两个，一个是美国麻省理工学院的温斯顿（Winston）教授提出的“人工智能就是研究如何使机器去做过去只有人才能做的智能工作”，另一个是美国斯坦福大学著名的人工智能研究中心尼尔逊（Nilson）教授所定义的“人工智能是关于知识的学科——研究知识的表达以及知识的获取并使用的学科”。[①] 其他还有很多关于人工智能的定义，大部分说法都是在反映人工智能学科的基本思想和基本内容。基于以上内容，可以将人工智能定义为研究人类智能活动的规律，构造具有一定智能行为的人工系统。不同于单一的学科，人工智能是一门综合性前沿学科，它融合了计算机科学、社会科学、脑神经学和统计学等，它的目标是希望计算机像人一样拥有智力，替代人类实现分类、识别、认知和决策等多种功能。

2.5.2 人工智能发展史

人工智能发展已经有60多年的历史，其大致演变过程如下。

2.5.2.1 第一阶段：人工智能的诞生

1946年，美国人莫克利（John W. Mauchly）和艾克特（J. Presper Eckert）发明了全球第一台通用计算机ENIAC。ENIAC的诞生为人工智能的研究提供了物质基础。1950年，艾伦－图灵提出“图灵测试”。1956年，在美国达特茅斯大学举行的讨论会上，学者们首次提出“人工智能”概念。这也被看作是人工智能正式诞生的标志。

2.5.2.2 第二阶段：黄金年代

1959年，美国发明家乔治·德沃尔与约瑟夫－英格伯格发明了首台工业机器人，该机器人通过计算机发出指令控制一台多自由度的机械工作。1966年，美国麻省理工学院AI实验室的约瑟夫·魏泽鲍姆教授开发了ELIZA聊天机器人，可以实现简单的人机对话。1968年，斯坦福研究所（SRI）研发的机器人Shakey是首台人工智能机器人，它能够自主感知、分析环境、规划行为并执行任务。这种机器人拥有类似人的触觉、听

① 娄冠群．媒介技术视域下人工智能对传媒业的影响［J］．新闻世界，2018，330（10）：59－62.

觉等感知功能。1970 年，能够分析语义、理解语言的系统诞生。T－维诺格拉德教授开发的人机对话系统 SHRDLU，实现了分析指令的功能，比如理解语义、解释不明确的句子。

2.5.2.3　第三阶段：第一次寒冬

1973 年，著名数学家拉特希尔向英国政府提交了一份关于人工智能的研究报告，在报告中严厉地批评了当时的机器人技术、语言处理技术和图像识别技术，尖锐地指出那些看上去宏伟的人工智能目标其实根本无法实现，研究已经走到了完全失败的地步。因此，科学家们重新深入拷问人工智能，严厉批评 AI 和质疑其实际价值。

20 世纪 70 年代末，人工智能陷入低谷。科研人员错估了人工智能的实际难度，美国国防高级研究计划局的合作计划失败，让人们对人工智能的前景望而兴叹。人工智能所基于的数学模型和数学基础存在的一定缺陷以及计算复杂程度以指数级增加都导致了人工智能在早期发展阶段遇到了技术瓶颈。

2.5.2.4　第四阶段：重新繁荣

1980 年，专家系统商业化。美国卡耐基梅隆大学为数字设备公司制造出一套“XCON”专家系统，它是具有完整专业知识和操作经验的计算机智能系统，可以帮助公司每年节约 4000 万美元的费用。1981 年，第五代计算机项目研发。根据日本经济产业省公布的数据，1981 年，日本率先拨款 8.5 亿美元支持第五代计算机项目，目标是制造出能够与人对话、翻译语言、解释图像，并能像人一样推理的机器。随后，英美等国也开始提供大量资金支持 AI 和信息技术领域的研究。1986 年鲁姆哈特（Rumelhart）和心理学家麦克莱兰（James McClelland）出版了两卷论文集“分布式并行处理”。

2.5.2.5　第五阶段：第二次寒冬

1987 年，苹果和 IBM 公司生产的台式机性能超过了 Symbolics 等厂商生产的通用计算机。从此，专家系统风光不再。

80 年代末，美国国防部高级研究计划局的高层认为人工智能并不是“下一个浪潮”；1991 年，日本计划的“第五代计算机”工程宣告失败。这些事都逐渐让人们对“专家系统”的态度从狂热追捧到失望。

2.5.2.6　第六阶段：回归

1997 年，IBM 公司的国际象棋电脑“深蓝”（DeepBlue）战胜了国际象棋世界冠军卡斯帕罗夫。“深蓝”的运算速度可达每秒 2 亿步棋，并存有 70 万份大师对战的棋局数据，可搜寻并提前预判 12 步棋。2006 年，辛顿（Geoffrey Hinton）提出多层神经网络的深度学习算法，施密特（Eric Schmidt）在搜索引擎大会提出“云计算”概念。2011

年，IBM 开发的人工智能程序“沃森”（Watson）在一档智力问答节目中战胜了两位人类冠军。沃森存储了 2 亿页数据，能够从看似相关的答案中将与问题相关的关键词抽取出来。

2.5.2.7 第七阶段：爆发

2014 年以来，人工智能发展迅猛。微软亚洲研究院发布人工智能小冰聊天机器人和语音助手 Cortana，百度发布 Deep Speech 语音识别系统。谷歌开源深度学习系统 Tensorflow 1.0 正式发布。苹果在 WWDC 上发布 Core ML、ARKit 等组件。百度 AI 开发者大会正式发布 DuerOS 语音系统、Apollo1.0 自动驾驶平台。从健康医疗、交通出行、金融服务、生产制造、媒介娱乐，到能源、农业、政府等几乎所有垂直产业都将因人工智能技术的进步而发展。

2016～2017 年，“阿尔法狗”（AlphaGo）战胜围棋冠军。由谷歌旗下的（DeepMind）企业开发的人工智能围棋程序“阿尔法狗”，具有自我学习能力，搜集大量围棋对弈数据和棋谱，学习并模仿人类下棋。DeepMind 还进军医疗保健等领域。人工智能程序在大规模图像识别和人脸识别中达到了超越人类的水平，人工智能系统诊断皮肤癌达到专业医生水平。

2018 年至今，深度学习高速发展。随着物联网、大数据、云计算等信息技术的发展，以深度神经网络为代表的人工智能技术被感知数据和图形处理器等计算平台推动发展，跨越了科学与应用之间的“技术鸿沟”，诸如语音识别、图像分类、人机对弈、无人驾驶等人工智能技术实现了技术突破，迎来爆发式增长的新高潮（如图 2－2 所示）。

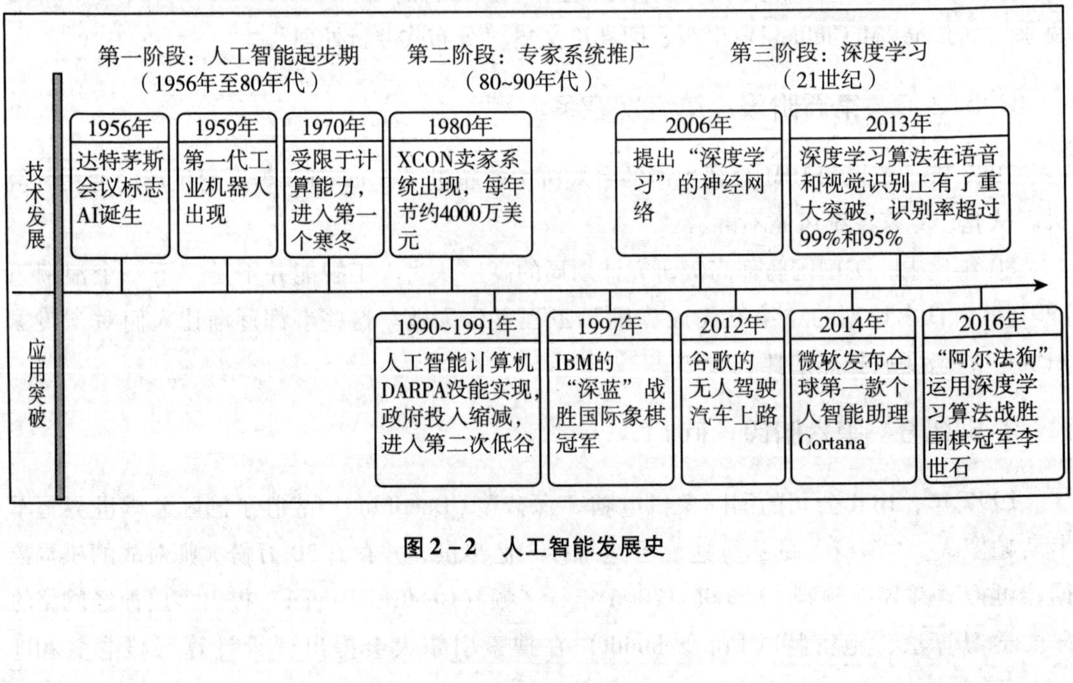

图 2－2 人工智能发展史

2.5.3　人工智能的研究方向

2.5.3.1　问题求解

问题求解，即解决管理活动中由于意外引起的非预期效应或与预期效应之间的偏差。人工智能发展的一大成就是出现能够求解难题的程序。问题的求解程序主要有两种：一种就是在问题求解程序中应用推理，把复杂困难的问题分解为一些简单容易的子问题，逐渐发展成人工智能的基本技术，比如搜索和问题归约。搜索策略可分为无信息条件下的盲目搜索和依靠经验知识的启发式搜索，在问题求解的推理步骤中它决定了使用知识的优先关系。另一种求解程序就是把各种数学公式符号汇编在一起，其性能已达到非常高的水平，已被广泛应用。例如，1993 年美国发布的 MACSYMA 软件，能够进行较复杂的数学公式符号运算。

2.5.3.2　专家系统

专家系统（expert system，ES）是人工智能的另一重要分支，是一类具有专门知识的计算机智能系统。专家系统含有大量特定领域专家提供的专门知识和经验，运用人工智能中的推理技术求解通常只能由专家才能解决的各种复杂问题。与传统的计算机程序不同，它的求解方法是一种启发式方法，需要经常在不完全、不精确甚至不确定信息基础上推导出结论。近年来，专家系统已经发展出了很多成功的应用，代表性的就是用户与专家系统进行“咨询对话”。专家系统应用的范围十分广泛，也已达到了较高的水准，例如化学和地质数据分析、计算机系统结构、建筑工程以及医疗诊断等咨询方面。表达和运用专家知识——来自人类专家的且已被证明能够解决某领域内典型问题的有用事实，是发展专家系统的关键。不同领域的专家系统在体系结构和功能上有一定的不同，但它们的组成基本一致。一个基本的专家系统主要由知识库、数据库、推理机制、解释机制、知识获取和用户界面六部分组成。

2.5.3.3　机器学习

机器学习（machine learning）致力于研究如何使用计算机模拟或实现人类的学习行为，以此获得新的知识或技能，将已有的知识结构重新组织使之不断完善自身的性能。作为计算机具有智能的根本途径，机器学习也是人工智能研究的核心课题之一，它的应用普及于人工智能的各个领域。机器学习技术是从数据中挖掘出有价值的信息的重要手段，通过对数据建立抽象的数学表达并基于此建模，估计模型的各项参数，从而挖掘出对人类有价值的信息。

2.5.3.4 神经网络

人工神经网络（artificial neural network，ANN），是由大量简单处理单元即神经元广泛连接而成的网络，也常简称为神经网络或类神经网络。人工神经网络是根据所掌握的生物神经网络原理，通过控制工程的思路和数学描述方法，建立合适的数学模型，采用适当的算法且有针对性地确定数学模型参数的技术。神经网络由神经元之间的相互作用实现信息的处理。人工神经网络不依赖于“专家”的头脑，具有很强的自学习能力，自动从已有的实验数据中总结潜在规律。因此，人工神经网络可以处理复杂多维的非线性问题，可以解决定性和定量问题，具有良好的、自组织、自适应、自学习、联想、容错性和较好的可靠性。

2.5.3.5 人工生命

人工生命（artificial life，AL）是在1987年召开的“生成以及模拟生命系统”国际会议上由美国计算机科学家克里斯托弗·朗顿（Christopher Langton）首先提出的。它主要是通过人工模拟生命系统来研究生命的领域。人工生命的概念主要有两方面内容。一方面是计算机科学领域的虚拟生命系统，主要涉及人工智能技术和计算机软件工程；另一方面是基因工程技术人工改造生物的工程生物系统，主要涉及合成生物学技术。与人工智能和神经网络相比，人工生命在理论上和方法上都有很大的不同。人工生命主要是采用计算机仿真生命现象来体现自适应机理，针对相关非线性对象进行更真实可靠的动态描述和动态特征研究。人工生命学科主要包括仿生系统、人工生命的计算理论、人工建模与仿真、进化动力学以及人工生命的应用等研究内容。目前比较有代表性的人工生命研究有计算机病毒、进化机器人、计算机进程、自催化网络和人工脑等。

2.5.3.6 智能机器人

大多数专家认为智能机器人至少要具备以下三个要素：一是感觉要素，用来认识周围环境状态；二是运动要素，对外界做出反应性动作；三是思考要素，根据感觉要素所得到的信息，思考出采用什么样的动作。

感觉要素主要包括能感知视觉、距离和接近等的非接触型传感器和能感知力、触觉、压觉等的接触型传感器。这些要素实质上相当于人的眼、鼻、耳等五官，它们的功能可以利用诸如摄像机、超声波传感器、激光器、图像传感器、行程开关等机电元器件来实现。运动要素是指，智能机器人需要有一个无轨道型的移动机构，以适应如平地、台阶、楼梯、坡道等不同的环境。这些功能的完成可以借助轮子、吸盘、履带、气垫等移动机构。实时控制移动机构不仅要包括有位置控制，而且还要有力度控制和伸缩率控制等。思考要素是智能机器人的关键要素，也是机器人必备的要素。思考要素包括有判断、逻辑分析、理解等方面的智力活动。这种智力活动在本质上是信息处理过程，通过计算机来完成这个处理过程。人工智能技术把认知技术、各种传感器整合到机器人身上，使其拥有判断、决策的能力，以应对不同环境中的不同问题。

2.6　物联网

2.6.1　物联网简介

早在 1995 年，比尔·盖茨在其《未来之路》一书中提到物联网。1999 年，美国麻省理工学院成立 Auto-ID 研究中心，给出“物联网”最早的定义：把所有物品通过射频识别（RFID）和条码等信息传感设备与互联网连接起来，实现智能化识别和管理。2005 年，国际电信联盟（ITU）发布了《ITU 互联网报告 2005：物联网》报告，正式将“物联网”称为“the internet of things”，对物联网的概念进行了扩展，是互联网基础上的延伸和扩展，及“万物相连的互联网”，提出了任何地点、任何时刻、任意物体之间互联，无所不在的计算以及无所不在的网络。

物联网还处于不断发展之中，大家众说纷纭，至今没有统一的定义。但国际通用的物联网的定义是：通过各种信息传感器、射频识别技术、全球定位系统、红外感应器等信息传感设备与技术，实时采集任何需要连接、监控的物体，采集需要的信息，通过网络接入实现人与物、物与物的连接，实现对物品和过程的智能化感知和管理。它有两层含义：首先，物联网的核心和基础仍然是互联网，是在互联网基础上延伸和扩展的网络；其次，其用户端延伸和扩展到了任何人与物、物与物之间，进行信息交换和通信。目前，物联网产业发展较为迅速的国家和地区有美国、英国、韩国、日本、欧盟等，都把物联网列为经济振兴战略之一，并推出了物联网产业发展规划，如美国的“智慧地球”、欧盟的“物联网行动计划”、日本的“e-Japan”“u-Japan”计划等。

2.6.2　物联网的起源与发展

1990 年施乐公司的网络可乐贩售——Networked Coke Machine 是可以追溯到的最早的物联网实践。

1995 年比尔·盖茨在《未来之路》一书中也曾提及物联网，但是受限于无线网络和传感设备的影响，未引起世人的重视。

1999 年美国麻省理工学院的凯文·艾什顿（Kevin Ashton）教授首次提出物联网的概念。

1999 年美国 Auto-ID 首先提出“物联网”的概念，主要建立在物品编码、无线射频识别技术和互联网的基础上。

2003 年美国《技术评论》提出传感网络技术将是未来改变人们生活的十大技术之首。

2005 年 11 月 17 日，在突尼斯举行的信息社会世界峰会（WSIS）上，国际电信联盟（ITU）发布《ITU 互联网报告 2005：物联网》，正式提出“物联网”的概念。无处不在的物联网通信时代即将来临。

2006 年韩国确立了 u-Korea 计划，该计划旨在建立无所不在的社会，在民众的生活环境里建立各种新型应用和智能型网络，让民众可以随时随地享有科技智慧服务。

2008 年后，为了促进科技发展，寻找经济新的增长点，各国政府开始将目光放在了物联网上。在中国，同年 11 月在北京大学举行的第二届中国移动政务研讨会“知识社会与创新 2.0”提出：移动技术、物联网技术的发展代表着新一代信息技术的形成，并推动了社会经济形态的变革，推动了创新 2.0 形态的形成，创新与发展更加关注用户、注重以人为本。

2009 年 1 月 28 日，奥巴马举行了一次“圆桌会议”，IBM 首席执行官彭明盛首次提出“智慧地球”这一概念，建议美国政府投资新一代的智慧型基础设施。

2009 年 2 月 24 日，2009IBM 论坛上，IBM 大中华区首席执行官钱大群公布了名为“智慧的地球”的最新策略。此概念的提出在世界范围内引起了轰动。

2009 年 8 月，温家宝“感知中国”的讲话把我国物联网领域的研究和应用开发推向了高潮，无锡市率先建立了“感知中国”研究中心。自“感知中国”被提出以来，物联网被正式列为国家五大新兴战略性产业之一，写入政府工作报告，物联网在中国受到极大的关注。

近年来，中国物联网形成北京—天津、深圳—广州、重庆—成都、上海—无锡为核心的四大产业集聚区。与“十二五”初期比较，中国在物联网关键技术研发、产业协调发展、示范推行和政策环境树立等方面取得了明显成果，成为全球物联网发展最为活跃的地区。目前，物联网已被引入跨境一体化、一体化创新和大规模发展的新阶段，通过投资、分割应用、闭环发展和创新与规模发展相结合的新阶段。

2019 年以来，我国加快优化物联网连接环境，推动 IPv6、NB-IoT、5G 等网络建设，促进物联网进入快速发展阶段。2019 年 4 月，《工业和信息化部关于开展 2019 年 IPv6 网络就绪专项行动的通知》正式发布，推进 IPv6 在网络各环节的部署和应用，为物联网等业务预留位置空间，提升数据容纳量。在党中央、国务院和各部委的统筹规划下，各级政府也在积极营造物联网产业发展的良好环境，通过多层次、综合性的政策和办法推动物联网的发展。

世界物联网大会（WIOTC）是构建万物互联智慧世界的国际机构组织（非社团组织），致力于搭建全球先进的物联网技术、资金、人才的交流平台，打造物联世界新经济主导产业，建立世界物联经济体系，造福各国人民智慧革命新时代的物联网智慧生活、工作和生产。2019 年，该大会分别在 9 月的无锡和 11 月的北京组织了两次国际性会议，会议的主题是“推动 5G 物联世界，创造全球智慧经济”。会议详细讨论了即将到来的 5G 网络的部署和应用以及如何打造物联网新技术。

2.6.3　物联网产业概述

2.6.3.1　物联网产业结构

从应用需求角度出发，可将物联网产业结构区分为三个层次，分别为感知层、网络层和应用层。物联网产业结构内各层次关键技术如图 2－3 所示。

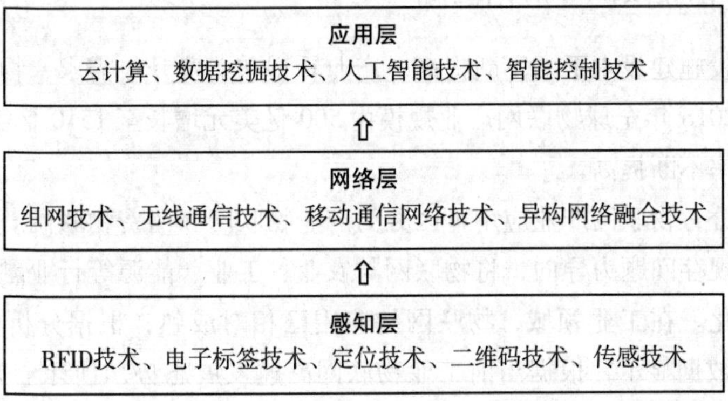

图 2－3　物联网产业结构

感知层主要用于标识产品和获取信息，核心技术包括射频识别技术（RFID）、全球定位系统（GPS）、二维码标签、传感技术等，是物联网产业链的关键所在。感知层之上的网络层负责接收并处理感知层传递的信息，并将获取的感知层信息发送给应用层；网络层的核心技术包括无线通信技术、移动通信网络技术和局域网技术等；这类技术已比较成熟，如需满足更大规模的数据传递处理需求，需进一步推动相关通信技术的演进和商用。应用层实现物联网与用户的对接，将用户需求与物联网感知、处理和传递后的信息结合，实现物联网的智能化应用。

综合物联网产业三个层次对应的技术特征和功能，可以看到物联网产业是一个应用驱动型产业，由感知层和网络层接收数据并处理，并在应用层实现信息的跨行业、跨系统互通共享，在应用层由人机界面接收用户的指令，反馈给网络层，并最终由感知层执行指令。

2.6.3.2　物联网产业体系

物联网产业体系是指为实现和发展物联网功能所有相关产业的集合。可进一步将物联网产业体系划分为物联网硬件制造和物联网软件服务。

物联网硬件制造主要指感知设备制造业。感知设备属于智能的高精密度仪器，设备的更新及发展以新材料、集成电路及其他支撑产业为基础。物联网属于信息技术的第三次浪潮，它的发展不是将原有信息产业重新划分，而是在原有基础上形成新的产业形态，具体可分为三种情况：

（1）提升现有产业项下产品功能，例如，传感器产业早于物联网出现，物联网的应用加速传感器产业朝智能化方向发展。

（2）扩大现有产业市场规模，例如，云计算产业、软件与集成服务业等产业因物联网技术产生了新的增长点。

（3）衍生新的服务内容，例如，M2M 通信设备服务、物联网应用服务等都是基于物联网发展形成的新业态。

2.6.3.3 物联网产业应用情况

受益于基础设施建设水平的不断提高、产业转型和消费升级需求，物联网应用产业大幅拓展，2008 ~ 2018 年全球物联网产业规模由 500 亿美元增长至 1510 亿美元①，物联网在各个行业的渗透率不断提高。

从作用对象分，物联网产业应用可区分为产业物联网和消费物联网。产业物联网面向供给侧，以行业现存问题为导向，将物联网与农业、工业、能源等行业融合，推动产业结构调整和升级优化。在工业领域，物联网的应用已相对成熟，根据分析机构“研究与市场”发布的报告数据显示，根据当前工业物联网高速发展态势，预计全球 2023 年市场规模可达 914 亿美元，并预计亚太地区的年均复合增长率最高，中国和印度等国家的工业化进程将显著拉动工业物联网市场发展。工业物联网已形成四大应用领域，包括智能化生产、网络协同生产、柔性定制和企业服务化转型；在农业领域，窄带物联网（narrow band internet of things，NB-IoT）、人工智能（AI）与传统农业融合发展，推动了农业现代化在农产品溯源、农产品精准生产、农业环境实时监测等方面的实现。

消费物联网面向需求端，以提升体验感为导向，将物联网与移动互联网充分结合，实现智能家居、智能医疗、智能交通、可穿戴设备等的消费级应用。例如在智能家居领域，物联网设备和技术通过提供智能安防、智能家庭设备控制、智能休闲娱乐服务等提升用户体验。

根据美国战略分析公司（strategy analytics）2018 年发布的智能家居调查数据显示，2018 年全球范围内智能家居市场规模约 960 亿美元，预计 2023 年可增长至 1550 亿美元。在可穿戴设备领域，全球可穿戴设备的出货量逐年稳步增长，产品内涵不断丰富，逐渐向定位、医疗、通信等方面延伸。

2.6.4 我国物联网产业的发展

近年来，我国物联网产业在政策的大力扶持和配套设施的不断完善下，关键技术研

① 资料来源：中国通信院发布的《2018 年物联网白皮书》。

发、技术推广应用、产业协调发展等方面成绩显著，物联网产业的软实力和硬实力水平同步提升较快。

（1）政策环境日趋完善，产业集群效应显现。“十二五”期间，国务院和各部委相继出台物联网相关政策文件，为推动物联网产业发展营造了良好的外部环境。2013 年国务院发布了《关于推进物联网有序健康发展的指导意见》，对物联网整体发展进行系统考虑，为促进物联网持续健康发展明确了方向及目标。在此基础上，2017 年工信部发布的《信息通信行业发展规划物联网分册（2016 – 2020 年）》细化了未来 5 年物联网产业发展方向。

（2）市场规模稳步提升，应用场景持续拓展。随着物联网软件服务和硬件设备等产业的发展，2018 年中国物联网产业规模增至 1.2 万亿元，“十二五”期间年均复合增长率约 25%。[①] 物联网在经济社会领域的应用不断拓展深化，在促进产业结构优化、消费升级方面发挥着重要作用。在传统行业领域，物联网技术全面渗透到研发、管理、制造等领域，推动传统产业智能化升级；在消费领域，可穿戴设备、智能家居、智能医疗、移动支付等消费市场持续保持高速增长，物联网在提升消费服务水平方面作用显著；在“智慧城市”领域，“智慧城市”建设由试点进入全面建设期，物联网技术在安防、公共事业、消防、交通等领域的应用正在向更高集成、更大规模方向发展。

2.6.5　物联网的关键技术

物联网的关键技术主要分为三个层面，分别是计算机、生活和智能层面。计算机在信息传播过程中担任中枢神经的位置，实现通信和网络传播的功能，筛选并提取有用的信息。物联网的实现需要借助互联网。生活层面主要是指人们在生活中需要密切关注的事物的应用技术，主要技术包括云计算和 M2M 技术。云计算将计算机、网络和显示器这三个元素的功能相结合，共享不同事物之间的联系、功能以及其信息。M2M 指的是自动控制操作技术，主要是通过编程以及对机器进行 AI 学习的功能来实现。让机器可以通过自我学习并在互相之间进行智能操控，加深了它们之间的相互作用力，操作者只需要控制终端就可以实现物与物之间的对接。最后一个是智能层面的技术，是不可缺少的一个环节，它不是一个具象化的技术，而是对物联网中其他环节进行整合，可以实现一加一大于二，大大提高办公和生活效率，使生活更加智能化，实现全球一体化的系统。

2.6.5.1　射频识别技术

射频识别（RFID）技术，也叫无线射频识别技术。该技术和条码扫描技术比较相似，是一种非接触式识别技术，最早应用在军事领域，当前已经广泛应用于各个领域，利用感

① 杜博．物联网产业发展趋势及我国物联网产业发展［J］．电子技术与软件工程，2019，170（24）：1 – 2.

应无线电波实现双向通信，达到数据交换目的。射频识别具有数据读写功能、可重复使用、记忆容量强大、体积小等优点，主要由应用软件系统、阅读器和应答器等组成，使用此技术能够实现非接触识别以及快速扫描。这种技术体积相对较小，能够重复使用，同时抗污染性和耐久性非常好。射频识别的工作原理是当附有电子标签的物体进入读写器的读写区域时，读写器发出的信号会激活标签；同时读写器接收到标签反射回来的微波信号后，将电子标签内的识别代码信息识别出来。这些识别信息作为物体的特征数据被传送到特定计算机作进一步处理，从而完成与物体相关的信息查询和管理等应用。

2.6.5.2 无线传感技术

物联网中的无线传感技术，包含数据应用网络、数据获取网络以及控制管理中心。集成了传感器、处理单元以及通信模块几个节点的优点，每个节点在一定协议的约束下形成一个分布式网络，之后对收集的数据进行优化，再借助无线电波将信息传输到信息处理中心。也就是说，通过物联网无线传感技术，可以组织不同传感器进行物体之间的连接，实现客观世界以及数字世界之间的联系，最终在不破坏物体原有属性以及空间环境的前提下，实现物和物之间的数据交互，更好地传输数据信息。

习题

1. 计算机硬件由哪几部分组成？
2. 简述计算机软件的概念。
3. 什么是计算机网络？
4. 什么是地理信息系统？
5. 简述云计算的特点与作用。
6. 什么是大数据？
7. 大数据有什么作用？
8. 什么是人工智能？
9. 人工智能的研究方向有哪些？
10. 什么是物联网？
11. 举例说明物联网的应用价值。

第3章 管理信息系统的数据库基础

3.1 概 述

数据管理技术是对数据进行分类、组织、编码、输入、存储、检索、维护和输出的技术。数据管理技术的发展大致经过了以下三个阶段：人工管理阶段、文件系统阶段以及数据库系统阶段。

（1）人工管理阶段。20世纪50年代以前，计算机主要用于数值计算。从当时的硬件方面分析，外部存储设备只有纸带、卡片以及磁带，并没有直接进行存取的硬件设备。从当时的软件方面分析，实际上，当时还未形成软件的整体概念，没有操作系统以及管理数据的软件。从当时处理的数据方面分析，数据处理数量小，数据之间没有结构，数据由用户直接管理，且数据间缺乏逻辑组织，数据依赖于特定的应用程序，缺乏独立性。

（2）文件系统阶段。50年代后期到60年代中期，出现了磁鼓、磁盘等数据存储设备，并且新的数据处理系统迅速发展起来。这种数据处理系统把计算机中的数据组织成相互独立的数据文件，系统可以按照文件的名称对其进行访问，并对文件中的记录进行存取，实现对文件的修改、插入和删除操作，这就是文件系统。文件系统实现了记录内数据的结构化，即给出了记录内各种数据间的关系，包括存储结构关系，以及逻辑结构关系等。但是，文件从整体来看却是无结构的，其数据仅面向特定的应用程序，因此数据共享性和独立性差，数据冗余度较大，管理和维护的代价也很大。

（3）数据库系统阶段。60年代后期，出现了数据库这样的数据管理技术。数据库的特点是数据不再只针对某一特定应用，而是面向全组织，具有整体的结构性，共享性高，冗余度小，具有一定的程序与数据间的独立性，并且实现了对数据进行统一的控制。

数据库技术已成为计算机领域中最重要的技术之一，它是软件学科中一个独立的分支。它的出现使得计算机应用渗透到工农业生产、商业、行政、教育、科学研究、工程技术和国防军事的各个部门。数据库技术是信息系统的一个核心技术，是一种计算机辅助管理数据的方法，它研究如何组织和存储数据，如何高效地获取和处理数据。数据库技术是通过研究数据库的结构、存储、设计、管理以及应用的基本理论和实现方法，并利用这些理论对数据库中的数据进行处理、分析和理解的技术。综上，数据库技术是研究、管理和应用数据库的一门软件科学。

本章介绍管理信息系统中的数据库基础，围绕数据组织和数据处理的效率问题，首先从数据的组织、数据库技术、数据库设计三个方面讲述在搭建具体的管理信息系统的过程中，与数据库相关的概念设计和技术方案设计。然后，讨论了关系型数据库的数据模型，关系型数据库的设计与规范化以及关系型数据库的查询语言，图数据库的数据模型，图数据库的设计与规范化以及图数据库的查询语言。

3.2 数据的组织

3.2.1 数据组织的层次

数据的组织方式是指按照一定的方式和规则对数据进行归并、存储、处理的过程。在管理信息系统中，数据的组织方式以及对其内在联系的表示方法直接决定了数据处理的效率。

关于数据的组织方式，我们可以从不同的角度进行理解。从组织的层次上看，数据的组织方式包括数据项、数据记录、文件、数据库等四个层次；从方式上看，数据组织包括文件组织和数据库组织两种方式。本部分首先介绍数据项、数据记录以及文件的组织，在下一小节中，单独讲述数据库的组织方式。

当我们的数据只有相同属性的唯一一项时，用数据项表示就可以了，如学生姓名（见表3-1）；当我们的数据中包含有多个叠加的数据项时，用数据记录来表示，如学生姓名、学号与成绩等级的对应列表（见表3-2）。多条学生数据记录组成学生信息文件，多条课程数据记录组成课程信息文件。将学生数据记录与课程记录关联起来，组成学生选课信息文件（见图3-1）。以上文件中，数据记录之间均使用文件方式组织。

表3-1　　数据项示例

学生姓名	张三	李四	王五	沈六	陈七

表3-2　　数据记录示例

学生姓名	学号	成绩等级
张三	2022001	A
李四	2022002	B
王五	2022003	A
沈六	2022004	C
陈七	2022005	D

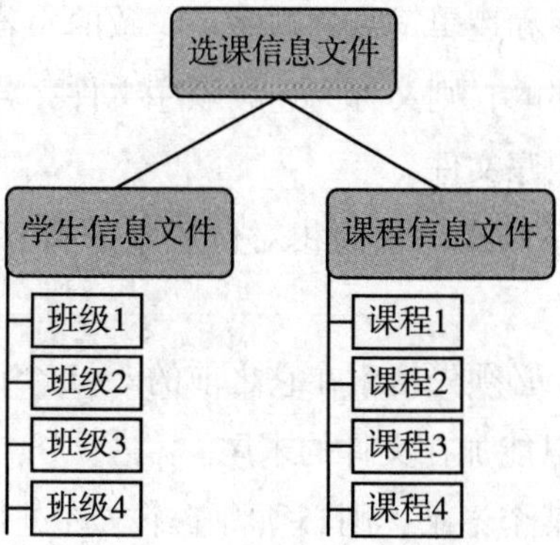

图 3-1　数据组织的层次结构

（1）数据项。数据项是组成数据系统的有意义的最小基本单位。它的作用是描述一个数据处理对象的某些属性。每一个数据项都需要定义一个数据类型（data type），数据类型在数据组织时的意义是确定数据长度，存储介质将会为其分配合适长度的空间。

（2）数据记录。与数据处理的某一对象有关的数据项构成了该对象的一条记录。记录中能唯一地标志该记录的数据项称作主键。每个字段被按照顺序组织起来，并且在开头存储这一行的头信息（meta data），例如记录总长度、时间戳等，这就组成了一条在硬盘上被存储的完整记录。如果是变长记录，比如某一个字段是 varchar（256），则会在头信息后紧接着存储这一列的指针，指向这个字段的值存储地址，指针的位置一般是在记录的末尾。

由于每次从磁盘中读取数据的单位是页（page），为了保证读取速度，一般数据库都会要求一条记录的长度不超过一页（页的长度不固定，可以被设置，一般是 4kb），保证一次读取就能读到一条完整记录，而不需要跨页读取。因此对于某些存储着大数据的字段，比如图片、视频，他们往往被独立存储到其他文件，而不与记录中的其他小字段存储在一起。

（3）数据文件。数据文件是为了某一特定的目的而形成的相关（同类）多条记录的集合。在文件中，行是一条具有完整意义的记录，被按照一定的规则，依次存储在文件中。

依据记录在文件中的不同存取规则，文件的组织形式包括顺序文件和索引文件两种。顺序文件是指按记录进入文件的先后顺序存放，其逻辑顺序和物理存储顺序保持一致。文件中的记录按照主键的数值递增（或者递减）次序排序，形成逻辑顺序。索引文件是由文件数据区和索引表构成，记录进入文件的先后逻辑顺序与其物理存储顺序一般情况下是不一致的。

3.2.2　顺序文件组织

顺序文件（sequential file）是按其在文件中的逻辑顺序依次进入存储介质而建立的，

即顺序文件中物理记录的顺序和逻辑记录的顺序是一致的。若次序相继的两个物理记录在存储介质上的存储位置是相邻的，则又称为连续顺序文件；若物理记录之间的次序通过指针的链接表示，则称为串联顺序文件。

顺序文件是根据记录的序号或记录的相对位置来进行存取的文件组织方式。它的特点是：

（1）存取第 i 个记录时，必须先搜索在它之前的 i-1 个记录。

（2）插入新的记录时，只能加在文件的末尾。

（3）若要更新文件中的某个记录，则必须将整个文件进行复制。

在顺序文件中，因为连续的记录都保存在连续的页中，可一次性读出多个页获得批量的记录，而无须多次寻址多次读取。其优点是连续存取的速度快，因此主要用于只进行顺序存取、批量修改的情况。若对应答时间要求不严时亦可进行直接存取。磁带是一种典型的顺序存取设备，因此存储在磁带上的文件只能是顺序文件。磁带文件适合于文件的数据量甚大、平时记录变化少、只进行批量修改的情况。在对磁带文件进行修改时，一般需用另一条复制带将原带上不变的记录复制一遍，同时在复制的过程中插入新的记录和用更改后的新记录代替原记录写入。

对顺序文件进行顺序查找，其平均查找长度为（n+1）/2，其中 n 为文件所含物理记录的数目。对磁盘文件可以进行分块查找或折半查找，对不定长文件不能进行折半查找。但是若文件很大，在磁盘上占多个柱面时，折半查找将引起磁头来回移动，增加查询时间。

假若某个顺序文件，其记录修改的频率较低，则用批处理并不适宜。此时可另建立一个附加文件，以存储新插入和更新后的记录，待附加文件增大到一定程度时再进行批处理。在检索时可以先查主文件，若不成功再查附加文件；或反之。显然这将增加检索的时间，但可以采取其他措施弥补之。

这种方式不利于记录的删除和插入，因为删除记录时需要将后面的记录依次前移，插入记录时需要将后面的记录依次后移，如果受影响的记录多，效率将会很低。为了解决每次插入删除数据都需要移动后面记录的问题，现实中可以采取指针的方式，也就是每一条记录中保存着指向下一条记录的指针，当有记录被删除时，仅仅修改指针，避免记录的移动；当有记录插入时，先检查在合适的位置是否有空闲空间，如果没有，采用开辟溢出块的方式，不直接插入至合适位置，而是在其他空间存储这条记录，然后修改上一条记录的指针指向这条新插入的记录，去避免大量记录的移动。

但是如果大量的记录都存储在溢出块中，顺序文件本身所带来的好处就大打折扣，因为很多记录已经不再在物理上按顺序存储，那么顺序获取记录时，就可能需要多次寻址多次读取，而不能通过一次性读取连续的页来获取连续的记录。此时，文件就需要被重组，会将所有记录重新组织成完全物理邻接的文件。

3.2.3　索引文件组织

若一个顺序文件有10000个记录，则根据关键字检索文件，只能从头开始顺序查找（这里指的并不是定长记录、顺序结构的顺序文件），平均须查找5000个记录。此时，索引文件的组织方式可以大大提高检索的效率。

索引文件的组织方式，由索引表和主文件两部分构成。索引表是一张指示逻辑记录和物理记录之间对应关系的表。索引表中的每项称作索引项。索引项是按键（或逻辑记录号）顺序排列。若文件本身也是按关键字顺序排列，则称为索引顺序文件。否则，称为索引非顺序文件。

索引顺序文件：主文件按主关键字有序的文件称索引顺序文件。在索引顺序文件中，可对一组记录建立一个索引项，这种索引表称为稀疏索引。索引顺序文件的索引是稀疏索引。索引占用空间较少，是最常用的一种文件组织。索引顺序文件的主文件是有序的，适合于随机存取、顺序存取。最常用的索引顺序文件是ISAM文件和VSAM文件。

索引非顺序文件：主文件按主关键字无序的文件称索引非顺序文件。在索引非顺序文件中，必须为每个记录建立一个索引项，这样建立的索引表称为稠密索引。通常将索引非顺序文件简称为索引文件。索引非顺序文件中主文件无序，顺序存取将会频繁地引起磁头移动，因此它适合于随机存取，不适合于顺序存取。

索引表本身是定长记录的顺序文件，因此可以快速找到第i个记录对应的索引项。索引表可将关键字作为索引号内容，若按关键字顺序排列，则还可以支持按照关键字折半查找。每当要增加或删除一条记录时，需要对索引表进行修改。由于索引文件有很快的检索速度，因此主要用于信息处理及时性要求比较高的场合。

另外，索引文件的好处之一就是可以有多个索引，每个索引有不同的键。例如，职员的文件可以按社会保险号或姓名来检索。这种索引文件被称为倒排文件。可以用不同的数据项建立多个索引表。如：学生信息表中，可用关键字“学号”建立一张索引表，也可用不同的关键词实现建立一张索引表。这样就可以根据不同的关键词实现快速地检索文件。

索引文件由数据文件组成，它是带索引的顺序文件。索引本身非常小，只占两个字段——顺序文件的键和在磁盘上相应记录的地址。存取文件中的记录需按以下步骤进行：

（1）整个索引文件都载入内存中（文件很小，只占用很小的内存空间）。

（2）搜索项目，用高效的算法（如折半查询法）查找目标键。

（3）检索记录的地址。

（4）按照地址，检索数据记录并返回给用户。

若采用索引顺序文件结构，可把10000个记录分为100组，每组100个记录。则需要先顺序查找索引表找到分组（共100个分组，因此索引表长度为100，平均需要查50次），找到分组后，再在分组中顺序查找记录（每个分组100个记录，因此平均需要查50次）。

可见，采用索引顺序文件结构后，平均查找次数减少为 50 + 50 = 100 次。

同理，若文件共有 1000000 个记录，则可分为 1000 个分组，每个分组 1000 个记录。根据关键字检索一个记录平均需要查找 500 + 500 = 1000 次。这个查找次数依然很多，如何解决呢？这时候需要考虑散列文件组织。

3.2.4 散列文件组织

散列文件组织，即数据按照散列（hashing）计算的地址存储，通过计算所需记录搜索码值上的一个函数直接获得包含该记录的磁盘块地址。

散列文件完全没有顺序，每条记录应该存放的位置是根据搜索码的 Hash 值决定的，因此插入删除都不涉及记录移动，且由于搜索码的 Hash 值直接决定了存储位置，所以查找符合特定搜索码的记录非常快，但是不支持范围查找与顺序读取。

可以把记录按某属性或属性组的值，依据一个散列函数来计算其应存放的位置。检索效率和更新效率都有一定程度的提高。用于进行散列函数计算的属性通常称为散列字段，散列字段通常也采用关系中的主码，所以又称散列码。

顺序文件组织的一个缺点是我们必须访问索引结构来定位数据，这将导致过多的 I/O 操作。基于散列技术的文件组织使我们能够避免访问索引结构，散列也提供了一种构造索引的方法。

散列函数：

$$h(K) \rightarrow B$$

其中：K 表示所有搜索码值的集合；B 表示所有地址的集合；h 是一个从 K 到 B 的函数，即散列函数。

3.3 数据库技术

3.3.1 数据库的由来和发展

数据库技术产生于 20 世纪 60 年代末 70 年代初，其主要目的是有效地管理和存取大量的数据资源。数据库技术主要研究如何存储、使用和管理数据。数年来，数据库技术和计算机网络技术的发展相互渗透，相互促进，已成为当今计算机领域发展迅速、应用广泛的两大领域。数据库技术不仅应用于事务处理，并且进一步应用到情报检索、人工智能、专家系统、计算机辅助设计等领域。

数据库这个名词起源于 20 世纪 50 年代。当时美国为了战争的需要，把各种情报集中在一起，存入计算机，称为“information base”或“database”。1963 年美国霍尼韦尔（Honeywell）公司的 IDS（integrated data store）系统投入运行，揭开了数据库技术的序幕。

1970 年初，IBM 公司的高级研究员科德（E. F. Codd）发表论文提出了关系模型，奠定了关系数据库的理论基础。20 世纪 70 年代是数据库蓬勃发展的年代。网状系统和层次系统占领了市场，关系系统开始处于实验阶段，IBM 公司研制出了原型关系语言 System R。1979 年关系软件（Relational Software）公司推出了第一个基于 SQL 的商用关系数据库产品 Oracle。

20 世纪 80 年代起，关系数据库产品已相当成熟，取代了网状系统和层次系统的市场。同时关系数据库理论也日趋完善，走向更高级的阶段，有了分布式数据库系统（distributed database systems）等。经过几年的研究和实践，逐步形成了面向对象数据库系统（object_oreiented database systems）/主动数据库系统（active database systems）、大型知识库系统（large knowledge base systems）/数据库中的知识发现（knowledge discovery in database）以及科学数据库（science database）等热点。

数据库最初是在大公司或大机构中用作大规模事务处理的基础。后来随着个人计算机的普及，数据库技术被移植到个人计算机（personal computer，PC 机）上，供单用户个人数据库应用。接着，由于 PC 机在工作组内连成网，数据库技术就移植到工作组级。终端用户开始使用局域网技术将独立的计算机连接成网络，终端之间共享数据库，形成了一种新型的多用户数据处理，称为客户机/服务器数据库结构。如今，数据库技术正在被用来同互联网技术相结合，以便在机构内联网、部门局域网甚至 WWW 上发布数据库数据。

3.3.2 数据库系统的基本概念

数据库技术涉及许多基本概念，主要包括：信息、数据、数据处理、数据库、数据库管理系统以及数据库系统等。数据库技术是现代信息科学与技术的重要组成部分，是计算机数据处理与信息管理系统的核心。数据库技术研究和解决了计算机信息处理过程中大量数据有效组织和存储的问题，在数据库系统中减少数据存储冗余、实现数据共享、保障数据安全以及高效地检索数据和处理数据。数据库技术的根本目标是要解决数据的共享问题。

在系统地介绍数据库的基本概念之前，首先介绍一些数据库中最常用的术语和基本概念。数据是数据库中存储的基本对象。什么是数据呢？数据是记录客观事物的性质、状态以及相互关系的可以识别的物理符号。数据库，顾名思义，就是存放数据的仓库。只不过这个仓库是存储在计算机设备上，并且是按一定的格式存放的。当然，这种说法虽然形象，但并不严谨。严格地说，数据库是以一定的组织方式存储在一起的相关数据的集合。在日常工作中，常常需要把这些相关的数据放进这样的仓库，并根据管理的需要进行相应的处理。

3.3.2.1 数据库管理系统

数据库如何建立，又该如何管理呢？这个任务是通过一个软件来完成的，这个软件就是数据库管理系统。数据库管理系统是用于协助用户创建/维护和使用数据库的系统软件。数据库管理系统是应用程序与数据库的桥梁，应用程序是通过数据库管理系统来访问数据库的。常见的数据库管理系统有 Oracle、SQLServer、DB2、FoxPro 等。

3.3.2.2 数据库系统

数据库系统是引进了数据库技术的计算机系统。完整的数据库系统由硬件、数据库、数据库管理系统、操作系统、应用程序、数据库管理员、用户等部分组成。一般而言，在不引起混淆的情况下，常常把数据库系统简称为数据库。

3.3.2.3 数据库系统的特点

（1）数据结构化：在数据库中，数据按照数据的类型及其逻辑关系存储。

（2）数据共享性高：数据共享包含所有用户可同时存取数据库中的数据，也包括用户可以用各种方式通过接口使用数据库，并提供数据共享。

（3）数据独立性好：数据的独立性包括逻辑独立性（数据库中数据的逻辑结构和应用程序相互独立）和物理独立性（数据物理结构的变化不影响数据的逻辑结构）。

（4）数据冗余度低：同文件系统相比，由于数据库实现了数据共享，从而避免了用户各自建立应用文件。减少了大量重复数据，减少了数据冗余，维护了数据的一致性。

3.3.2.4 数据的安全性保护

数据库中数据的安全性保护主要包括：

（1）安全性控制：防止数据丢失、错误更新和越权使用。

（2）完整性控制：保证数据的正确性、有效性和相容性。

（3）并发控制：既能在同一时间周期内，允许对数据实现多路存取，又能防止用户之间的不正常交互作用。

（4）数据的完整性控制与数据库恢复：由数据库管理系统提供一套方法，可及时发现故障和修复故障，从而防止数据被破坏。数据库系统能尽快恢复数据库系统运行时出现的故障，可能是物理上或是逻辑上的错误，比如对系统的误操作造成的数据错误等。

3.3.3 数据库系统的数据模型

3.3.3.1 术语介绍

文件管理方式中，数据处于一种分散的状态，不同的用户或同一用户的不同处理中的文件之间毫无关系。利用数据库可对数据进行集中控制和管理，并通过数据模型表示各种数据的组织以及数据间的联系。

模型是现实世界特征的模拟和抽象，例如一张地图、一组建筑设计沙盘、一架精致的航模飞机都是具体的模型。数据模型也是一种模型，它是现实世界数据特征的抽象。现有的数据库系统均是基于某种数据模型的。简单地说，数据模型就是现实世界的模拟。为了将现实世界中的具体事物抽象为某一数据库管理系统支持的数据模型，人们常常将现实世界抽象为信息世界，然后再将信息世界转换为机器世界，这一过程可以用表 3－3 所示的过程来描述。

表 3－3　　三个不同世界术语对照

客观世界（现实世界）	信息世界	数据世界（机器）
组织（事物及其联系）	实体及其联系	数据库
事物类（总体）	实体集	文件
事物（对象，个体）	实体	记录
特性（性质）	属性	数据项

实体（entity）：它是指客观设计并相互区别的事物。实体可以是具体对象，例如一本书、一个工厂、一种材料等；也可以是抽象的概念和联系，例如学生的一次选课、一次借书等。

实体集（entity set）：它是具有相同性质的同类实体集的集合。例如所有教师、所有选课等。

属性（attribute）：实体具有许多特性，每一个特性称为属性。每个属性都有一个值的范围，即值域。例如学生的实体可由学号、姓名、性别、年龄、系别等属性组成。性别的取值范围是“男”或“女”。

主键（key）：唯一标识实体的属性集称为主键。例如学生实体的学号可作为学生实体的主键。

字段（field）：标记实体属性的命名单位称为字段（数据项）。它是可以命名的最小信息单位，例如学生、姓名、性别、年龄、系别等字段。

记录（record）：字段的有序集合称为记录（相当于前面提到的数据元素）。一般用一个记录描述一个实体。

3.3.3.2　数据模型要素

数据模型的概念及要素数据模型是现实世界在数据库中的抽象，也是数据库系统的核心和基础。数据模型通常包括 3 个要素：

（1）数据结构：数据结构主要用于描述数据的静态特征，包括数据的结构和数据间的联系。

（2）数据操作：数据操作是指在数据库中能够进行的查询、修改、删除现有数据或增加新数据的各种数据访问方式，并且包括数据访问相关的规则。

（3）数据完整性约束：数据完整性约束由一组完整性规则组成。

3.3.3.3 数据模型分类

数据模型是基于计算机系统和数据库的数据建模，主要用于数据库管理系统的实现。它主要包括层次模型、关系模型、网状模型和面向对象模型等。

层次模型（hierarchical model）：用树型结构表示。层次模型使用树形结构来表示数据以及数据之间的联系。

网状模型（network model）：用有向图结构表示。网状模型使用网状结构表示数据以及数据之间的联系。

关系模型：用二维表结构表示。关系模型是一种理论最成熟、应用最广泛的数据模型。在关系模型中，数据存放在一种称为二维表的逻辑单元中，整个数据库又是由若干个相互关联的二维表组成的。

面向对象模型（relational model）：用对象和类来表示实体类型和实体之间联系的数据模型。

3.3.4 数据库文件组织

数据库组织是比文件组织更高级的一种数据组织方式。由于文件系统的结构只限记录内部，因而仅能够适用于单项应用的场合。对于一个组织的管理信息系统而言，要求从整体上解决问题，不仅要考虑某个应用的数据结构，而且要考虑全局的数据结构。为了实现整个组织数据的结构化，就要求在数据组织结构中不仅能够描述数据本身，而且要能够描述数据之间的关系（这正是数据库的特点）。因而在复杂的应用中，需要采用数据库来组织数据。

数据库文件的常用基本类型包括无序记录文件（堆文件）、有序记录文件（排序文件）、散列文件和聚簇文件。他们的差异表现在文件的组织方式上。

（1）堆文件。无序记录文件（堆文件）的特点是记录可存储于任意有空间的位置，磁盘上存储的记录是无序的。更新效率高，但是检索效率低。新记录总插入文件尾部；删除记录时，可以直接删除该记录所在位置的内容。频繁删增记录时会造成空间浪费，所以需要周期性重新组织数据库。数据库重组是通过移走被删除的记录连续存放，从而回收那些由删除记录而产生的未利用空间。

（2）有序记录文件。有序记录文件又叫排序文件，就是遵循某个搜索码（search key）的顺序，依次存储每一条记录。搜索码是一系列搜索条件的组合，可以是一个键，也可以是多个键组合。磁盘上的记录是有序的，检索效率可能高。用于存储排序的属性通常称为排序字段，通常，排序字段使用关系中的主码，所以又称排序码。当按排序字段进行检索时，速度得到很大提高；但是当按照非排序字段检索时，速度可能不会提高很多。

（3）散列文件。顺序文件组织的一个缺点是我们必须访问索引结构来定位数据，这将导致过多的 I/O 操作。基于散列技术的文件组织使我们能够避免访问索引结构，散列也提供了一种构造索引的方法。

（4）聚簇文件。聚簇文件是指将具有相同或相似属性值的记录存放于连续的磁盘簇块中。前面提到的顺序文件是不同的表存储在不同的文件中，但是某些具体应用场景下，可能常常涉及多表查询。比如有一个名为 Singers 的表保存着歌手信息，又有一个名为 Albums 的表保存着每个歌手发布的专辑信息，如果你正在开发一个音乐播放器，那么涉及的场景一般都是需要找出某个歌手发布的所有专辑展示给客户。如果不同的表保存在不同的文件中，那么需要进行连接（join），复杂度比较高，但是如果将每个歌手的专辑信息都在物理上存储在歌手信息之后，也就是两张表混合存放在同一个文件中，采用聚簇文件则不需要进行 join 操作，找到 Singer 后，直接顺序读取后面的页，就能拿到指定歌手的所有专辑，提高了查询效率。

3.4　数据库设计

3.4.1　数据库设计的概念

数据库设计是指对于一个给定的应用环境，构造最优的数据库模式，建立数据库及其应用系统，使之能够有效地存储数据，满足用户的各种应用需求的过程。其中，应用环境包括数据库管理系统/操作系统和硬件环境等。

数据库设计方法中比较著名的是新奥尔良法。它将数据库设计分为四个阶段：需求分析、概念结构设计、逻辑结构设计和物理结构设计。本书将简述后面三个设计过程。

3.4.2　数据库的概念结构设计

将需求分析得到的用户需求抽象成信息世界的概念结构模型的过程，称为数据库的概念结构设计。概念结构是各种数据模型的基础，它比数据模型更独立于机器，更加抽象且更加稳定。概念结构设计是数据库设计的关键。一般用实体联系图（即 ER 图）来描述。

现实世界中，事物是相互联系的。这种联系在信息世界中也有所体现，即实体是相互关联的。两个不同实体集的实体间的联系，有以下三种情形：

一对一联系，1∶1。例如工厂与厂长之间，科研任务与课题组长之间都是1∶1联系。

一对多联系，1∶N。例如一个学校有若干学生，而每个学生都在一个学校学习，学校与学生之间是1对多的联系。

多对多联系，M∶N。例如课程与学生之间，一个学生可选多门课程，而每一门课程可有多个学生选修，课程与学生之间是多对多的联系。

这种联系可以用E－R模型表示。

概念结构设计有如下特点：概念能够真实充分地反映现实世界；概念结构可扩充，易于更改；概念易于理解；概念及其结构易于向其他数据模型转换。

概念结构设计的步骤与方法包括以下几种：

自顶向下的设计：先根据总需求获得全局概念结构的框架，再根据全局概念结构逐步细化。

自底向上的设计：根据子需求获得部分概念视图，再逐步集成，成为一个全局概念视图。

逐步扩张的设计：首先定义核心概念结构，再逐步扩张，以滚雪球的方式逐步生成其他概念结构，直至得到全局概念结构。

实际中经常使用自顶向下的需求分析和自底向上的概念结构设计。将自顶向下和自底向上结合，用自顶向下策略设计一个全局概念结构，以它们为基础自底向上设计各部分概念视图。

3.4.3 数据库的逻辑结构设计

概念结构设计所得的E－R模型是对用户需求的一种抽象的表达形式，它独立于任何一种具体的数据模型，因而也不能为任何一个具体的数据库管理系统（database management system，DBMS）所支持。为了能够建立起最终的物理系统，还需要将概念结构进一步转化为某一DBMS所支持的数据模型，然后根据逻辑设计的准则、数据的语义约束、规范化理论等对数据模型进行适当的调整和优化，形成合理的全局逻辑结构，并设计出用户子模式。这就是数据库逻辑设计所要完成的任务。

数据库逻辑结构的设计分为两个步骤：首先将概念设计所得的E－R图转换为关系模型；然后对关系模型进行优化，逻辑结构设计的过程如图3－2所示。

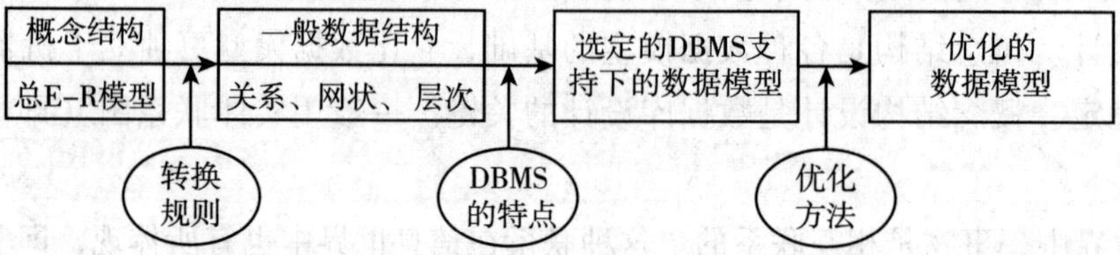

图3－2 逻辑结构设计过程

关系模型是一组关系（即二维表）的结合，而 E－R 模型则是由实体、实体的属性、实体间的关系三个要素组成。所以要将 E－R 模型转换为关系模型，就是将实体、属性和联系都要转换为相应的关系模型。下面具体介绍转换的规则。

3.4.3.1　一个实体类型转换为一个关系模型

将每种实体类型转换为一个关系，实体的属性就是关系的属性，实体的关键字就是关系的关键字。例如，可将“学生”实体转换为一个关系模型，如图 3－3 所示，一个实体类型转换为一个关系模型。其中，带下划线的属性为主属性，该主属性为关系模型外键。

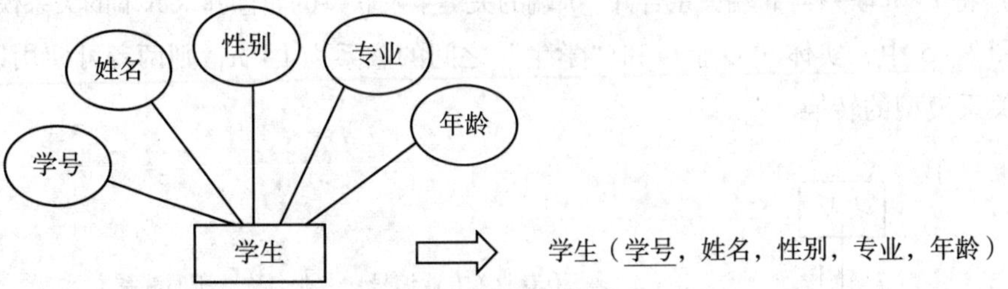

图 3－3　实体转换为关系模型示例

3.4.3.2　一对一关系（1∶1）的转换

一对一关系有以下两种转换方式：

（1）转换为一个独立的关系模型。联系名为关系模型名，与该联系相连的两个实体的关键字及联系本身的属性为关系模型的属性，其中每个实体的关键字均是该关系模型的候选键。

（2）与任意一端的关系模型合并。可将相关的两个实体分别转换为两个关系，并在任意一个关系的属性中加入另一个关系的主关键字。

例如，若某工厂的每个仓库只配备了一名管理员，那么仓库实体与管理员实体间便为 1∶1 关系。根据以上介绍的原则，可以进行如图 3－4 所示的变换。

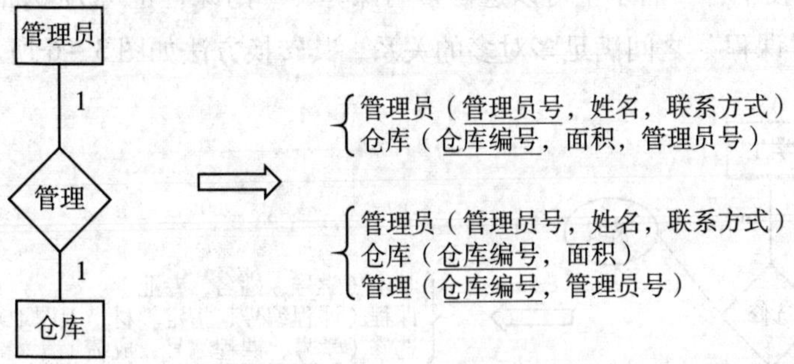

图 3－4　一对一关系转换示例

在实际设计中究竟采用哪种方案可视具体的应用而定。如果经常要在查询仓库关系的同时查询此仓库管理员的信息，就可选用前一种关系模型，以减少查询时的链接操作。反之，如果在查询管理员时要频繁查询仓库信息，则选用后一种关系模型。总之，在模型转换出现较多方案时，效率是重要的取舍因素。

3.4.3.3　一对多关系（1∶n）的转换

一对多关系也有两种转换方式：

（1）将1∶n关系转换为一个独立的关系模型。联系名为关系模型名，与该联系相连的各实体的关键字及联系本身的属性为关系模型的属性，关系模型的关键字为n端实体的关键字。

（2）将1∶n联系与n端关系合并。1端的关键字及联系的属性并入n端的关系模型即可。

在图3－5中，实体“专业”和“学生”之间的联系为1∶n，则两者可使用以上的原则进行关系模型的转换。

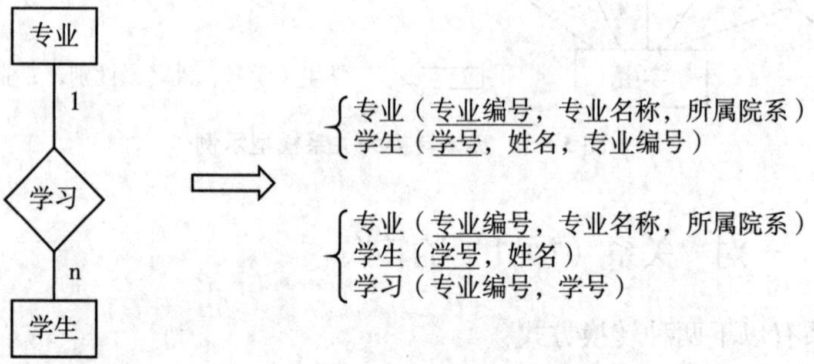

图3－5　一对多关系转换示例

3.4.3.4　多对多关系（m∶n）的转换

关系模型名为关系名，与该关系相连的各实体的关键字及关系本身的属性为关系模型的属性，关系模型的关键字为关系中各实体关键字的并集。

例如，在学校中，一名学生可以选修多门课程，一门课程也可为多名学生选修，则实体“学生”与“课程”之间满足多对多的关系，其转换方法如图3－6所示。

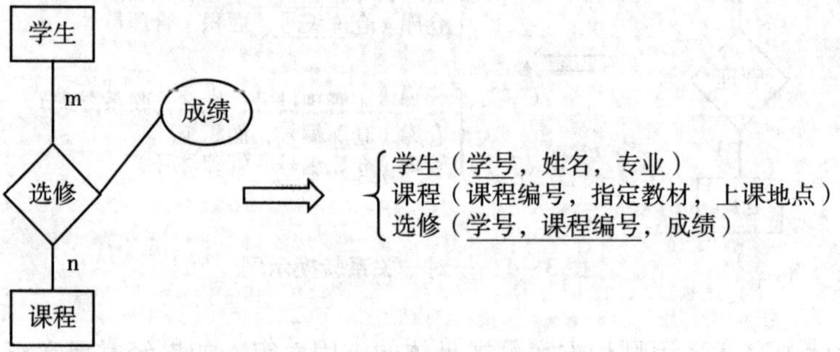

图3－6　多对多关系转换示例

3.4.4　数据库的物理结构设计

将一个给定逻辑结构实施到具体的环境中时，逻辑数据模型要选取一个具体的工作环境，这个工作环境提供了数据存储结构与存取方法，这个过程就是数据库的物理设计。

物理结构设计：对于给定的逻辑数据模型，选取一个最适合应用环境的物理结构。简单解释——选择合适的数据库，并设计具体的表、字段、数据类型、索引等。物理结构依赖于给定的DBMS和硬件系统，因此设计人员必须充分了解所用的DBMS的内部特征、存储结构、存取方法。数据库的物理设计通常分为两步：第一，确定数据库的物理结构；第二，评价实施空间效率和时间效率。

3.4.4.1　确定数据库的物理结构

该步骤包含下面四方面的内容：

（1）确定数据的存储结构：即确定每个表中有哪些字段，每个字段用什么数据类型。物理结构中，数据的基本存取单位是存储记录。确定数据库存储结构时要综合考虑存取时间、存储空间、维护代价三方面的因素。例如消除一切冗余数据虽然能够节约存储空间，但往往会导致检索代价的增加，因此必须进行权衡，选择一个折中方案。

（2）设计数据的存取路径。

（3）确定数据的存放位置。为了提高性能，可将数据的易变部分、稳定部分、经常存取部分和存储频率较低部分分开存放。

（4）确定系统配置。DBMS产品一般都提供了一些存储分配参数，供设计人员和数据库管理员（database administrator，DBA）对数据库进行物理优化。初始情况下，系统都为这些变量赋予了合理的默认值，但是这些值不一定适合每一种应用环境，在进行物理设计时，需要重新对这些变量赋值以改善系统的性能。

3.4.4.2　评价实施空间效率和时间效率

物理结构设计过程中需要对时间效率、空间效率、维护代价和各种用户要求进行权衡，其结果可以产生多种方案，数据库设计人员必须对方案进行细致的评价，从中选择一个较优的方案作为数据库的物理结构。在评价的过程中，选择的具体方法往往取决于当前选用的DBMS，通过定量的方式，对前述指标进行衡量，以便选择合理的结构与方案。

3.5 关系型数据库

3.5.1 关系型数据库的定义

关系型数据库是依据关系模型来创建的数据库，它可以很好地存储一些关系模型的数据，比如一个老师对应多个学生的数据（即“多对多”）、一本书对应多个作者（即“一对多”）、一本书对应一个出版日期（即“一对一”）等。

关系模型是我们生活中经常遇见的模型，存储这类数据一般用关系型数据库。关系模型包括数据结构（数据存储的问题，二维表）、操作指令集合（SQL 语句）、完整性约束（表内数据约束、表与表之间的约束）。关系数据库是以二维表作为数据模型的数据库系统。

关系模型的三类完整性：

（1）实体完整性：若属性 A 是基本关系 R 的主关键件中的属性（即主属性），则属性 A 不能取空值。

（2）参照完整性：若基本关系 R 中含有另一个基本关系 S 的主关键字 Ks 所对应的属性组 F（F 称为 R 的外部关键字），则在关系 R 中的每个元组中的 F 上的值必须满足：a 或取空值；b 或等于 S 中某个元组的主关键字的值。

（3）用户定义的完整性：用户自己对数据完整性的要求。

3.5.2 常见的关系型数据库

3.5.2.1 甲骨文（Oracle）

Oracle 前身叫 SDL，由埃里森（Larry Ellison）和另两个编程人员在 1977 创办，他们开发了自己的拳头产品，在市场上大量销售，1979 年，Oracle 公司引入了第一个商用 SQL 关系数据库管理系统。Oracle 公司是最早开发关系数据库的厂商之一，其产品支持最广泛的操作系统平台。目前 Oracle 关系数据库产品的市场占有率名列前茅。

3.5.2.2 Sybase

Sybase 公司成立于 1984 年，公司名称“Sybase”取自“system”和“database”相结合的含义。Sybase 公司的创始人之一爱泼斯坦（Bob Epstein）是 Ingres 大学版（与 System/R 同时期的关系数据库模型产品）的主要设计人员。公司的第一个关系数据库产品是 1987 年 5 月推出的 Sybase SQL Server1.0。Sybase 首先提出 Client/Server 数据库体系结构的思想，并率先在 Sybase SQL Server 中实现。

3.5.2.3 SQL Server

1987 年，微软和 IBM 合作开发完成 OS/2，IBM 在其销售的 OS/2 ExtendedEdition 系统中绑定了 OS/2Database Manager，而微软产品线中尚缺少数据库产品。为此，微软将目光投向 Sybase，同 Sybase 签订了合作协议，使用 Sybase 的技术开发基于 OS/2 平台的关系型数据库。

3.5.2.4 MySQL

MySQL 是一个小型关系型数据库管理系统，开发者为瑞典 MySQL AB 公司。在 2008 年 1 月 16 日被 Sun 公司收购。目前 MySQL 被广泛地应用在互联网的中小型网站中。由于其体积小、速度快、总体拥有成本低，尤其是开放源码这一特点，许多中小型网站为了降低网站总体拥有成本而选择了 MySQL 作为网站数据库。

3.5.3 关系型数据库的数据模型

关系模型可以简单理解为二维表格模型，而一个关系型数据库就是由二维表及其之间的关系组成的一个数据组织。关系型数据库中有许多张表，每张表表示现实世界的各种实体。各种实体之间的联系均用关系模型来表示。

（1）存储方式：传统的关系型数据库采用表格的储存方式，数据以行和列的方式进行存储，读取和查询都十分方便。

（2）存储结构：关系型数据库按照结构化的方法存储数据，每个数据表都必须对各个字段进行定义（也就是先定义表的结构），再根据表的结构存入数据，这样做的好处是整个数据表的可靠性和稳定性都比较高，但带来的问题是一旦存入数据后，如果需要修改数据表的结构就会十分困难。

（3）存储规范：关系型数据库为了避免重复、规范化数据以及充分利用好存储空间，把数据按照最小关系表的形式进行存储，这样数据管理就可以变得很清晰、一目了然，当然这主要是一张数据表的情况。如果是多张表情况就不一样了，由于数据涉及多张数据表，数据表之间存在着复杂的关系，随着数据表数量的增加，数据管理会越来越复杂。

（4）扩展方式：由于关系型数据库将数据存储在数据表中，数据操作的瓶颈出现在多张数据表的操作中，而且数据表越多这个问题越严重，如果要缓解这个问题，只能提高处理能力，也就是选择速度更快、性能更高的计算机。这样的方法虽然具有一定的拓展空间，但这样的拓展空间是非常有限的，也就是关系型数据库只具备纵向扩展能力。

（5）查询方式：关系型数据库采用结构化查询语言（即 SQL）对数据库进行查询。

SQL早已获得了各个数据库厂商的支持，成为数据库行业的标准，它能够支持数据库的增加、查询、更新、删除（CRUD）操作，具有非常强大的功能，SQL可以采用类似索引的方法来加快查询操作。

（6）事务性：关系型数据库强调ACID规则，即原子性（atomicity）、一致性（consistency）、隔离性（isolation）、持久性（durability），可以满足对事务性要求较高或者需要进行复杂数据查询的数据操作，而且可以充分满足数据库操作的高性能和操作稳定性的要求。并且关系型数据库十分强调数据的强一致性，对于事务的操作有很好的支持。关系型数据库可以控制事务原子性细粒度，并且一旦操作有误或者有需要，可以马上回滚事务。

（7）读写性能：关系型数据库十分强调数据的一致性，并为降低读写性能付出了巨大的代价。虽然关系型数据库存储数据和处理数据的可靠性很不错，但一旦面对海量数据的处理的时候效率就会变得很差，特别是遇到高并发读写的时候，其性能就会下降得非常厉害。

3.5.4 关系型数据库的设计与规范化

在数据库的设计开发过程中开发人员通常会同时需要对一个或者多个数据实体（包括数组、列表和嵌套数据）进行操作。这样，在关系型数据库中，一个数据实体一般首先要分割成多个部分，然后再对分割的部分进行规范化，规范化以后再分别存入多张关系型数据表中，这是一个复杂的过程。随着软件技术的发展，相当多的软件开发平台都提供了一些简单的解决方法，例如，可以利用ORM层（也就是对象关系映射）将数据库中对象模型映射到基于SQL的关系型数据库中，以及进行不同类型系统的数据之间的转换。

范式（normal form），是关系模式的规范化模式的简称。科德（E. F. Codd）于1971年提出规范化理论。范式级别越高，应满足的条件就越严格，低一级的关系范式通过模式分解可以转换成高一级范式的关系模式的集合，这种过程叫关系模式规范化。

第一范式（1NF）：元组中每一个分量都必须是不可分割的数据项。这只是关系的最低要求，是最基本的规范化。满足这个要求的关系称为第一范式，简记为1NF。

第二范式（2NF）：关系模式R是第一范式，并且每 个非主属性都完全函数依赖于R的某个候选键，则R为第二范式。2NF消除了非主属性对候选码的部分依赖。

第三范式（3NF）：如果关系模式R是第二范式，且每个非主属性都不传递依赖于R的候选键，则称R为第三范式模式。

BC范式（BCNF）是Boyce-Codd范式的缩写，其定义是：在关系模式中每一个决定因素都包含候选键，也就是说，只要属性或属性组A能够决定任何一个属性B，则A的子集中必须有候选键。

3.5.5　关系型数据库的查询语言

结构查询语言（structured query language，SQL）是一个功能强大的数据库语言。SQL语句通常用于完成一些数据库的操作任务，比如在数据库中更新数据，或者从数据库中检索数据。SQL功能可以分成以下几组：

（1）数据操作语言（data manipulation language，DML）用于检索或者修改数据。常用的语言有：SELECT用于检索数据；INSERT用于增加数据到数据库；UPDATE用于从数据库中修改现存的数据；DELETE用于从数据库中删除数据。

（2）数据定义语言（data definition language，DDL）用于定义数据的结构，比如创建、修改或者删除数据库。常用语言有：CREATE TABLE用于建表；DROP TABLE用于删除表；CREATE INDEX用于创建索引；DROP INDEX从数据库中删除一个现存的索引。

（3）数据控制语言（data control language，DCL）用于定义数据库用户的权限。例如，ALTER PASSWORD用于修改密码。

3.6　图数据库

3.6.1　图数据库的定义

图数据库（graph database）是以点、边为基础存储单元，以高效存储、查询图数据为设计原理的数据管理系统。图概念对于图数据库的理解至关重要。图是一组点和边的集合，“点”表示实体，“边”表示实体间的关系。在图数据库中，数据间的关系和数据本身同样重要，它们被作为数据的一部分存储起来。这样的架构使图数据库能够快速响应复杂关联查询，因为实体间的关系已经提前存储到了数据库中。图数据库可以直观地可视化关系，是存储、查询、分析高度互联数据的最优办法。

图数据库属于非关系型数据库（NoSQL）。图数据库对数据的存储、查询以及数据结构都和关系型数据库有很大的不同。图数据结构直接存储了节点之间的依赖关系，而关系型数据库和其他类型的非关系型数据库则以非直接的方式来表示数据之间的关系。图数据库把数据间的关联作为数据的一部分进行存储，关联上可添加标签、方向以及属性，而其他数据库针对关系的查询必须在运行时进行具体化操作，这也是图数据库在关系查询上相比其他类型数据库有巨大性能优势的原因。

图数据库，是图数据库管理系统的简称，它是一种在线的图数据库管理系统，支持对图数据模型的增、删、改、查的方法。图数据库主要应用为联机事务处理（on-line transaction processing，OLTP），针对数据做事务处理，所以在研究图数据库技术时需要多考虑两个特性：

底层存储：底层存储分为原生和非原生。某些系统（比如 Neo4j、OrientDB）是为了存储和管理图而专门设计；也有一些图数据库（比如 Titan、InfiniteGraph）是将图序列化，然后存储到其他数据库中。

处理引擎：一些定义要求图数据库使用“免索引邻接”，这意味着，关联节点在数据库里是物理意义上的“指向”彼此。相比于传统的关系型数据库和其他 NoSQL 数据库，免索引邻接带来了巨大的性能优势，而且我们得到的模型更简单，更具表现力。

按照应用场景，图领域除了图数据库以外，还有图计算引擎。图计算引擎主要用于离线图分析技术，通常按照一系列步骤执行，它们可以和其他大数据分析技术看作一类，比如数据挖掘和联机分析处理（online analytical processing，OLAP）。图计算引擎技术偏重于全局查询，通常对批处理的大规模数据做过优化。只有一部分图计算引擎有自己的存储层，其他的都只关注于处理外部传入的数据，然后返回结果到其他地方保存。图计算引擎以 Giraph 为代表。大多数的图计算引擎都是基于谷歌发布的 Pregel 白皮书，白皮书中主要介绍了谷歌如何使用图计算引擎计算网页排名。

3.6.2 常见的图数据库

3.6.2.1 Neo4j

Neo4j 是一个流行的图形数据库，它是开源的。Neo4j 的社区版已经由遵循 AGPL 许可协议转向了遵循 GPL 许可协议。尽管如此，Neo4j 的企业版依然使用 AGPL 许可。Neo4j 基于 Java 实现，兼容 ACID 特性，也支持其他编程语言，如 Ruby 和 Python。

3.6.2.2 Galaxybase

Galaxybase 是国内较成熟、通用的商业化分布式并行图平台。Galaxybase 是原生分布式存储架构，支持百万亿点边规模的大图数据的高性能在线查询。它的内置分布式并行计算引擎，支持了数百种图算法及定制化函数，具备优秀的实时图分析能力。此外，Galaxybase 具备动态数据压缩算法，能够以高压缩比对图数据进行压缩，数据落盘文件格式紧凑。

3.6.2.3 AllegroGrap

AllegroGrap 是一个基于 W3c 标准的为资源描述框架构建的图形数据库。它为处理链接数据和 Web 语义而设计，支持 SPARQL、RDFS ++ 和 Prolog。

3.6.2.4 GraphDB

GraphDB 是德国 Sones 公司在 . net 基础上构建的。Sones 公司于 2007 年成立，近年来陆续进行了几轮融资。GraphDB 社区版遵循 AGPL v3 许可协议，企业版是商业化的。GraphDB 托管在 Windows Azure 平台上。

3.6.2.5 InfiniteGraph

InfiniteGraph 基于 Java 实现，它的目标是构建“分布式的图形数据库”，已被美国国防部和美国中央情报局所采用。除此之外，还有其他一些图形数据库，如 OrientDB、InfoGrid 和 HypergraphDB。

3.6.2.6 HugeGraph

HugeGraph 是百度开源的分布式图数据库。它支持标准的 Apache Tinkerpop Gremlin 图查询语言，支持属性图，支持千亿级规模关系数据；支持多种后端存储（Cassandra、HBase、RocksDB、MySQL、PostgreSQL、ScyllaDB）；支持各类索引（二级索引、范围索引、全文索引、联合索引，均无须依赖第三方索引库）；提供可视化的 Web 界面，可用于图建模、数据导入、图分析；提供导入工具支持从多种数据源中导入数据到图中，支持的数据源包括 CSV、HDFS、关系型数据库（MySQL、Oracle、SQL Server、PostgreSQL）；支持 REST 接口，并提供 10 多种通用的图算法；支持与 Hadoop、Spark GraphX 等大数据系统集成。

3.6.2.7 StellarDB

StellarDB 是一种分布式图数据库，以分布式的计算引擎为动力，可帮助用户实现任意数据规模的图计算，且计算能力随节点数线性扩展，可以支撑万亿级别图规模存储。除了支持大规模的数据集外，StellarDB 还具备深度的图分析能力，支持 10 层以上的深度复杂图遍历。

以上提到的图数据库虽然有很多种，但实际上开源的、流行的图数据库主要是 Neo4j。此外，以下几项数据库也有一定的应用：OrientDB，ArangoDB，JanusGraph，Dgraph。从维护成本上来说，JanusGraph 是比较高的，因为它依赖的第三方系统很多，同时存储也不是自己的。JanusGraph 的存储系统依赖于像 Cassandra、HBase、BerkelyDB 等这样的存储系统，索引系统依赖于 Elasticsearch、Solr、Lucene 等。

3.6.3 图数据库的数据模型

从数据模型角度来看，图数据库本质上是在处理图数据。不同类型的图数据库均需遵循相应的数据模型。往往一个数据模型的生命力要看数学基础的强弱，关系模型长盛不衰的一个重要原因是其数学基础为关系代数。图数据库的数据模型的数据基础是有着近300年历史的数据分支——图论。在图论中，图是二元组 G =（V,E），其中 V 是节点集合，E 是边集合。基于图论中的定义，图数据库的数据模型中，用节点集合表示实体，用边集合表示实体间的联系，这种一般和通用的数据表示恰好能够自然地刻画现实世界中事物的广泛联系。图模型主要包含属性图、RDF 图两种。

3.6.3.1 属性图

属性图模型由顶点、边及其属性构成。顶点和边都可以带有属性，节点可以通过“标签（label)”进行分组。表示关系的边总是从一个开始点指向一个结束点，而且边一定是有方向的，这使得图成为了有向图。关系上的属性可以为节点的关系提供额外的元数据和语义。

属性图可以说是目前被图数据库业界采纳最广的一种图数据模型。属性图由节点集和边集组成，且满足如下性质：

（1）每个节点具有唯一的 ID。

（2）每个节点具有若干条出边。

（3）每个节点具有若干条入边。

（4）每个节点具有一组属性，每个属性是一个键值对。

（5）每条边具有唯一的 ID。

（6）每条边具有一个头节点。

（7）每条边具有一个尾节点。

（8）每条边具有一个标签，表示联系。

（9）每条边具有一组属性，每个属性是一个键值对。

3.6.3.2 Resource Description Framework（RDF）图

RDF 模型在顶点和边上没有属性，只有一个资源描述符，这是 RDF 与属性图模型间最根本的区别。在 RDF 中每增加一条信息都要用一个单独的节点表示。比如，在图中给表示人的节点添加姓名，在属性图中只需要在节点添加属性即可，而在 RDF 中必须添加一个名字的单独节点，并用 hasName 与原始节点相连。

3.6.4 图数据库的设计与规范化

不同图数据库的底层存储机制可能存在很大不同。根据存储和处理模型的不同，图数据库之间也会做一些区分。比如，一些图数据库使用原生图存储，这类存储是经过优化的，专门为存储和管理图数据而设计的。这类数据库一般称为原生图数据库，例如 Galaxybase、Neo4j、Tigergraph 等。有些图数据库依赖关系引擎将图数据存储在关系型数据库的表中，通过在数据实际所在的底层存储系统之上增加一个具备图语义的抽象层来进行数据交互；也有使用键值型存储方式或文档型存储方式作为底层存储的图数据库。这些类型图数据库统称为非原生图数据库，比如 ArrangoDB、OrientDB、JanusGraph 等。原生图存储相比非原生更具有性能优势。原生图数据库底层存储不依赖第三方存储系统，计算和存储一体化，极大地简化了系统架构。开发人员和运维人员可以更关注业务水平的提升，避免花费大量时间在底层存储的管理和运维。同时，原生图数据库不需要和第三方技术黑盒进行沟通，少了这部分的通信开销，系统的性能也更高。

3.6.5　图数据库的查询语言

在图数据库的数据模型基础上，需要借助图数据库查询语言进行查询操作。目前 RDF 图上的查询语言是 SPARQL；属性图上的查询语言常用的是 Cypher 和 Gremlin。

SPARQL 是 W3C 制定的 RDF 图数据的标准查询语言，其从语法上借鉴 SQL，同样属于声明式查询语言。其最小版本为有效查询 RDF 图专门设计了三元组模式、子图模式、属性路径等多种查询机制。

Cypher 最初是图数据库 Neo4j 中实现的属性图数据查询语言。与 SPARQL 一样，Cypher 也是一种声明式语言，即用户只需要声明“查什么”，而不用关心“怎么查”。这类语言的优点是便于用户学习掌握，同时给予数据库进行查询优化的空间，缺点是不能满足高级用户导航式查询的要求，数据库规划的查询执行计划有可能并不是最优方案。

Gremlin 是 Apache TinkerPop 图计算框架提供的属性图查询语言。Apache TinkerPop 被设计为访问图数据库的通用 API 接口，其作用类似于关系数据库上的 JDBC 接口。Gremlin 的定位是图遍历语言，其执行机制好比是一个人置身于图中沿着有向边，从一个节点到另一节点进行导航式的游走。这种执行方式决定了用户使用 Gremlin 需要指明具体的导航步骤，这和自己驾驶汽车到一个目的地需要知道行车路线是一个道理，所以将 Gremlin 归为过程式语言，即需要明确“怎么做”。这类语言的优点是可以时刻知道自己在图中所处的位置，以及是如何到达该位置的；缺点是用户需要“认识路”。与受到 SQL 影响的 SPARQL 和 Cypher 不同，Gremlin 更像一种函数式的编程语言接口。

习题

1. 数据的组织方式有哪几种？
2. 顺序文件与索引文件在存储顺序上有什么不同？
3. 顺序文件与索引文件在存储内容上有什么不同？

4. 数据库的设计包括哪几个相关的过程？这些过程之间如何前后关联？

5. 数据库设计的哪个过程中包括了 ER 图的设计？

6. 数据库设计的哪个过程中包括了从 ER 图到关系数据表的构建？

7. 常见的关系型数据库有哪些？

8. 常见的非关系型数据库有哪些？

9. 常见的图数据库有哪些产品？

10. 对比关系数据库的设计与图数据库的设计，哪些方面是相同的，哪些方面是不同的？

第 4 章　管理信息系统总体规划

4.1　管理信息系统总体规划的概述

4.1.1　信息系统总体规划的背景

在介绍信息系统总体规划之前，我们需要先了解信息系统在整个使用过程中会经历哪些不同的阶段，例如分析、设计、实施、管理、维护等。只有了解了信息系统的生命周期，才能使我们更好地理解信息系统的总体规划。

4.1.1.1　信息系统的生命周期

信息系统生命周期由系统分析、系统设计、系统实施以及系统管理和维护四个时期组成，每一个时期又进一步划分成若干个阶段。

1. 系统分析

系统分析，也叫系统的调查与分析，是信息系统生命周期的第一个阶段，也是最重要的一个环节。系统分析时期的任务包括确定信息系统必须完成的总目标，确定工程的可行性，导出实现工程目标应该采取的策略及系统必须完成的功能，估计完成该项工程需要的资源和成本，并且制定工程进度表。系统分析时期通常进一步划分成三个阶段，即问题的定义、可行性研究和需求分析。问题定义阶段的主要任务是确定所开发的信息系统要完成的目标是什么，如果不知道信息系统的目标就试图开发信息系统，显然是盲目的，只会白白浪费时间和金钱。可行性研究阶段的主要任务是分析达到信息系统的目标是否存在可行的办法。可行性研究的结果是信息系统的负责人作出是否继续进行这个信息系统的开发决定的重要依据。一般来说，只有投资可能取得较大效益的那些信息系统才值得继续进行下去，及时终止不值得投资的工程项目，可以避免更大的浪费。需求分析阶段的主要任务是确定目标系统必须具备哪些功能以及系统正常运行时应满足的性能指标。

2. 系统设计

系统设计是信息系统生命周期中另一个重要阶段。系统设计的主要目的就是为下一阶段的系统实施制定蓝图。系统设计包括两个方面的内容。首先是系统总体设计，总体设计的任务是提供信息系统的概括的解决方案，主要内容包括信息系统的功能模块的划分、功能模块之间的层次结构和关系。其次是系统详细设计，详细设计的任务是把系统总体设计的结果具体化。这个阶段的任务不是编写程序，而是设计出各个功能模块的详细规格说明，如信息系统各个模块的处理流程、系统的数据流程和数据库逻辑结构的设计。

3. 系统实施

系统实施是新系统开发工作的最后一个阶段。所谓实施指的是将上述系统设计阶段的结果在计算机上实现，将原来纸面上的、类似于设计图式的新系统的设计方案转换成可执行的应用系统。系统设计阶段的主要任务是：按总体设计方案购置和安装计算机网络系统；建立数据库系统；程序设计与调试；整理基础数据；培训操作人员和试运行。

4. 系统维护

系统维护是系统投入正常运行之后一件长期而又艰巨的工作。维护时期的主要任务是使系统持久地满足用户的需要。具体地说，系统维护的任务包括当系统在使用过程中发现错误时应该加以改正；当环境改变时应该修改系统以适应新的环境；当企业有新的需求时应该及时改进信息系统以满足企业的需求。每一次维护活动本质上都是一次压缩和简化了的系统定义和开发过程。

信息系统的生命周期是周而复始进行的，一个系统开发完成以后就不断地评价和积累问题，积累到一定程度就要重新进行系统分析，开始一个新的生命周期。一般来说，不管系统运行得怎样，每隔一定的时期都要进行新一轮的开发。

另外需要注意的是，信息系统的生命周期并不等于信息系统软件的生命周期，信息系统的生命周期考查的对象包含了组成信息系统的软件和硬件，具有更多的内容。但由于信息系统的大多数功能一般是通过软件来实现的，因此，信息系统的生命周期和信息系统软件的生命周期的联系又是十分密切的。

4.1.1.2 信息系统的生命周期的安全保障

信息系统的生命周期层面和保障要求之间不是相互孤立的，而是相互关联、密不可分的。在信息系统生命周期模型中，将信息系统的整个生命周期抽象成规划组织、开发采购、实施交付、运行维护和废弃五个阶段，以及在运行维护阶段的变更产生的反馈，形成信息系统生命周期完整的闭环结构。在信息系统的生命周期中的任何时间点上，都需要综合信息系统安全保障的技术、管理、工程和人员保障要素对信息系统进行安全保障。

（1）规划组织阶段。以第三方电子支付企业的使命要求和业务要求为例，企业产生了信息系统安全保障建设和使用的需求。在此阶段，信息系统的风险及策略应加入信息系统建设和使用的决策中，从信息系统建设的开始就应该综合考虑系统的安全保障要求，使信息系统的建设和信息系统安全保障的建设同步规划、同步实施。

（2）开发采购阶段。此阶段是规划组织阶段的细化、深入和具体体现，要进行系统需求分析、考虑系统运行的需求、进行系统体系的设计以及相关的预算申请和项目准备等管理活动。在此阶段，应克服传统的基于具体技术或产品的片面性，要基于系统需求和风险、策略将信息系统安全保障作为一个整体，进行系统体系的设计和建设，以建立信息系统安全保障的整体规划和全局视野。第三方电子支付企业可根据具体要求，对系统整体的技术、管理安全保障规划或设计进行评估，以保证对信息系统的整体规划满足第三方电子支付企业的建设要求和相关国家、行业、第三方电子支付企业的其他要求。

（3）交付阶段。在此阶段，第三方电子支付企业可通过对承建方进行安全服务资格要求和信息安全专业人员资格要求以确保施工组织的服务能力；第三方电子支付企业还可通过信息系统安全保障的工程保障对实施施工过程进行监理和评估，最终确保所交付系统的安全性。

（4）运行维护阶段。信息系统进入运行维护阶段后，对信息系统的管理、运行维护和使用人员的能力等方面进行综合保障，是信息系统得以安全正常运行的根本保证。信息系统投入运行后并不是一成不变的，它随着业务和需求的变更、外界环境的变更等产生新的要求或增强原有的要求，重新进入信息系统的规划阶段。

（5）废弃阶段。当信息系统的保障不能满足现有要求时，信息系统进入废弃阶段。

通过在信息系统生命周期的所有阶段融入信息系统安全保障概念，确保了第三方电子支付系统的持续动态安全保障。

4.1.1.3　对信息系统生命周期与总体规划的联系

根据前文关于信息系统生命周期的内容，再对比信息系统总体规划的概念，我们可以这样认为：信息系统的总体规划是管理信息系统生命周期中的第一个阶段，也是系统开发过程的第一步。其主要目标是明确系统整个生命周期的发展方向、系统规模和开发计划。信息系统规划要支持企业的总体目标，整体是着眼于高层管理，兼顾各管理层的要求，面向企业过程，摆脱信息系统对组织结构的依从性，采用自上而下的规划方法，使系统结构有良好的整体性，从实际出发，使系统规划有利于指导，便于实施。

4.1.2　信息系统总体规划的定义

在讨论信息系统总体规划之前，我们需要先了解相关的基本概念。

4.1.2.1　信息

信息，指音讯、消息、通信系统传输和处理的对象，泛指人类社会传播的一切内容。人通过获得、识别自然界和社会的不同信息来区别不同事物，得以认识和改造世界。在一切通信和控制系统中，信息是一种普遍联系的形式。创建一切宇宙万物的最基本单位是信息。

“信息”一词在英文、法文、德文、西班牙文中均是“information”，日文中为“情报”，我国古代用的是“消息”。作为科学术语，信息最早出现在哈特莱（R. V. Hartley）

1928 年撰写的《信息传输》一文中。20 世纪 40 年代，信息的奠基人香农（C. E. Shannon）给出了信息的明确定义，此后许多研究者从各自的研究领域出发，给出了不同的定义。具有代表意义的表述如下：

香农认为“信息是用来消除随机不确定性的东西”①，这一定义被人们看作是经典性定义并加以引用。

美国著名物理化学家吉布斯（Josiah Willard Gibbs）创立了向量分析并将其引入数学物理中，使事件的不确定性和偶然性研究找到了一个全新的角度，从而使人类在科学把握信息的意义上迈出了第一步。他认为“熵”是一个关于物理系统信息不足的量度。

从电子学或者计算机学科的角度来看，信息可以被认为是电子线路中传输的以信号作为载体的内容。

从信息管理的角度看，信息是经过加工的数据，或者说，信息是数据处理的结果。

根据以上信息研究成果，本书将信息定义为：信息是对客观世界中各种事物的运动状态和变化的反映，是客观事物之间相互联系和相互作用的表征，表现的是客观事物运动状态和变化的实质内容。

从物理学上来讲，信息与物质是两个不同的概念，信息不是物质，虽然信息的传递需要能量，但是信息本身并不具有能量。信息最显著的特点是不能独立存在，信息的存在必须依托载体。

4.1.2.2 系统

系统一词来源于英文 system 的音译，它是若干部分相互联系、相互作用形成的具有某些功能的整体。钱学森（2001）认为，系统是由相互作用相互依赖的若干组成部分结合而成的、具有特定功能的有机整体，而且这个有机整体又是它从属的更大系统的组成部分。在数字信号处理的理论中，人们把能加工、变换数字信号的实体称作系统。由于处理数字信号的系统是在指定的时刻或时序对信号进行加工运算，所以这种系统被看作是离散时间的，也可以用基于时间的语言、表格、公式、波形四种方法来描述。从抽象的意义来说，系统和信号都可以看作序列。但是，系统是加工信号的机构，这点与信号不同。人们研究系统，设计系统，利用系统加工信号、服务人类。除上述的四种描述方法，描述系统的方法还有符号、单位脉冲响应、差分方程和图形。

系统的定义应该包含一切系统所共有的特性。一般系统论创始人贝塔朗菲对系统的定义是：“系统是相互联系相互作用的诸元素的综合体。”这个定义强调元素间的相互作用以及系统对元素的整合作用，可以表述为：

如果对象集 S 满足两个条件：S 中至少包含两个不同元素，以及 S 中的元素按一定方

① Shannon C E. A mathematical theory of communication [J]. The Bell System Technical Journal, 1948, 27 (3): 379－423.

式相互联系；则称 S 为一个系统，S 的元素为系统的组分。

这个定义指出了系统的三个特性：一是多元性，系统是多样性的统一、差异性的统一；二是相关性，系统不存在孤立元素组分，所有元素或组分间相互依存、相互作用、相互制约；三是整体性，系统是所有元素构成的复合统一整体。该定义说明了一般系统的基本特征，但对于定义复杂系统有着局限性。

另外，严格意义上现实世界的“非系统”是不存在的，构成整体却没有联系性的多元集是不存在的。一些群体中元素间联系微弱的系统可以忽略这种联系，我们把它们视为二类非系统。

尽管系统一词频繁出现在社会生活和学术领域中，但不同的人在不同的场合往往赋予它不同的含义。我们可以从三个方面理解系统的含义：

（1）系统是由若干要素（部分）组成的。这些要素可能是一些个体、元件、零件，也可能其本身就是一个系统（或称为子系统）。如运算器、控制器、存储器、输入/输出设备组成了计算机的硬件系统，而硬件系统又是计算机系统的一个子系统。

（2）系统有一定的结构。一个系统是其构成要素的集合，这些要素相互联系、相互制约。系统内部各要素之间相对稳定的联系方式、组织秩序及失控关系的内在表现形式，就是系统的结构。例如钟表是由齿轮、发条、指针等零部件按一定的方式装配而成的，但一堆齿轮、发条、指针随意放在一起却不能构成钟表；人体由各个器官组成，单个器官简单拼凑在一起不能称其为一个有行为能力的人。

（3）系统有一定的功能，或者说系统要有一定的目的性。系统的功能是指系统与外部环境相互联系和相互作用中表现出来的性质、能力和功能。例如，信息系统的功能是进行信息的收集、传递、储存、加工、维护和使用，辅助决策者进行决策，帮助企业实现目标。

与此同时，我们还要从以下几个方面对系统进行理解：系统由部件组成，部件处于运动之中；部件间存在着联系；系统各主量和的贡献大于各主量贡献的和，即常说的 $1+1>2$；系统的状态是可以转换、可以控制的。

系统在实际应用中总是以特定系统出现，如消化系统、生物系统、教育系统等，其前面的修饰词描述了研究对象的物质特点，即“物性”，而“系统”一词则表征所述对象的整体性。对某一具体对象的研究，既离不开对其物性的描述，也离不开对其系统性的描述。系统科学研究将所有实体作为整体对象的特征，如整体与部分、结构与功能、稳定与演化等。

4.1.2.3　信息系统

信息系统（information system）是由计算机硬件、网络和通信设备、计算机软件、信息资源、信息用户和规章制度组成的以处理信息流为目的的人机一体化系统。它主要有五个基本功能，即：对信息的输入、存储、处理、输出和控制。信息系统经历了简单的数据处理信息系统、孤立的业务管理信息系统、集成的智能信息系统三个发展阶段。

信息系统是任何组织中都有的一个子系统，是为生产和管理服务的。对于从事物质生产及具体工作的部门来说，它总是管理或控制系统中的一部分。信息系统有别于其他子系统，像人的神经系统分布于全身每一个器官一样，信息系统也渗透到组织中的每一个部门当中。信息系统的作用与其他系统有些不同，它不从事某一具体的事务性工作，而是关系全局的协调一致。因而组织越大，改进信息系统所带来的经济效益也就越大。信息系统的运转情况与整个组织的效率密切相关。

信息系统从概念上讲，在计算机问世之前就已经存在，但它的加速发展和日益为人瞩目却是在计算机和网络广泛应用之后。自 20 世纪初泰罗创立科学管理理论以来，管理科学与方法技术得到迅速发展。在与统计理论和方法、计算机技术、通信技术等相互渗透、相互促进的发展过程中，信息系统作为一个专门领域迅速形成。

作为用计算机处理信息的人 - 机系统的信息系统，它在近半个世纪中得到迅猛发展。信息系统的发展经历了以下几个阶段。

（1）电子数据处理系统（electronic data processing systems，EDPS）：电子数据处理系统是使用计算机代替以往人工进行事务性数据处理的系统，所以也有人称其为事务处理系统（transaction processing systems，TPS）。这一阶段从 20 世纪 50 年代初，商界第一次用计算机处理工资单、财务报表和账单等开始。电子数据处理系统有一些缺陷，如受限于当时计算机的能力和人们对计算机的认知，完全模拟人工系统，数据收集因为速度慢且容易出错，成为该系统最薄弱的环节。

（2）管理信息系统（management information systems，MIS）：管理信息系统是在事务处理系统基础上发展起来的第二代信息系统，但两者有显著的区别。事务处理系统是处理和获取数据，仅涉及一个部门内的操作性活动；管理信息系统则为管理提供信息，是一个部门的管理工具，它强调管理方法和技术的应用，强调把信息处理的速度和质量扩大到组织机构的所有部门，从而增强组织机构中各职能部门的管理效率和能力。

（3）决策支持系统（decision support systems，DSS）：决策支持系统的概念是美国学者莫顿（S. Morton）于 20 世纪 70 年代首次明确提出的。它是辅助决策工作的一种信息系统，其重点在“支持”而不是决策工作的自动化。

（4）办公自动化系统（office automation systems，OAS）和多媒体信息系统（multimedia information systems，MMIS）：严格来说，办公自动化系统和多媒体信息系统只是前文所述的电子数据处理系统（或事务处理系统）、管理信息系统和决策支持系统等几类信息系统的一种综合应用，不可简单地把这两者称为新型的信息系统。但是，正是办公自动化系统在 20 世纪 80 年代的广泛应用以及多媒体信息系统在 20 世纪 90 年代的蓬勃发展，才使信息系统这一领域更加引人注意，而多媒体信息系统自身也成为各类信息系统应用的方向。

4.1.2.4　规划

规划，是融合多要素多人士看法的某一特定领域的发展愿景，意即进行比较全面的长远的发展计划，是对未来整体性、长期性、基本性问题的思考、考量和设计未来整套行动的方案。提及规划，部分政府部门工作同志及学者都会视其为城乡建设规划，把规划与建设紧密联系在一起。因此，提及规划，就要考虑土地征用、规划设计图纸等一系列问题。其实，这是对规划概念以偏概全的理解。规划具有综合性、系统性、时间性、强制性等特点。

规划需要准确而实际的数据以及运用科学的方法进行整体到细节的设计，需要依照相关技术规范及标准制订有目的、有意义、有价值的行动方案。其目标具有针对性，数据具有相对精确性，理论依据具有翔实及充分性。

规划的制定从时间上需要分阶段，由此可以使行动目标更加清晰，使行动方案更具可行性，使数据更具精确性，使经济运作更具可控性以及收支合理性。

在空间层面上，规划讲究空间布局的合理性。一是特定领域规划应与土地开发规划、城市发展规划和区域发展规划协调统一，二是局部区域规划、区域规划、国家规划势必重叠，但应相互包容。如果将这些概念对应到系统层面，则应充分考虑系统的各个组成部分以及它们彼此之间的关联性。

合理的规划要根据所要规划的内容，整理出当前有效、准确及翔实的信息和数据，并以这些信息和数据为基础进行定性与定量的预测，而后依据预测所得出的结果制订合理可行的目标及为了达到目标所要采取的行动方案。所制订的方案应符合相关技术及标准，更应充分考虑实际情况及预期能动力。

规划是实际行动的指导，因此目标必须具备确定性、专一性、合理性、有效性及可行性。其作为实际行动的基础，更应充分考虑实际行动中的可能情况，以及对未知的可能情况做具体的预防措施，以降低规划存在的漏洞或实际行动中的可能情况的发生所产生的不可挽回的后果或影响。

结合上述内容，我们就可以理解信息系统总体规划的含义：信息系统的总体规划是以组织机构的战略发展目标为核心，在确定支持该目标所需信息的基础上，综合考量信息系统的规划与发展，并将信息系统的实施、部署、维护、升级等诸多要素集成后的总体方案。同时它也是面向组织机构中信息系统发展远景的系统开发计划。信息系统的规划是系统生命周期中的第一个阶段，也是系统开发过程的第一步，其质量直接影响着系统开发的成败。

信息系统规划是信息系统实践中的主要问题，也是现在管理信息系统研究的主要课题之一。现代企业用于信息系统的投资越来越多。信息系统的建设是个投资巨大、历时很长的工程项目，规划不好不仅给自身造成损失，由此而引起企业运行不好的间接损失更为可观。通常人们就有一种认识，假如一个操作错误可能损失几万元，那么一个设计错误就可能损失几十万元，一个计划的错误就可能损失几百万元，而一个规划错误的损失则能达到千万元，甚至上亿元。所以我们应克服那种“重硬、轻软”的片面性，把信息系统的规划摆到重要的战略位置上。

4.1.3 信息系统总体规划的目标

前面4.1.2小节简述了与信息系统规划有关的概念，那么，组织机构内进行信息系统总体规划的主要目标是什么呢？下面简要介绍当前数字化时代，企业与组织机构实现信息系统总体规划的目标。

（1）制定信息系统的发展战略。信息系统服务于企业管理，其发展战略必须与整个企业的战略目标协调一致，因此，首先要调查分析企业的目标和发展战略，评价现行信息系统的功能、环境和应用状况，再确定信息系统的使命，制定信息系统的战略目标及相关政策。

（2）制订信息系统的总体方案，安排项目开发计划。信息系统规划要在调查分析企业信息需求的基础上，提出信息系统的总体结构方案；然后根据发展战略和总体结构方案，确定系统和应用项目开发次序及时间安排。

（3）制订系统建设的资源分配计划。信息系统规划要提出为实现系统开发计划所需要的硬件、管理软件、数据通信设备、人员、技术、服务、资金等资源计划，做系统建设的概算。

一个企业所需要的信息系统应该是具有竞争力的，这种信息系统在企业内部可提高作业的效率与效益，在外部可直接提高企业的竞争能力。信息系统总体规划应该是企业整体战略的一个集成部分，否则系统总体规划将以一种零碎的方式发展，既不能扩大企业的战略视野，增强对市场的洞察力，也不能提高企业对市场的应变能力。信息系统总体规划必须包括的不仅仅是单个企业在市场竞争中所需要的系统发展规划，而且还有那些在整个行业价值链上能够改进竞争力的策略手段。

信息系统总体规划不等同于信息技术的简单应用，企业不应该将其竞争战略仅局限在信息技术上。因为信息技术的高速发展变化使企业通过引进信息技术赢得竞争优势的努力难以实现，除非企业能够确信此项信息技术不容易被竞争对手复制。信息系统总体规划需要与企业的主导文化和突出品性相适应，因此开发合适的信息系统总体规划需要重视与领会企业的基本特质与内在价值，需要认识企业中各部分的内在关系，需要认清由企业未来战略引出的“预期的”信息系统总体规划与能够鉴别企业积极要素和消极要素的“现实的”信息系统总体规划的区别。信息是开发信息系统总体规划的关键因素，对企业战略成功的衡量需要并且只有通过相关信息的识别才能实现，这种信息构成了信息系统总体规划的基础。信息系统总体规划应该充分注重企业内部和外部的正式和非正式的信息流。

为了有效地实现信息系统的总体规划，一般我们需要对组织机构内的信息资源配置进行必要的分析、归纳、整合等，并遵循下列基本要求：

第一，要以社会信息需求为依据。信息资源配置必须符合社会的信息需求状况，只有这样才能实现信息商品生产的目的。用户对信息的需求和利用是信息资源配置最基本的依据。人类的信息需求是一种复杂的社会需求，影响因素多种多样，需求千差万别。信息资源尽管量大面广，但对于用户在特定时间、特定空间的特定需求来说，总是有限的。配置信息资源的结果，都体现在对社会信息需求的满足程度上。满足社会信息需求的程度越高，信息资源优化配置的程度就越高；反之，满足社会信息需求的程度越低，信息资源优化配置的程度就越低。如果社会信息需求仅仅表现为追求数量上的满足，信息资源的有效配置就是提供尽可能丰富的信息商品与信息服务以满足需要；如果社会信息需求同时或主要表现为追求信息商品的质量，信息资源的有效配置就应当包括信息商品与信息服务质量的提高以至把它当作一个主要的方向。否则，不能满足社会对信息商品与信息服务的质量需要，信息资源配置就不可能有效和优化。

信息资源不论是在时间、空间矢量上的配置，还是品种、数量上的配置，其依据都是用户对信息资源的需求性。因此，合理配置信息资源，使之最大限度地满足社会各阶层人们的不同信息需要，这是有效配置的出发点和归宿。

第二，利用性原则。信息资源有效配置的落脚点是用户有效的利用。因此，应对信息服务工作的特点及时进行适应性调查，积极探索信息服务的新模式，使信息资源得到有效的利用。

第三，要尽可能降低信息资源配置成本。信息资源配置成本是指信息资源配置中的资源耗费，即信息资源所需付出的代价。信息资源配置的目的是创造更多财富，配置成本高就必然会降低信息资源配置的效率。因此，尽可能减少信息资源配置成本是信息资源配置的基本要求。信息资源的特性决定了信息资源配置成本不能再用固定成本和可变成本来衡量，而可分为信息资源配置的存量成本和增量成本。信息资源存量配置成本是指已完成配置过程的信息资源体系分布所耗费的社会财富以及保持现有信息资源结构所耗费的社会财富之和。信息资源增量配置成本是指增加信息资源配置时所耗费的社会财富总和。显而易见，社会拥有的信息基础设施，包括通信网络、计算机网络和信息网络，以及拥有的实用型商业数据或公众数据库的数目影响着信息资源配置时增量配置的成本大小。

第四，要有利于信息资源共享。这是信息资源配置的特有要求，也是由信息资源本身的特性所决定的。信息资源共享是信息社会的基本要求，信息资源有效配置就是寻求适合科技、经济和社会发展需要的、功能多、效率高、结构合理的信息资源体系，以达到信息资源共享的目的。信息资源配置必须打破传统的信息资源部门所有以及自我封闭、各自为政的小生产模式，形成重点突出、协调互补的信息资源联合配置格局。

4.1.4 信息系统总体规划的内容

通过前述三个小节，我们掌握了信息系统总体规划的背景信息以及有关的概念。那么，基于4.1.3小节中阐述的信息系统总体规划的目标，在实践中，信息系统总体规划应该都包含什么内容呢？从总体上看，信息系统总体规划是提供资源分配及进行控制的基础，可分为一年期之短期计划及多年期之长期规划。长期规划指出大方针，短期计划则主要是拟定工作项目和制定绩效衡量方法。信息系统总体规划一般包括：信息系统总目标、子目标与信息系统架构；现有资源分析；未来信息技术的发展预测；子计划；信息系统计划的更新等。

4.1.4.1 信息系统总目标、子目标与信息系统架构

这部分内容有：

（1）组织的总体目标、子目标及策略。

（2）外部环境（产业状况、相关法规、顾客及供应商管理状况等）。

（3）组织内部限制（如经营理念等）。

（4）企业风险与预期结果。

（5）信息系统总体目标、子目标及策略。

（6）信息系统的架构（信息类别、主要系统名称和各系统的界面等）。

4.1.4.2 现有资源分析

这部分说明现有信息系统的状况，主要包括如下内容：

（1）清理现有信息系统资源，如硬件设备、软件设备、应用系统和人力资源等。

（2）分析现有信息系统资源运行情况及相关费用。

（3）对现有信息系统进行评估，包括主要功能系统（如财务系统、销售系统）、OA系统软件、数据库管理系统、应用软件等，对它们的组织策略、运行情况等方面进行评估。

（4）了解组织业务流程的现状、存在的问题和不足，为业务流程重组提供数据。

（5）分析人力资源状况，了解人员分类（系统分析员、程序设计员、操作员等），各部分对各类人员的配置。

4.1.4.3 未来信息技术的发展预测

信息技术的现状与未来的发展都会影响信息系统的规划。计算机、网络、数据库管理系统、办公自动化、企业资源计划等的发展，软件的可用性及对未来系统的影响，系统设计方法的改变，甚至法规、竞争者行为等环境因素对规划的影响，都必须纳入长期规划中。

4.1.4.4　子计划

子计划应包括硬件实施计划、软件实施计划、系统转换计划、人员培训计划以及财务预算等。

4.1.4.5　信息系统计划的更新

诸多因素会影响原有的信息系统计划，如设备的更新、人事的变动、科技的进步、经验的积累、对系统需求的转变以及组织的变动都会影响未来的计划。对这些变化均应加以评估，并据之修正原计划。

4.1.5　信息系统总体规划的作用

为什么企业和组织机构要设定信息系统的总体规划？首先，我们要理解信息系统的主要任务是最大限度地利用现代计算机及网络通信技术加强企业的信息管理，通过对企业拥有的人力、物力、财力、设备、技术等资源的调查了解，建立正确的数据，加工处理并编制成各种信息资料及时提供给管理人员，以便进行正确的决策，不断提高企业的管理水平和经济效益。企业的计算机网络已成为企业进行技术改造及提高企业管理水平的重要手段。其次，在管理实践中，规划是其他管理职能的前提和基础，并且还渗透到其他管理职能之中，它是管理过程的中心环节。因此，规划在管理活动中具有特殊重要的地位和作用。与此同时，规划也是对未来企业活动所做的事前预测、安排和应变处理。其目的是实现所提出的各项目标，每一项计划都是针对某一个特定目标的。因此，一项规划首先要明确具体的目标。在目标明确以后，在规划中还必须说明做什么、如何做、谁做、何时做、在何地做、需投入多少资源等基本问题。因此，信息系统的总体规划在企业的发展与运营过程中主要体现了如下几项作用：

4.1.5.1　规划是组织生存与发展的纲领

规划的内容一经正式审查批准，就具有强制性和指导性。上级检查下级的工作，往往就是以特定规划为依据，根据其内容逐项检查下级工作的质量、工作进度。对完成规划的单位予以表扬，对完成规划目标不好的单位要批评或者追究责任。完成任务之后，还要对照规划内容进行总结。这样，规划对工作就起到一个检查督促的作用。

我们正处在一个经济、政治、技术、社会变革与发展的时代。在这个时代里，变革与发展既给人们带来了机遇，也给人们带来了风险，特别是在争夺市场、资源、势力范围的竞争中更是如此。如果管理者在看准机遇和利用机遇的同时，又能最大限度地减少风险，即在朝着目标前进的道路上架设一座便捷而稳固的桥梁，那么，组织就能立于不败之地，在机遇与风险的纵横选择中，得到生存与发展。如果规划不周，或根本没规划，那就会遭遇灾难性的后果。

4.1.5.2 规划是组织协调的前提

规划的主要作用之一，就是通过规划的协调，实现统一综合平衡。一项工作事先没有规划，那么有关单位和人员就往往会各自为政，各行其是，各顾其利，互相消耗、互相抵触，使这项工作陷入无序、混乱、失衡的状态。制定规划的目的之一就是要避免出现这种情况。制定规划要通盘考虑，协调好各种关系，明确各单位人员的任务、范围、衔接，合理有效地分配和使用人力、物力、财力，从而获得最佳的效益。

现代社会的各行各业的组织以及它们内部的各个组成部分之间，分工越来越精细，过程越来越复杂，协调关系更趋严密。要把这些繁杂的有机体科学地组织起来，让各个环节和部门的活动都能在时间、空间和数量上相互衔接，既围绕整体目标，又各行其是，互相协调，就必须要有一个严密的规划。管理中的组织、协调、控制等如果没有规划，那就好比汽车总装厂事先没有流程设计一样不可想象。

4.1.5.3 规划是指挥实施的准则

规划的目标性最突出。一个宏伟的目标、一个美好的前景最能振奋人心，鼓舞斗志，激发热情，调动积极性，起到动员感召的作用。一个正确的符合实际的规划，既反映了党和国家的利益，也反映了人民群众的利益，表达人民群众的愿望。提高了人民群众的认识，就可以增强人民群众对完成工作任务的自觉性、创造性。

规划的实质是确定目标以及规定达到目标的途径和方法。因此，如何朝着既定的目标步步逼近，最终实现组织目标，规划无疑是管理活动中人们一切行为的准则。它指导不同空间、不同时间、不同岗位上的人们，围绕一个总目标，秩序井然地去实现各自的分目标。行为如果没有规划指导，被管理者必然表现为无目的的盲动，管理者则表现为决策朝令夕改，随心所欲，自相矛盾。结果必然是组织秩序的混乱，事倍功半，劳民伤财。在现代社会里，可以这样说，几乎每项事业、每个组织，乃至每个人的活动都不能没有规划蓝图。

4.1.5.4 规划是控制活动的依据

事先进行周密的规划就可以指导各项工作或行动，按规划、有秩序、有步骤地进行，避免盲目性。“凡事预则立，不预则废”。可见，规划在一定时期内预定了本单位的工作目标、工作方向和具体任务，是本单位的行动纲领，它对工作实践起到了指导作用。另外，规划又是组织落实完成任务的具体依据，是工作的开展、检查、总结的依据。

规划不仅是组织、指挥、协调的前提和准则，而且与管理控制活动紧密相连。规划为各种复杂的管理活动确定了数据、尺度和标准，它不仅为控制指明了方向，而且还为控制活动提供了依据。经验告诉我们，未经规划的活动是无法控制的，也无所谓控制。因为控制本身是通过纠正偏离规划的偏差，使管理活动保持与目标的要求一致。

4.1.6　信息系统总体规划的原则

为了让信息系统的总体规划起到应有的作用，并且能够尽可能顺利地执行，在进行规划的时候应该注意遵循一些相应的原则。

4.1.6.1　目标明确

目标是对活动预期结果的主观设想，是在头脑中形成的一种主观意识形态，也是活动的预期目的，为活动指明方向，具有维系组织各个方面关系、构成系统组织方向核心的作用。目标的价值性、可操作性构成了目标的现实性。从现实目标满足期望程度看，有理想目标、满意目标、勉强目标和不得已目标。目标受社会政治、经济制度、文化传统、意识形态制约，所以目标都是一定社会的目标，具有社会性。目标具有为实践活动指明方向的作用，只有通过实践活动才能实现目标。

目标的作用具体表现在以下四个方面：

（1）指明方向：目标的订立为管理者提供了协调集体行动的方向，从而有助于引导组织成员形成统一的行动。所以，有人把目标的这一作用比喻为“北斗星”。

（2）激励作用：目标是一种激励组织成员的力量源泉。只有在员工明确了行动目标后，才能调动其潜在努力，使其尽力而为，创造最佳成绩。员工也只有在达到了目标后，才会产生成就感和满足感。有学者曾研究了目标对打字员、司机、电脑数据录入员、装卸工人及某些服务人员的激励效果，结果显示，明确的工作目标可使工作绩效提高11%~17%①。

（3）凝聚作用：凝聚力是使组织成为一个多成员的联合体，而不是一盘散沙的重要因素。当组织目标充分体现组织成员的共同利益，并与组织成员的个人目标保持和谐一致时，它能够极大地激发组织成员的工作热情、献身精神和创造性。当然，与组织成员的个人目标存在冲突的组织目标则可能削弱组织的凝聚力。这从一个侧面说明，组织目标的制定是管理工作的一项重要内容。

（4）决策标准和考核依据：目标不仅是管理人员制订决策方案的出发点，而且是考核管理决策的制定和执行工作好坏的依据。组织制定了明确的目标，有关人员的思考和行动才有客观的准绳，而不至于凭主观意志做决定，凭主观印象做考核。目标的重要性是不容置疑的，为此，就必须了解关于组织目标的一些重要性质、构成要素以及目标制定的基本原则和基本方法。

总而言之，信息系统总体规划的目标必须是从全局出发、整体考虑的结果，各分目标

① 王凤彬，李东．管理学［M］．北京：中国人民大学出版社，2011.

必须协调一致。目标层次要清楚，一个组织的各种目标不是同等重要的，要突出关乎组织经营成败的关键目标，在总目标下再分层次列出相应的分目标。目标应建立在可靠的基础上，必须是可行的，而不是可望而不可即的；目标应建立在对组织内外环境进行周密调查研究的基础上，有充分的客观依据。目标必须是具体的，要便于衡量，而不是笼统、空洞的口号，应尽可能用数量表示出来。目标要保持相对稳定，一经确定就要相对稳定，不能朝令夕改；同时应根据组织内外环境的变化及时调整，实行滚动目标。

4.1.6.2 可执行性良好

好的总体规划说明应当是通俗的、明确的和可执行的，它应当是各级部门负责人的向导，使各级负责人能确切地了解它、执行它，并使自己的部门战略和它保持一致。

对于信息系统的总体规划，可以从以下四个方面进行分析：

1. 经济上的可行性

经济可行性分析主要是对整个总体规划的投资及所产生的经济效益进行分析，具体包括支出分析、收益分析、收益投资比、投资回收期分析以及敏感性分析等。

（1）支出分析：信息系统总体规划的支出可以分为一次性支出和非一次性支出两类。一次性支出包括开发费、培训费、差旅费、初试数据录入、设备购置费等费用。非一次性支出包括软硬件租金、人员工资及福利、水电等公用设施使用费，以及其他消耗品支出等。

（2）收益分析：信息系统总体规划的收益包括直接收益、间接收益以及其他方面的收益等。直接收益指通过总体规划实施获得的直接经济效益，如销售总体规划产品的收入。间接收益指总体规划实施通过间接方式获得的收益，如成本的降低。

（3）收益投资比、投资回收期分析：对投入产出进行对比分析，以确定总体规划的收益率和投资回收期等经济指标。

（4）敏感性分析：当诸如设备和软件配置、处理速度要求、系统的工作负荷类型和负荷量等关键性因素变化时，对支出和收益产生影响的估计。

除了上述经济方面的分析外，一般还需要对总体规划的社会效益进行分析。例如，通过总体规划的实施，可以在管理水平、技术手段、人员素质等方面获得潜在的效益。

2. 技术上的可行性

技术可行性分析是指在当前市场的技术、产品条件限制下，能否利用现在拥有的以及可能拥有的技术能力、产品功能、人力资源来实现总体规划的目标、功能、性能，能否在规定的时间期限内完成整个总体规划。

技术可行性分析一般应当考虑以下因素：

（1）进行总体规划开发的风险。它是指在给定的限制范围和时间期限内，能否设计出预期的系统并实现必需的功能和性能。

（2）人力资源的有效性。确定总体规划开发的技术人员队伍是否可以有效组建，是否会遇到人力资源不足、技术能力欠缺等问题，以及可否在市场上或者通过内部培训获得项目所需要的熟练技术人员。

（3）技术能力的可能性。它包括：相关技术的发展趋势和当前所掌握的技术是否支持该总体规划的开发；市场上是否存在支持该技术的开发环境、平台和工具；等等。

（4）物资（产品）的可用性。它是指是否存在可以用于建立系统的其他资源，如一些设备以及可行的替代产品等。

技术可行性分析往往决定了总体规划的方向，一旦开发人员在评估技术可行性分析时估计错误，将会出现严重的后果，造成总体规划根本上的失败。

3. 开发环境上的可行性

开发环境上的可行性是考虑当前系统的管理体制是否有条件提供新系统所必需的各种数据，企业最高层领导及各级管理人员对开发建设一个新系统来代替现有系统的需求是否迫切，即新系统的必要性。企业领导意见是否一致，有无资金，能否抽出骨干力量参加新系统开发等。简单地说，就是企业能否为新系统的开发建设提供一个长期的、良好的环境。

信息系统总体规划的可行性分析不同于一般总体规划的可行性分析，信息系统总体规划的产品大多数是一个软件硬件配套的信息系统，或一套需要安装并运行在用户单位的软件、相关说明文档、管理与运行规程。只有硬件运转正常可靠、软件正常使用，并达到预期的技术（功能、性能）指标、经济效益和社会效益指标，才能说信息系统总体规划开发是成功的。

开发环境是制约信息系统在用户单位发挥效益的关键。因此，需要从用户单位（企业）的管理体制、管理方法、规章制度、工作习惯、人员素质（甚至包括人员的心理承受能力、接受新知识和技能的积极性等）、数据资源积累、硬件（包含系统软件）平台等多方面进行评估，以确定软件系统在交付以后，能够在用户单位顺利运行。

但在实际总体规划中，软（硬）件的开发环境往往是需要再建立的，这就为总体规划开发环境可行性分析带来不确定因素。因此，在进行开发环境可行性分析时，可以重点评估是否可以建立系统顺利运行所需要的环境以及建立这个环境所需要进行的工作，以便可以将这些工作纳入总体规划计划之中。

4. 其他方面的可行性分析

信息系统项目的可行性研究除了前面介绍的技术、经济和运行环境可行性分析外，还包括了诸如法律可行性、社会可行性等方面的可行性分析。

4.1.6.3 组织人事落实

制定总体规划的人往往也是执行规划的人，一个好的总体规划只有被正确地贯彻与执行，它才能实现。因而，总体规划要求一级级落实，直到个人。高层负责人制定的总体规划一般应以组织机构未来的发展方向和总体目标的形式统筹规划，并通过逐层下达实现规划的细化，做到深入人心，人人皆知。基于员工个人的总体规划明确了每一个人的责任，它可以充分调动每一个人的积极性。这样一方面激励大家动脑筋想办法，另一方面增加了组织的生命力和创造性。在一个复杂的组织中，只靠高层负责人难以识别所有的机会。

4.1.6.4 灵活性好

一个组织的目标可能不随时间而变，但它的活动范围和组织计划的形式无时无刻不在改变。现在所制定的总体规划只是一个暂时的文件，只适用于现在，应当进行周期性的校核和评审，灵活性强使之容易适应变革的需要。

计划必须具有灵活性，即当出现意外情况时，有能力改变方向而不必花太大的代价。灵活性原理是指制订计划时要留有余地，至于执行计划，一般不应有灵活性。例如，执行一个生产作业计划必须严格准备，否则就会发生工厂停工待料或在制品大量积压的现象。

对管理者来说，灵活性原理是计划工作中最重要的原理，在任务重、计划期限长的情况下，灵活性便显现出它的作用。

灵活性是有一定限度的，它的限制条件是：

（1）不能总是以推迟决策的时间来确保计划的灵活性。因为未来的不确定性是难以完全预料的，如果决策者一味等待收集更多的信息，以便尽量地将未来可能发生的问题考虑周全，当断不断，就会坐失良机，招致失败。

（2）计划具有灵活性是要付出代价的，甚至由此而得到的好处可能补偿不了它的费用支出，这就不符合计划的效率性。

（3）某些情况往往根本无法使用灵活性。即存在这种情况：某个派生计划的灵活性，可能导致全盘计划的改动甚至有落空的危险。例如企业销售计划在执行过程中会遇到困难，可能实现不了既定的目标。如果允许其灵活处置，则可能危及全年的利润计划，从而影响到新产品开发计划、技术改造计划、供应计划、工资增长计划、财务收支计划等。

4.2 管理信息系统总体规划的实践

4.2.1 规划的指导性理论模型

4.2.1.1 诺兰模型

诺兰模型是第一个描述信息系统发展阶段的抽象化模型。美国哈佛大学教授理查德·诺兰（Richard L. Nolan）通过对200多个公司、部门发展信息系统的实践和经验的总结，首先提出了信息系统发展的四阶段论，之后又将其调整为六阶段论。

1. 诺兰的四阶段论模型

在诺兰的信息系统发展四阶段论模型中，诺兰按时间顺序将时间横轴划分成4个区间，即开发期、普及期、控制期和成熟期。把这些区间称为信息系统的发展阶段，同时用纵轴来表示与信息系统相关联的费用支出。当时计算机主要用于促进组织的业务合理化和省力化，信息系统相关的支出额与效果之间的关系比较明确（见图4-1）。

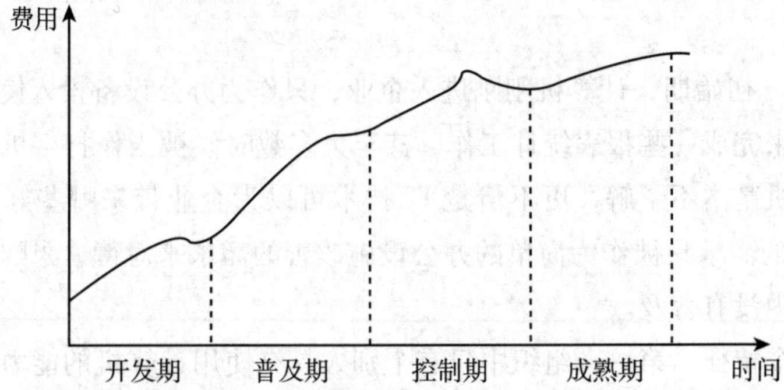

图4-1 诺兰的四阶段模型

2. 诺兰的六阶段论模型

进入20世纪80年代后，信息系统的用途不断扩大，信息化投资额与它带来的效果之间的关系变得模糊起来，这就带来了评价变量的多样化。此时的诺兰认为，任何组织由手工信息系统向以计算机为基础的信息系统发展时，都存在着一条客观的发展道路和规律，而数据处理的发展涉及技术的进步、应用的拓展、计划和控制策略的变化以及用户的状况四个方面。因此，诺兰又总结出了六阶段论模型，其把阶段分为初始期、普及期、控制期、整合期、数据管理期和成熟期6个。六阶段模型反映了企业计算机应用发展的波浪式历程，前三个阶段具有计算机时代的特征，后三个阶段具有信息时代的特征。前后之间的“转折区间”是在进行信息资源规划的整合期中，由于办公自动化机器的普及、终端用户计算环境的进展而导致了发展的非连续性，这种非连续性又称为“技术性断点”（见图4-2）。

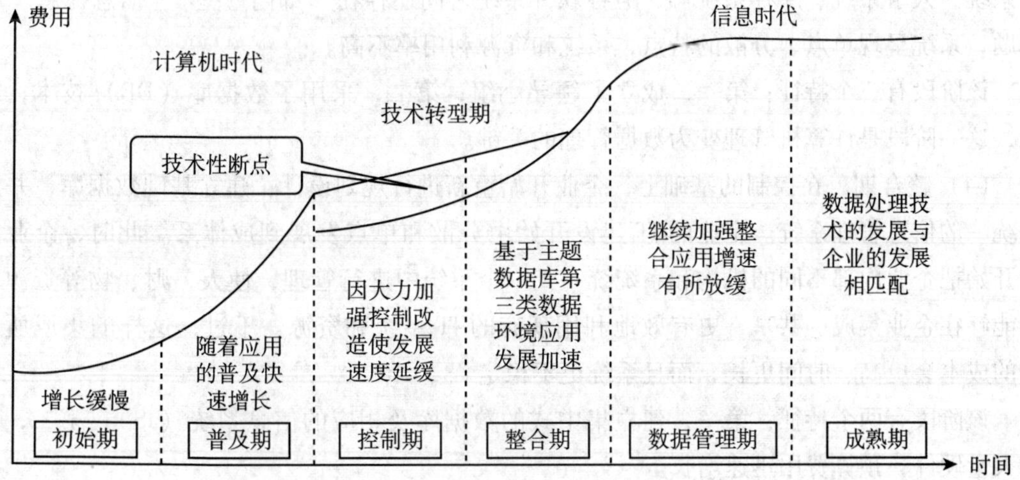

图4-2 MIS增长的累积分布

如图4－2所示，横坐标表示信息系统的各个阶段，纵坐标表示增长要素。根据诺兰的成长阶段，没有一家公司处于第一阶段，而且大部分都在第三阶段及以上。此外，诺兰还强调任何组织在实现以计算机为基础的信息系统时都必须从一个阶段发展到下一个阶段，不能实现跳跃式发展。“诺兰模型”的预见性，被其后国际上许多企业的计算机应用发展情况所证实。

（1）初始期。初始期，计算机刚刚进入企业，只作为办公设备投入使用，应用范围十分稀少，通常用来完成一些报表统计工作，甚至大多数时候被当作打字机使用。在这一阶段，企业对计算机基本不了解，更不清楚IT技术可以为企业带来哪些好处，解决哪些问题。也因此，IT的需求只被作为简单的办公设施改善的需求来对待，采购量少，只有少数人使用，在企业内没有普及。

该时期有两个特征：第一，组织中只有个别人具有使用计算机的能力；第二，该阶段一般发生在一个组织的财务部门。

（2）普及期。普及期，企业对计算机有了一定了解，其希望利用计算机解决工作中的问题，比如进行更多的数据处理，给管理工作和业务带来便利。于是，应用需求开始增加，企业对IT应用开始产生兴趣，并对开发软件热情高涨，投入开始大幅度增加。但此时很容易出现盲目购机、盲目定制开发软件的现象，缺少计划和规划，因而应用水平不高，IT的整体效用无法凸显。

该阶段有三个特征：第一，数据处理能力得到迅速发展；第二，出现许多新问题（如数据冗余、数据不一致性、难以共享等）；第三，计算机使用效率不高等。

（3）控制期。在前一阶段盲目购机、盲目定制开发软件之后，企业管理者意识到计算机的使用超出控制，投资增长快，但效益不理想，于是开始从整体上控制计算机信息系统的发展，在客观上要求组织协调，解决数据共享问题。此时，企业IT建设更加务实，对IT的利用有了更明确的认识和目标。在这一阶段，一些职能部门内部实现了网络化，如财务系统、人事系统、库存系统等，但各软件系统之间还存在“部门壁垒”“信息孤悬”等问题，系统呈现单点、分散的特点，系统和资源利用率不高。

该阶段有三个特征：第一，成立了领导小组；第二，采用了数据库（DB）技术；第三，这一阶段是计算机管理变为数据管理的关键。

（4）整合期。在控制的基础上，企业开始重新进行规划设计，建立基础数据库，并建成统一的信息管理系统。企业的IT建设开始由分散和单点发展到成体系。此时，企业主管开始把企业内部不同的机构和系统统一到一个系统中进行管理，使人、财、物等资源信息能够在企业集成、共享，更有效地利用现有的IT系统和资源。不过，这样的集成所花费的成本会更高、时间更长，而且系统更不稳定。

该阶段有两个特征：第一，建立集中式的数据库及相应的信息系统（IS）；第二，增加大量硬件，预算费用迅速增长。

（5）数据管理期。企业高层意识到信息战略的重要，信息成为企业的重要资源，企业的信息化建设也真正进入数据处理阶段。这一阶段中，企业开始选定统一的数据库平台、数据管理体系和信息管理平台，统一数据的管理和使用，各部门、各系统基本实现资源整合、信息共享，IT系统的规划及资源利用更加高效。

该阶段的特征是组织开始全面考察和评估信息系统建设的各种成本和效益，全面分析和解决信息系统投资中各个领域的平衡和协调问题。

（6）成熟期。到了该阶段，信息系统已经可以满足企业各个层次的需求，从简单的事务处理到支持高效管理的决策，企业真正把IT同管理过程结合起来，将组织内部、外部的资源充分整合和利用，从而提升了企业的竞争力和发展潜力。

该阶段的特征是中上层和高层管理者开始认识到，管理信息系统是组织不可缺少的基础，并尝试将信息资源计划和控制系统投入使用，以确保管理信息系统支持业务计划。

时代不断发展，诺兰模型的局限性也逐渐反映出来。现在，现代组织管理信息资源的关键已从对信息系统自身所处阶段信息化程度的衡量逐步转移到高度关注组织在竞争中的地位。换言之，组织机构需要重点考量管理信息的模式，即在新的社会发展环境中，企业需要进行哪些战略方面的调整才能实现信息资源配置最优化？而对于那些正处在成熟期的信息系统，企业应当遵循新的规律。这在当时诺兰模型所提出的年代尚无法给出进一步明确的表述。因此，诺兰模型也就不能充分说明在信息系统处于同一发展阶段的竞争对手之间如何通过诺兰模型来进行组织管理信息模式的调整并实现其差别化战略的选择。诺兰模型不能解释的方面还有很多，这里不一一列举。尽管如此诺兰模型仍是我们探索信息系统自身发展规律的重要工具，也仍然是组织管理信息模式选择的重要参考模型之一。

4.2.1.2 西诺特模型

在信息技术飞速发展、竞争日趋激烈的今天，现代组织更加迫切地依赖信息系统为其决策提供科学依据。组织在管理信息方面仅仅通过信息系统来实现合理化和自动化目标已经远远不够。信息系统的开发还应充分考虑如何使信息资源达到最优配置以形成差别化竞争策略等问题。而“诺兰模型六阶段说”主要体现的是信息技术扩散的一般规律，对于组织管理信息模式的调整并未给出明确的回答。对于处在激烈竞争环境中的组织，若仅仅通过时间维度来进行管理信息模式的选择、判断并借此作出调整，将面临极大的不确定性；同时也伴随着巨大的风险。所幸的是，美国信息系统专家威廉·西诺特（William R. Synnott）先生已经注意到了这些变化，进而在1988年参照“诺兰阶段理论”并考虑信息的作用随时代变迁的特点提出了“四阶段推移说”，即用4个阶段的推移来描述计算机所处理的信息。从计算机处理原始数据的“数据”阶段开始，逐步过渡到用计算机加工数据并将其存储至数据库的“信息”阶段；接着，到达把信息当作经营资源的“信息资源”阶段；最后到达将信息作为带来组织竞争优势的武器，即“信息武器”阶段。

“西诺特模型”不仅强调了信息处理程度的差别在组织经营与管理中具有不同的意义，而且还突出了信息资源管理者本身在组织信息管理模式选择中所处的特殊地位和作用。

在诺兰模型的基础上，西诺特模型的核心思想是：

（1）对信息系统的原始数据进行处理；

（2）将这些处理后的数据向形成信息的再存储阶段推移；

（3）再将这些应用于经营中的信息向“信息资源”的阶段推移；

（4）将这些为组织带来竞争优势的信息资源向“信息武器”的阶段推移。西诺特模型还强调在信息作为资源的组织管理阶段，还应重视作为信息资源管理者即信息主管（CIO）在组织管理信息中作为特殊角色的作用。由此可见，西诺特“四阶段推移说”是对诺兰模型的继承与创新。它无疑为现代组织管理信息模式的选择进一步明确了方向。由于人们对西诺特模型的了解远比对诺兰模型的了解少得多，这也在很大程度上影响了西诺特模型的推广及应用。

由上可知，西诺特模型不仅强调了信息处理程度的差别在组织经营与管理中具有不同的意义，还突出了信息资源管理者本身在组织管理信息模式选择中所处的特殊地位和作用。从西诺特模型中，我们还得到了这样的启示：现代组织中的信息管理应加强战略信息资源转化为竞争武器的速度和力度。

通过以上描述，我们对诺兰模型和西诺特模型的作用可做如下比较（见表4-1）：

表4-1　诺兰模型和西诺特模型的比较

诺兰模型	西诺特模型
主要用于组织管理信息模式的总体规划	侧重体现信息在系统中如何转化为竞争优势
强调技术因素对系统的作用	更注重面向竞争的组织管理信息模式的调整
从时间维度把握信息系统进化的规律	从空间维度把握信息系统优化的规律
展示信息技术对组织管理信息模式的改变	体现了竞争优势信息开发利用的差别
—	关注信息主管（CIO）的特殊作用

综上所述，诺兰模型对于信息系统开发的技术路线作出了明确的回答，但在组织中信息系统经营的风险仅循单一的技术路线是不能完全找到答案的。当今全球经济一体化的发展趋势又加剧了竞争，使组织产生了对管理信息模式选择难度增加、紧迫感增强。为使现代组织管理信息模式走出单一技术路线所陷入的困境必须寻找新的发展模式。西诺特的改进使我们获得了一个新的视角：人的因素作为组织管理信息的要素及强化战略层信息的综合应用价值，代表了现代组织管理信息模式选择和发展的方向。从某种意义上讲，不同的信息管理者与组织的某种管理信息模式相结合对于现代组织来讲，都客观地存在着不同程度上的经营与技术上的风险。因此，应从战略、市场和组织的高度来把握组织中管理信息模式选择的机制。显然，西诺特模型是对诺兰模型的继承和创新。要从战略关系上考虑包括技术、市场竞争、环境等多层面的因素，就必须将二者相结合才能为现代组织管理信息模式的选择提供更充分的理论依据。

4.2.1.3　米切模型

诺兰模型和西诺特模型均把系统整合（集成）和数据管理分割为前后两个阶段，似乎可以先实现信息系统的整合后再搞数据管理，但后来的大量实践表明这是行不通的。美国的信息化专家米切（Mische）于 20 世纪 90 年代初对此做了进一步修正；揭示了信息系统整合与数据管理密不可分，并认为系统整合期的重要特征就是搞好数据组织，或者说信息系统整合的实质就是数据整合或集成；而此前的研究仅仅集中于数据处理组织机构的管理和行为的侧面，没有更多地研究各种信息技术的整合集成，忽视了将信息技术作为企业的发展要素而与经营管理相融合的策略。米切的信息系统发展阶段论可以概括为：具有“四阶段、五特征”的企业综合信息技术应用连续发展的“米切模型”（见图 4－3）。

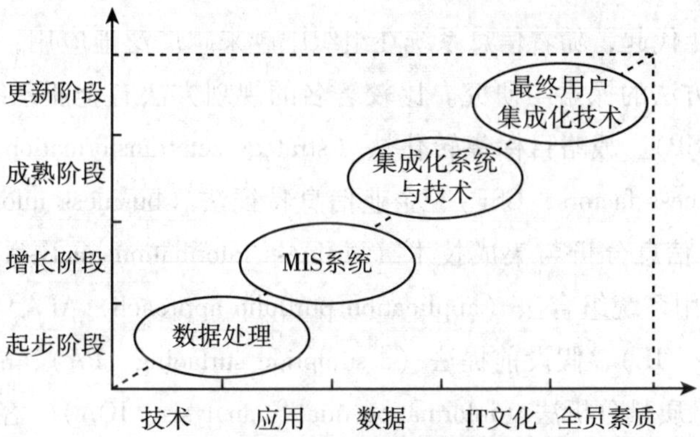

图 4－3　米切的四阶段连续发展模型

米切模型将综合信息技术应用的连续发展划分为四个阶段，即：起步阶段（20 世纪 60～70 年代）、增长阶段（20 世纪 80 年代）、成熟阶段（20 世纪 80～90 年代）、更新阶段（20 世纪 90 年代中期至 21 世纪初期）。其特征不仅仅在数据处理工作的增长和管理标准化建设方面，而且涉及知识、理念、信息技术的综合水平及其在企业的经营管理中的作用及地位，以及信息技术服务机构提供成本效益和及时性都令人满意的解决方案的能力。决定这些阶段的特征有五个方面，包括：技术状况；代表性应用和集成程度；数据库和存取能力；信息技术融入企业文化；全员素质、态度和信息技术视野。其实，每个阶段的具体属性还很多，总括起来有 100 多个不同属性。这些特征和属性可用来帮助一个企业确定自己在综合信息技术应用的连续发展中所处的位置。

四阶段诺兰模型主要描述了各发展阶段和其所花费的费用之间的关系。六阶段诺兰模型又加进了信息系统的主要目的、信息系统的承担者、关键技术、信息系统部门的计划与控制、用户与信息系统的关联这样 5 个评价指标变量，从计算机应用发展的角度衡量信息化发展程度。现在一般使用六阶段模型描述企业信息化阶段。六阶段诺兰模型既可以从宏观上也可以从微观上衡量任何一个组织的信息化程度，并制订信息化计划。

西诺特模型主要在诺兰模型的基础上强调了首席信息官在企业信息化中的作用；强调了信息资源管理（主要是资源的最优化配置和属于同一阶段的企业利用信息作为竞争手段方面）在企业中的重要性。

米切模型可以帮助企业和开发机构把握自身的发展水平，了解自己的 IT 综合应用在现代信息系统的发展阶段中所处的位置，是研究一个企业的信息体系结构和制定变革途径的认识基础，找准这个企业建设现代信息网络的发展目标。参照米切模型，可以发现在综合信息技术应用连续发展方面的差距，并能找到改进的方向，从而实现企业整体业务流程的高效、低耗运行。

4.2.2 规划的实践方法

自 20 世纪 60 年代起，随着信息系统在组织中越来越广泛地应用，许多学者开始了对信息系统战略规划方法的探索与研究。比较著名的规划方法有企业系统规划法（business systems planning，BSP）、战略目标集转化法（strategy set transformation，SST）、关键成功因素法（critical success factors，CSF）、企业信息特征法（business information characterization study，BICS）、信息分析与集成技术（business information analysis & inte-gration technique，BIAIT）、应用系统组合法（application portfolio approach，APA）、信息工程法（information engineering，IE）、假设前提法（assumption surfacing，PA）、战略栅格法（strategic grid，SG）；信息质量分析法（information quality analysis，IQA）、客户资源生命周期法（customer resource life circle，CRLC）、扩展的应用系统组合模型（extended application portfolio model，EAPM）、价值链分析法（value-chain analysis，VCA）、战略系统规划法（strategic systems planning，SSP）等，每种战略规划方法都有自身的特点和适用范围。出于篇幅有限，此处选定如下几种应用较为广泛、具有一定代表性的战略规划方法：企业系统规划法、关键成功因素法和战略目标集转化法等。

4.2.2.1 企业系统规划法

1. 企业系统规划法的基本思想

企业系统规划法（BSP）的基本思想（见图 4－4）：基于用信息支持企业运行的思想，首先自上而下识别系统目标、识别企业过程和识别数据，然后再自下而上设计系统以支持目标，最后把企业的目标转化为管理信息系统规划的全过程。BSP 方法可以确定未来信息系统的总体结构，明确系统的子系统组成和开发子系统的先后顺序；可以对数据进行统一规划、管理和控制，明确各子系统之间的数据交换关系，保证信息的一致性。

2. 企业系统规划法的主要步骤

BSP 方法是把企业目标转化为信息系统（IS）战略的全过程。它支持的目标是企业各层次的目标。下面我们对 BSP 法的主要步骤进行介绍。

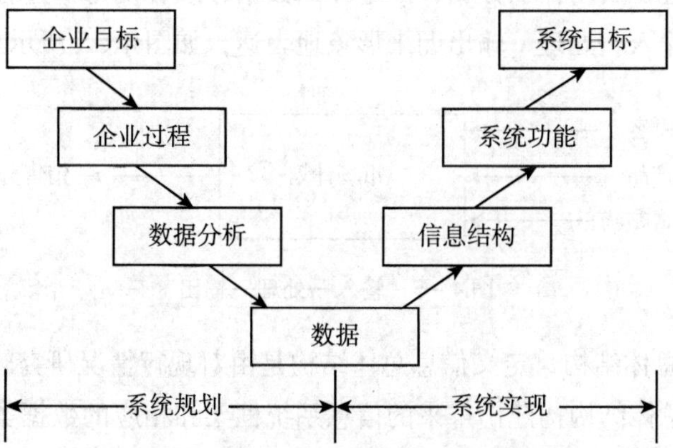

图 4－4　信息系统的规划与实现

（1）准备工作。总体规划涉及较高的管理层次，要与多个管理部门接触，困难比较多。BSP 方法成功与否，很大程度上取决于管理部门的支持和对总体规划队伍的信任。因此，规划的准备工作十分重要，大量事实证明，在未做好准备工作的情况下仓促上阵，结果是欲速则不达，危害整个工程。准备工作一般包括：确定总体规划的范围；成立总体规划组；收集数据；制订计划；准备好各种调查表和调查提纲等内容。

（2）调研。规划组成员通过查阅有关资料，深入分析和了解企业有关决策过程、组织职能、部门的主要活动以及存在的主要问题。

（3）定义企业过程。定义企业过程是 BSP 方法的核心。企业过程，又称业务过程或管理功能，是指在企业资源管理中所需要的、逻辑上相关的一组决策和活动。这些活动将作为安排与管理人员面谈、确定信息总体结构、分析现行系统、识别数据类以及随后许多工作的基础。

整个企业的目标是由一系列相关的企业过程来实现的。定义企业过程可以帮助了解企业如何实现其目标，可以有效地支持所开发的信息系统结构设计独立于组织机构，为从操作控制过程中分离出战略规划奠定基础，为定义所需的信息结构提供依据。

企业过程的识别是一个非结构化的分析和综合过程，首先要识别企业过程的三类主要来源：计划/控制、产品/服务和支持资源，任何企业的活动均与这三方面有关并由这三方面导出。

（4）定义数据类。定义企业过程后，要识别和定义由这些过程产生、控制和使用的数据。数据类指支持企业过程所必需的逻辑上相关的数据，如“顾客”“产品”。对数据进行分类是按企业过程进行的，即分别从各项企业过程的角度将数据按逻辑相关性归成类。

识别数据类的目的主要是了解当前支持企业过程的数据的准确性和提供的及时性；识别在建立信息总体结构中要使用的数据类；发现企业过程间的数据共享；发现各个过程所产生、使用和缺少的数据等。

识别数据类的方法主要有企业实体法和企业过程法。企业过程法利用以前识别的企业过程，分析每一个过程利用什么数据，产生什么数据，或者说每一过程的输入和输出数据是什么。它可以用输入—处理—输出图来形象地表达，如图 4－5 所示。

图 4－5　输入—处理—输出

（5）定义信息总体结构。定义信息总体结构是由对现行情况研究转向对未来计划综合的主要步骤。信息总体结构构建出未来的信息系统框架和相应的数据类型。该步骤的核心是子系统划分，具体做法可以利用 U/C 矩阵。

（6）确定总体结构中的优先顺序。一个规模较大的信息系统一般都不能同时开发和实施，因此需要确定系统开发的优先顺序，即根据所规定的准则对信息总体结构中的子系统或其子项目进行重要性评价，从而排定开发顺序。

（7）制订建议书和开发计划。建议书用来帮助管理部门对所建议的项目作出决策。项目是由信息总体结构优先顺序和信息管理部门的建议来决定的，开发计划则要确定具体的资源、日程、估计工作规模等。

（8）提交研究成果报告。最后要向最高管理部门提交 BSP 研究成果报告，报告中的各部分是在不同阶段逐步完成的，在此阶段要将整个报告完整化和规范化。

4.2.2.2　关键成功因素法

1. 关键成功因素法（CSF）的基本思想

所谓关键成功因素，是指在规划期内影响企业战略成功实现的关键性任务。该方法就是通过分析，找出使企业成功的关键因素，然后围绕这些关键因素来确定系统的需求，并进行规划。

2. 关键成功因素法的步骤

企业战略规划要描绘企业的期望目标，关键成功因素则提供了达到目标的关键和需要的测量标准。一个企业要获得成功，就需要对关键成功因素进行认真的和不断的度量，并时刻注意对这些因素进行调整，因此，关键成功因素与企业战略规划密切相关。CSF 实施的具体步骤如下：

（1）目标识别。了解企业或管理信息系统的战略目标。

（2）识别所有成功因素。使用逐层分解的方法引出影响企业或管理信息系统目标的各种因素和影响这些因素的子因素，此步骤可以使用树枝因果图（也称鱼骨图）。

（3）确定关键成功因素。对识别出来的所有成功因素进行评价，根据企业或 MIS 的现状与目标确定出关键成功因素，可以采用德尔斐法、层次分析法、模糊综合评判法等进行辅助分析。

（4）明确各关键成功因素的性能指标与评估标准。

4.2.2.3　战略目标集转化法

1. 战略目标集转化法的基本思想

战略目标集转化法（SST）把整个战略目标看作是一个信息集合，由使命、目的、目标、战略和其他战略变量（如管理的复杂性、改变习惯以及重要的环境约束）等组成，管理信息系统战略规划就是将该集合转化为信息系统的目标与战略。

2. 战略目标集转化法的步骤

（1）组织战略集的识别。先考察一下该企业是否有成文的战略或长期规划，如果没有，就要去构造这种战略集合。什么是组织战略集？组织战略集是组织本身战略规划的产物，包括组织的使命、目标、战略和其他一些与信息系统有关的组织属性。组织的使命描述该组织是什么，为什么存在，它能作出什么贡献。简言之，描述该组织属于什么具体的行业和部门。组织的目标，就是组织希望达到的目的。这些目标可以是定量的，也可以是定性的。组织的战略，是为达到目标而制定的总方针。其他战略性组织属性，如管理水平、管理者对信息技术的了解程度、采用新技术的态度等，虽然难以度量，但对信息系统建设影响很大。

如何识别组织的战略集呢？可以采用以下步骤：第一，描绘出与组织关联的各类部门和人员结构，如卖主、经理、雇员、供应商、顾客、贷款人、政府代理人、地区社团和竞争者等；第二，识别与组织关联的各类部门和人员的目标；第三，对于与组织关联的每类部门和人员识别其使命及战略。

（2）组织战略集转化为信息系统战略集。什么是信息系统战略集？信息系统战略集应包括系统目标、系统约束以及开发策略和设计原则等。系统目标主要定义信息系统的服务请求，其描述类似组织的描述，但更加具体。系统约束包括内部约束和外部约束。内部约束产生于组织本身，如人员组成、资金预算等；外部约束来自企业外部，如国家政策法规限制、政府和企业界对组织报告的要求、同其他系统的接口环境等。系统开发战略是该战略集的重要元素，相当于系统开发过程中的一系列原则，如系统安全可靠、应变能力等要求，开发的科学方法及合理的管理等。

如何完成从组织战略集到信息系统战略集的转化？从组织战略集到信息系统战略集转化的过程是指对组织战略集的每个元素识别和验证后，转化为对应的信息系统战略集，然后提出整个信息系统的结构的过程。首先，当组织战略初步识别之后，应立即送交企业有关领导审阅和修改，收集反馈信息，分析最高管理者同意或不同意的程度，判断战略集元素优先次序，评价其他战略性组织属性。然后，就可以选择一个管理信息系统战略规划方案送交总经理。

SST 方法是从另一个角度识别管理目标，它反映了各种人的需求，而且给出了按这种要求的分层，然后转化为信息系统目标。它能保证目标比较全面，疏漏较少，这是关键成功因素法所做不到的，但它在突出重点方面做得不如前者好。

4.2.3 基于 BPR 的管理信息系统规划实践

当今时代，制造管理模式正由传统的大规模生产向大批次定制转化，由过去强调规模到现在强调灵活。这种发展反过来也要求企业经营策略、组织形态等发生改变。在这种趋势下，业务流程在管理变革与信息系统建设中受到特别关注，信息系统规划的着眼点也逐渐由面向功能转向面向流程。

传统的企业管理模式下企业的业务流程存在许多弊端，导致企业效率与效益低下，竞争力弱，对市场形势与用户需求的变化反应迟钝，应变能力差。在这种情况下，必须应用现代信息技术与管理方法，对业务流程进行改革和创新，以促进企业在激烈的市场经济环境中能更好地生存和发展。

4.2.3.1 BPR 的定义

1990 年，美国的 M. 哈默博士把“再工程”的思想引入管理学界，提出了业务流程再造工程（或称业务流程再造，BPR）的概念。哈默认为，BPR 是对企业的业务流程的全新改革，是根本性的再思考和彻底的重新设计，从而使企业的关键绩效指标，如成本、质量、服务、效率等，获得巨大的提高。BPR 在 20 世纪 90 年代成为西方管理界和企业界的热门话题，被认为是现代管理的一场革命。这个定义包含三个关键性的观念。

（1）根本性的。对已有的业务流程要从根本上进行反思。根本性的意思是指不是枝节的、表面的，而是本质的、革命性的，是要对现存系统进行彻底的怀疑。

（2）彻底的。彻底的意思是要动大手术，要大破大立，不是一般性的修补。其做法是完全摒弃所有的陈规陋习，抛弃旧的结构和过程，创造出新的工作方法。

（3）巨大的。BPR 的目标不是获得小的改善，而是要取得业绩的巨大进步，能够快速见到实际效果，在量变的基础上产生质变，出现突跃点。

4.2.3.2 企业实施 BPR 的基本原则

BPR 思想是一种着眼于长远和全局，突出发展与合作的变革理念，实施 BPR 应该遵循以下的基本原则：

（1）从企业整体目标出发，建立一个共同愿景。由于传统的管理模式下，劳动分工使得各部门具有特定的职能，而 BPR 打破了原有职能部门的界限，流程的创新应从企业的整体战略出发。

（2）以顾客满意为导向。顾客的满意度与企业的竞争力之间存在密切的联系，企业实施 BPR 的过程必须充分考虑现实顾客和潜在的顾客价值。

（3）取得高层领导的参与和支持。业务流程改革是一个自上而下的过程，同时它又是一个跨部门综合性的全新工程，要进行企业的模式改变和思维方式的变革，必然会对员工和他们的工作产生较大的影响，甚至会遭到某些人尤其是中层领导的抵制，没有高层管理者的支持是行不通的。

（4）建立通畅的交流渠道。一方面，BPR 从上往下推行，高层管理者必须讲清楚为什么这么做，如何做，使得全体员工理解改革的方法和目标；另一方面，流程的改革必然导致中层管理人员的减少，有可能引起内部的动荡不安，因此要求部门之间建立良好的沟通渠道。

（5）充分认识 BPR 实现的手段——信息技术和组织。信息技术/信息系统和组织是企业实现 BPR 的两个使能器。BPR 之所以能够达到巨大的提高，在于其充分发挥了 IT 的潜能，即利用 IT 来改革企业的过程、简化企业的过程；另一个办法就是变革组织的结构，达到组织精简，效率提高。

（6）选择适当的流程进行重组。由于一次性重组所有的业务会导致其超出企业的承受能力，任何企业实施 BPR 都不可能是所有的部门齐头并进。所以，在实施 BPR 的过程中，要精心挑选适当的业务流程进行重组。

4.2.3.3　基于 BPR 的管理信息系统规划

新形势下的系统规划必须突破以往以现行职能部门为基础的分工式流程的局限，从供应商、客户以及本企业所组成的价值链出发，着眼于企业的创新，特别是流程的创新进行对信息系统的规划、建设，将企业的长远目标作为企业的共同愿景，在 BPR 的基础上进行信息系统规划。

1. 基于 BPR 的系统规划的特点

已有的信息系统规划方法在定义企业流程时，并没有面向流程的创新、再造及规范化设计，这样规划的信息系统很难适应环境的变化。职能与流程这两种观念上的差别必然会对信息系统规划产生巨大的冲击，这主要体现在如何获取信息需求上。而 BPR 则要求从流程出发来进行信息系统规划，这种规划具有以下优势：

（1）信息需求的创新性。基于 BPR 的信息系统规划首先要对过程进行再思考，是在过程优化中提出信息需求，而不再是简单的自动化。因此，这种信息需求将是创造性的、革新性的。

（2）信息需求的明确性。在基于 BPR 的信息系统规划中，信息需求应当来源于过程，而不是职能部门，这样得到的信息就很明确。

（3）信息需求的一致性。基于 BPR 的信息系统规划从过程出发，忽略了职能部门之间的界限，因此能够较为完整地找出合理的信息需求。

2. 基于 BPR 的系统规划的步骤

（1）企业战略分析阶段。定义企业的战略目标，认清企业发展的方向，了解企业的运营方式，确定企业的关键成功因素，并且进行业务流程调查，从而在此基础上定义企业的流程改革的远景和信息系统的战略目标。

(2) 企业流程分析阶段。确定企业现有的业务流程，确定未来业务流程的运行方式和识别未来流程的信息系统需求，从而定位流程改革并选择核心流程，形成流程规划方案。这是面向流程的信息系统规划的重点。

(3) 系统数据规划阶段。这是信息系统战略规划形成阶段。本阶段的目的是制定合理的信息系统战略，满足上一阶段所提出的信息系统需求。首先要合理划分信息系统，并将它们集成起来，形成企业的信息系统战略。同时充分理解当前 IT 的发展状况和未来发展趋势，确定实施这些信息系统的技术框架，建立企业的 IT 战略。该阶段过程中应该进行相应的系统数据规划和功能规划。

(4) 系统功能规划阶段。在分析流程和数据关系的基础之上，划分子系统，确定子系统开发的优先顺序。

(5) 系统规划实施阶段。在坚持使信息系统规划与企业业务流程改革相互促进、协调发展的原则下，进行信息系统规划和 BPR 战略的实施，并合理分配资源。

习题

1. 什么是信息？什么是系统？
2. 什么是信息系统的生命周期？
3. 你认为信息系统的总体规划重要吗？为什么？
4. 请阐述信息系统总体规划的基本原则。
5. 当你编制信息系统总体规划的时候，应该包含哪些内容？
6. 信息系统总体规划的作用是什么？你能详细说明吗？
7. 信息系统规划的指导性理论模型有哪些？你能举出几个例子吗？
8. 信息系统规划的实践方法有哪些？
9. 企业系统规划的主要步骤都包含哪些？
10. 请解释业务流程再造。

第 5 章　管理信息系统分析

5.1　系统分析内涵

5.1.1　系统分析的定义

系统分析一词最早是作为第二次世界大战后由美国兰德公司开发的研究大型工程项目等大规模复杂系统问题的一种方法论而出现的。

1972 年，欧美 12 国的有关部门联合组成国际应用系统分析研究所（IIASA），从而使得系统分析的应用扩大到社会、经济、生态等领域，并有了新的意义。从广义上理解，系统分析就是系统工程，有时把系统分析作为系统工程的同义语使用；从狭义上理解，就是对特定的问题，利用数据资料和有关管理科学的技术和方法进行研究，以解决方案和决策的优化问题的方法和工具。系统分析的重要基础是霍尔三维结构中逻辑维的基本内容，并与切克兰德方法论等有相通之处。

系统分析亦称“系统方法”，以系统的整体最优为目标，运用建模及预测、优化、仿真、评价等技术，对系统的各个方面进行定性和定量分析。它是一个有目的、有步骤的探索和分析过程，为决策者提供直接判断和决定最优系统方案所需的信息和资料，从而成为系统工程的一个重要程序和核心组成部分。在进行系统分析时，系统分析人员对与问题有关的要素进行探索和展开，对系统的目的与功能、环境、费用与效果等进行充分的调查研究，并分析处理有关的资料和数据，据此对若干备选的系统方案建立必要的模型，进行优化计算或仿真实验，把计算、实验、分析的结果同预定的任务或目标进行比较和评价，最后把少数较好的可行方案整理成完整的综合资料，作为决策者选择最优或满意的系统方案的主要依据。系统分析的应用范围很广，一般用于重大而复杂问题的分析，如政策与战略性问题的分析、选择，新技术的开发、设计，企业系统的输入、处理和输出的分析等。

系统分析最早是应用于武器技术装备研究，后来转向国防装备体制与经济领域。随着科学技术的发展，适用范围逐渐扩大，包括在制定政策、组织体制、物流及信息流等方面的分析。20 世纪 60 年代初，我国工农业生产部门试行统筹方法，在国防科技部门出现“总体设计部”的机构，都使用了系统分析方法。

美国兰德公司的代表人物之一希尔将系统分析的要素分为五点：其一，期望达到的目标。复杂系统是多目标的，常用图解方法绘制目标图或目标树，以及多级目标分别相应的目标－手段系统图。确立目标及其手段是为了获得可行方案。可行方案是诸方案中最强壮（抗干扰）、最适应（适应变化了的目标）、最可靠（任何时候可正常工作）、最现实（有实施可能性）的方案。其二，达到预期目标所需要的各种设备和技术。其三，达到各方案所需的资源与费用。其四，建立方案的数学模型。其五，按照费用和效果优选的评价标准。

系统分析通常包含以下六个基本要素：

（1）问题。在系统分析中，问题一方面代表研究的对象，或称对象系统，需要系统分析人员和决策者共同探讨与问题有关的要素及其关联状况，恰当地定义问题；另一方面，问题表示现实状况（现实系统）与希望状况（目标系统）的偏差，这为系统改进方案的探寻提供了线索。

（2）目的及目标。目的是对系统的总要求，目标是系统目的的具体化。目的具有整体性和唯一性，目标具有从属性和多样性。目标分析是系统分析的基本工作之一，其任务是确定和分析系统的目的及其目标，分析和确定为达到系统目标所必须具备的系统功能和技术条件。目标分析可采用目标树等结构分析的方法，并要注意对冲突目标的协调和处理。

（3）方案。方案即达到目的及目标的途径。为了达到预定的系统目的，可以制定若干备选方案。例如，改造一条生产线可以有重新设计、从国外引进和在原有设备的基础上改造三种方案。通过对备选方案的分析和比较，才能从中选择出最优系统方案。这是系统分析中必不可少的一环。

（4）模型。模型是由说明系统本质的主要因素及其相互关系构成的。模型是研究与解决问题的基本框架，可以起到帮助认识系统、模拟系统和优化与改造系统的作用，是对实际系统问题的描述、模仿或抽象。在系统分析中常常通过建立相应的结构模型、数学模型或仿真模型等来规范分析各种备选方案。

（5）评价。评价即评定不同方案对系统目的的达到程度。它是在考虑实现方案的综合投入（费用）和方案实现后的综合产出（效果）后，按照一定的评价标准，确定各种待选方案优先顺序的过程。进行系统评价时，不仅要考虑投资、收益这样的经济指标，还必须综合评价系统的功能、费用、时间、可靠性、环境、社会等方面的因素。

（6）决策者。决策者作为系统问题中的利益主体和行为主体，在系统分析中自始至终具有重要作用，是一个不容忽视的重要因素。实践证明，决策者与系统分析人员的有机配合是保证系统分析工作成功的关键。

系统分析是管理信息系统项目开发第一阶段的工作，也是实施系统规划目标的关键性工作。系统分析工作是在系统分析员的组织、协调和领导下，会同企业业务管理员、数据管理员和系统设计人员共同构建管理信息系统的逻辑方案。

5.1.2 系统分析的目标和需求

5.1.2.1 目标

系统分析的目标在于分析系统内部与系统环境之间、系统内部各要素之间相互依赖、相互制约、相互促进的复杂关系，分析系统要素的层次结构关系及其对系统功能和目标的影响，通过建立系统的分析模型使系统各要素及其与环境之间的协调达到最佳状态，最终为系统决策提供依据。

系统分析的目标是把现有系统的物理模型转化为目标系统的物理模型，系统分析阶段的结果是得到目标系统的逻辑模型。逻辑模型反映了系统的功能和性质，而物理模型反映的是系统的某一种具体实现方案。

5.1.2.2 需求

系统需求是新系统必须执行或支持的所有活动以及新系统必须满足的约束。通常，分析师将系统需求分为两类：功能性需求和非功能性需求。功能需求是系统必须执行的活动（即系统将应用的业务用途）。例如，如果您正在开发一个工资系统，所需的业务用途可能包括“生成电子资金转账”“计算佣金金额”“计算工资税”“维护员工相关信息”“向 IRS 报告税收扣除额”等功能。新系统必须具备所有这些功能。识别和描述所有这些业务用途需要大量的时间和精力，因为函数及其依赖关系的列表可能非常复杂。功能需求也基于组织用于运行其业务的程序和规则。这就是为什么需求细节也必须被捕获和建模的原因。有时，它们有很好的文档记录，易于识别和描述。例如：“所有新员工必须填写 W－4 表格，以便在工资系统中输入有关其预扣税款的信息。”其他业务规则可能更为迟钝或难以找到。RMO 的一个例子可能是：“200 美元以上、重量不到两磅的订单，空运费用降低 50%。”发现这些规则对系统的最终设计至关重要。如果这条规则没有被发现，过去依赖它的客户可能会生气。在客户开始抱怨后修改系统比从一开始就建立规则要困难得多，成本也高。非功能需求是系统的特征，而不是它必须执行或支持的活动。

区分功能性需求和非功能性需求并不总是容易的。一种方法是使用框架来识别和分类需求。随着时间的推移，已经制定了许多这样的框架，目前使用最广泛的是 FURPS。FURPS 是功能、可用性、可靠性、性能和安全性的缩写。FURPS 中的 F 等同于之前定义的功能需求。其余类别（URPS）描述的非功能需求如下：

可用性需求（usability requirements）描述了与用户相关的操作特性，如用户界面、相关工作程序、在线帮助和文档。例如，智能手机应用程序的用户界面在响应两个手指滑动、挤压和展开等手势时，应与其他应用程序的行为类似。其他要求可能包括菜单格式、颜色方案、组织标志的使用以及多语言支持。

可靠性要求（reliability requirements）描述了系统的可靠性，系统表现出服务中断和不正确处理等行为的频率，以及系统如何从这些问题中检测和恢复。

性能需求（performance requirements）描述了与工作量度量相关的操作特性，如吞吐量和响应时间。例如，系统的客户端部分可能需要对所有按钮按下的响应时间为0.5秒，服务器可能需要支持100个同时的客户端会话（具有相同的响应时间）。

安全要求（security requirements）描述了如何控制对应用程序的访问，以及如何在存储和传输期间保护数据。例如，应用程序可能受密码保护，使用1024位密钥加密本地存储的数据，并使用安全HTTP在客户端和服务器节点之间进行通信。

此外，FURPS+是FURPS的扩展，增加了其他类别，包括设计约束以及实施、系统接口、物理和可支持性要求。所有这些额外类别都用加号概括。与任何一组需求类别一样，FURPS+在其类别之间有一些灰色区域和重叠。例如，要求战场通信设备能够在水中浸泡并在-20℃~50℃的温度范围内工作，这是性能要求还是物理要求？限制使用不超过100兆字节的内存是性能或设计要求吗？要求使用1024位加密保护工作站和服务器之间的通信是性能要求还是设计或实现要求？

更重要的是，要在开发过程的早期识别和准确说明所有需求，并解决或权衡它们之间的不一致。

5.1.3 系统分析的原则

系统分析原则是在进行系统分析时，考虑内部要素（子系统）之间，系统与环境之间的相互制约、相互依存的错综复杂的矛盾与联系时必须遵循的准则。系统分析适应实际问题的需要，坚持问题导向、着眼整体、权衡优化、方法集成等基本原则。其主要特点及相应的要求如下：

（1）坚持问题导向。系统分析是一种处理问题的方法，有很强的针对性，其目的在于寻求解决特定问题的最优或满意方案。系统分析人员要适应实际问题的需要，紧密围绕建立系统的最终目的，对系统的各种方案进行分析并作出选择，并通过适时调整使分析过程及结果对问题的不确定性变化具有较好的适应性。帮助决策者解决实际问题，是系统分析的目的。并且，在众多系统分析问题中，务必注意找出主要矛盾，并设法寻得解决主要矛盾的方法及途径。切忌背离之而盲目追求先进技术或限制必要的投资。

（2）以整体为目标。系统分析是把问题作为一个整体来处理的，全面考虑各主要因素及其相互影响，强调以最少的综合投入和最良好的总体效果来完成预定任务。系统中的各组成部分都具有各自特定的功能和目标，只有相互分工协作，才能发挥出系统的整体效能。系统分析既要从系统整体出发，考虑系统中所要解决的各种问题及其多重因素，防止顾此失彼，又要注意不拘泥于细节，抓住主要矛盾，致力于提出解决主要矛盾的方法和措施，避免因小失大。以整体最优为核心的系统观点是系统分析的前提条件。

（3）多方案模型分析和选优。根据实际问题的需要和系统目标的要求收集各种信息，寻找多个方案，并对其进行模型化及优化或仿真计算，尽可能求得定量化的分析结果，这是系统分析的核心内容。在系统方案综合（设计）中应注意的几个问题：其一，要搞多方案，但不要过多，通常以3~4个为宜；其二，方案要有基本的合目的性（可替代性）、能实现性（方案详细可分）、可识别性（能评价系统目的、功能的达成度或优劣）等要求；其三，在方案产生过程中要注意采用各种创造性技术。

（4）定量分析与定性分析相结合。从方法论上看，系统分析采用定量分析与定性分析相结合的基本方法。分析中既需要采用科学的分析技术和工具，利用各种定量资料和模型及优化或仿真计算的结果，使方案的优劣以定量分析为基础，又要同时充分利用分析者、决策者与其他有关人员的直观判断和经验，进行综合分析与判定。这是系统分析的基本手段。两者交替进行，相互融合，最终达到优选的目的。唯经验判断和唯定量分析，都是与系统分析的要求相违背的。

（5）多次反复进行。对复杂系统问题的分析，往往不是一次可以圆满完成的。它需要根据对象系统及其所处环境的可能变化，通过反复与决策者对话，适时、不断地修正分析过程及其结果，形成分析过程中的多次及多重反馈，逐步得到与系统目标要求最接近、令决策者较为满意的系统方案。这是系统分析成功的重要保障。

5.1.4 系统分析的方法

系统分析方法来源于系统科学。系统科学是20世纪40年代以后迅速发展起来的一个横跨各个学科的新的科学体系，它从系统的着眼点或角度去考察和研究整个客观世界，为人类认识和改造世界提供了科学的理论和方法。它的产生和发展标志着人类的科学思维由主要以“实物为中心”逐渐过渡到以“系统为中心”，是科学思维的一个划时代突破。

对应不同的信息系统开发方法，其系统分析方法也会存在差异。因此，从不同的角度可以分成不同系统分析方法。从信息系统开发的角度可以分成结构化的系统分析方法和面向对象的系统分析方法，这是用于建模和设计系统中最突出的两种方法。

5.1.4.1 结构化系统分析

结构化系统分析（structured analysis，SA）方法是一种传统的系统需求分析技术，与结构化系统设计（structured design，SD）和结构化程序设计（structured programming，SP）配套使用，形成一套完整的系统开发方法，在系统开发中广泛应用。结构化系统分析是系统开发过程一个重要的阶段性工作。一般情况下，首先要做好系统分析，然后才能开展下一步的系统设计。系统分析是系统设计的前提，系统分析为后续工作打下了基础。也就是说，一旦系统分析出现问题，将严重地影响系统设计的有效性和系统的质量。

结构化系统分析方法产生于20世纪70年代中，并在20世纪80年代中期得到广泛的应用。结构化分析的提倡者有德马科（Tom Demarco）、甘恩（Chris Gane）、萨森（Trish Sarson）以及尤顿（Ed Yourdon）等。结构化系统分析是一种应用非常广泛的面向功能/数据流的分析方法，它采用以过程为中心的技术，将系统分解为处理过程、输入、输出和存储文件，为业务问题建立一种面向“输入—处理过程—输出”的模型。

结构化系统分析方法的过程是一个功能分解的过程，把一个系统看作是功能的集合，可以加以分解。在结构化分析方法中，系统模型是由一系列面向数据流程的图，即数据流图（data flow diagram，DFD）组成的，这些数据流程图只显示了数据、数据存储、进行数据处理的过程及其之间的关系。数据流图提供了信息流的逻辑图形模型，将系统划分为显示可管理细节级别的模块。它严格规定了每个模块中发生的过程或转换以及它们之间存在的接口，可以用来描述更高层次的过程以及更低层次的细节。通过分层的数据流图，可以将复杂的流程分解为连续的详细级别。整个系统可以通过高级数据流图划分为子系统。反过来，每个子系统可以通过第二级数据流图划分为附加子系统，并且可以再次分解较低级别的子系统，直到达到最低的详细级别。

由于数据流图描述了过程之间的数据流，因此，结构化分析方法也称为数据流方法（data flow approach，DFA）。但数据流图模型只反映了系统的一个侧面，即处理过程，而忽略了系统的另外几个重要特征，如数据、行为等。

后来，尤顿提出了一种改进的方法，该方法称为现代结构化分析。与传统的结构化分析方法不同的是，现代结构化分析方法在构造现行系统（AS－IS）的物理模型和逻辑模型时大大减少了处理过程的细节，并将重点转移到了新系统（TO－BE）上，而极少关心现行系统。另外一个显著的特点是，现代结构化系统分析较传统的系统分析更加强调数据建模的重要性。

结构化系统分析方法是一种自顶向下、基于功能分解、面向数据流的系统分析方法，着重于业务功能及它们之间的相互关系，建立企业的功能（处理）模型。其分析的基本对象为业务功能，业务功能中包含处理过程，而数据及数据存储则包含于处理过程之中。结构化系统分析方法使用数据流图和数据字典（data dictionary，DD）建立一个信息系统的数据处理功能模型。在建立功能模型之后，再根据数据流图和数据字典，进行数据模型分析，绘制实体联系图（entity-relation diagram）。

结构化系统分析的特点是分解和抽象相结合并采用图形简化对需求的描述。结构化系统分析是面向过程的，主要侧重于建模过程，或在数据流经系统时捕获、存储、操作和分发数据的动作。这些方法将数据与过程分开。每次有人想对特定数据段采取行动时，都必须采用单独的过程进行程序的编写。这些过程对程序传递给它们的数据起作用。

5.1.4.2 面向对象系统分析

长期以来，人们一直在设法寻求问题空间与求解空间在结构上的一致性，以便使我们分析、设计和实现系统的方法学原理与我们认识客观世界的过程尽可能一致。而这正是面向对象方法学的出发点和所追求的基本原则。结构化分析对于建模过程很有用，但不处理数据并建模。它们还将数据和流程视为逻辑上独立的实体，而在现实世界中，这种分离似乎是不自然的。面向对象分析解决了这些问题。面向对象方法学的实质可以概括为：它是一种归纳－演绎的方法学，是一个从特殊到一般（归纳），再由一般到特殊（演绎）的过程。

面向对象系统分析（object-oriented analysis，OOA）的概念于 1988 年提出，是将面向对象方法应用于系统分析而产生的一种新的方法论。人们借助于面向对象方法进行企业分析与建模，由于面向对象方法以企业中最为稳定的对象为基础对问题域进行分解，因而模型更能适应企业环境的变化。面向对象的思想认为世界是由各种对象及其相互作用构成的。面向对象系统分析方法涉及对象、类、方法、封装、消息、继承、多态等一系列概念。

对象（object）是最基本的概念。客观世界是由实体以及实体之间的联系所组成的，其中的实体也称为问题域的对象。一个软件是由各种软件对象构成的，它们相互协作实现软件的功能。

面向对象系统分析方法首先分析一些对象，把描述对象的属性和基于对象的操作放在一起，即从分析与用户需求有关的对象出发，同时分析系统的数据及相关的操作或功能，并进一步抽象与设计出对象结构模型。面向对象的软件开发方法遵循了认识论的规律，能够比较自然地模拟人类认识客观世界的方式，并将客观世界理解为是由一些具有不同属性和操作的对象所组成的。该方法的主要任务是找出和规定一组根据系统的各项要求而行动和相互作用的问题领域对象，这组对象就构成问题领域的一个模型。

面向对象系统分析方法的一个特点是分析阶段、设计阶段和实施阶段没有明显的界限，在这些阶段中使用相同的术语和相同的模型，后续阶段的工作只是前阶段工作的精细化和扩展，这使得各开发过程可以平滑地过渡。其本质上是一种自底向上，或者说自底向上与自顶向下相结合的系统分析方法。

5.1.5　系统分析的任务

系统分析的主要任务是在系统规划的指导下，通过系统详细调查，全面地描述现阶段（规划指定工程期内的目标与任务）组织结构、业务流程和数据流程，进一步了解系统现状以及在生产经营管理中存在的主要问题，分析造成问题的原因和用户开发管理信息系统的需求；以组织管理学、业务流程重组理论和数据结构与数据库原理为依据，运用系统分析方法、U/C 矩阵、系统建模等手段明确系统目标，开展系统逻辑设计，写出系统分析报告和可行性分析报告，最终提交信息系统建设委员会审批。

系统分析的任务是确定用户对系统的需求，并将需求明确地表达出来。简单地说，就是要确定系统“做什么”。系统分析一般分为两部分：其一是确定系统的需求；其二是进一步深入理解需求，建立系统的模型，为系统的设计和实现奠定基础。

在系统分析过程中要将系统详细调查所得到的文档资料集中到一起，对组织内部整体管理状况和信息处理过程进行分析，并从业务全过程的角度进行分析。主要分析业务和数据的流程是否通畅、是否合理，数据、业务过程和实现管理功能之间的关系，对旧系统管理模式的改革和新系统管理方法的实现是否具有可行性等。系统分析侧重于将用户的需求及其解决方法确定下来，这些需要确定的结果包括：开发者关于现有组织管理状况的了解；用户对信息系统功能的需求；数据和业务流程；管理功能和管理数据指标体系；新系统拟改动和新增的管理模型；等等。系统分析所确定的内容是今后系统设计、系统实现的基础。系统分析阶段独立于系统实现环境，可以保证建立起来的系统结构具有相对的稳定性，便于系统维护、移植或扩充。在系统分析阶段，系统的逻辑结构应从信息、行为和表示三方面全面反映系统的功能与性能。

5.1.6 系统分析的步骤与过程

5.1.6.1 系统分析的步骤

系统分析的具体步骤包括：明确系统边界、确定目标、调查研究和收集数据、提出备选方案和评价标准、评估备选方案、提出最可行方案。

（1）明确系统边界。这也称为限定问题，是在系统规划指定现阶段目标的范围内，弄清现实情况与规划目标或理想状态之间的差距。系统分析的核心内容是对现状进行“诊断”，即找出存在的问题及其原因；然后进行系统逻辑设计，即提出解决问题的最可行方案。因此明确系统边界，就是要明确系统待解决的问题，以及问题的本质、特性、范围和影响程度、问题产生的时间和环境、问题的症状和原因等。明确系统边界是系统分析关键的第一步，需要直接与相关业务主管领导沟通，才能明确系统开发的业务范围。

（2）确定目标。在系统规划时虽然已经为现阶段初步拟定了系统目标，但是这个目标是从宏观层面制定的，无法直接实现，还需要进一步细化。而且，实际系统的现状时刻在发生变化，所以系统分析的关键工作是确定系统目标，这个目标直接影响系统的可行性、质量和今后的验收。因此，应该根据客户的要求和对需要解决问题的理解加以确定，而且可能的话应尽量通过指标表示，以便进行定量分析。对不能定量描述的目标也应该尽量用文字说明清楚，以便进行定性分析和评价系统分析。

（3）调查研究和收集数据。调查研究和收集数据应该围绕问题起因进行，一方面要验证由限定问题阶段形成的假设，另一方面要探讨产生问题的根本原因，为下一步提出解决问题的备选方案做准备。调查研究方式有许多种，阅读文件资料、访谈、观察和调查等方式较适用于系统分析。在系统调查中要及时收集数据，收集的数据和信息包括事实（fact）、见解（opinion）和态度（attitude）。要对数据和信息去伪存真，交叉核实，保证真实性和准确性。

(4) 提出备选方案和评价标准。通过深入调查研究，使真正有待解决的问题得以最终确定，使产生问题的主要原因得到明确，在此基础上就可以有针对性地提出解决问题的备选方案。备选方案是解决问题和达到咨询目标的可供选择的建议或设计，应提出两种以上的备选方案，以便进行进一步评估和筛选。为了对备选方案进行评估，要根据问题的性质和客户具备的条件，提出约束条件或评价标准，供下一步应用。

(5) 评估备选方案。根据上述约束条件或评价标准，对解决问题备选方案进行评估。评估应该是综合性的，不仅要考虑技术因素，还要考虑社会、经济等因素，评估小组的成员应该有一定代表性，除了咨询项目组成员外，还要吸收客户组织的代表参加。根据评估结果确定最可行方案。

(6) 提出最可行方案。最可行方案并不一定是最佳方案，它是在约束条件之内，根据评价标准筛选出的最现实可行的方案。如果客户满意，则系统分析达到目标，如果客户不满意，则要与客户协商调整约束条件或评价标准，甚至重新限定问题，开始新一轮系统分析，直到客户满意为止。

5.1.6.2　系统分析的过程

系统分析的过程中有一项重要的任务，就是系统详细调查。系统详细调查是相对于系统初步调查而言的，两者的主要差异在收集数据、信息、流程、制度、方式、模型等的详细程度不同。在实际调查过程中，往往不分初步调查与详细调查，而是采用多种方式同时收集一切可能获得的资料，为系统开发提供真实的系统原样。

系统调查是系统分析的基础性工作，也是系统分析的最直接有效手段。通过调查正确、全面地了解系统存在的问题、新系统所涉及用户的需求。系统调查不仅对新系统的建立关系重大，而且费时费钱。在开展系统调查前，必须明确任务，做好计划和准备，并分工落实。调查的主要任务是以求真求实、全面、细致为目的，运用一切方式方法用规范的形式正确地记录反映实际系统的各项细节。

系统详细调查是系统分析的一个重要组成部分，直接影响系统分析结果。因此，必须把系统调查作为系统分析的一项重要环节来抓。系统详细调查的全过程如下：

(1) 建立调查组织，落实调查人员。系统调查组级别和人员数量与系统规模相关。如果开发一个单项业务处理系统（TPS），通常由系统开发组的系统分析员负责，会同数据员和相关部门的管理人员开展调查工作。调查组人员一般控制在 3 ~ 5 人。如果是为企业一体化的管理信息系统开发进行调研，则不仅组织级别高（需要企业高层领导负责），而且需要人员多，但是系统分析员、数据员和业务管理人员是调查组的核心力量。

(2) 选择调查方式。不同调查方式所需要的时间和费用是不一样的。在选择调查方式时，不仅要考虑时间与费用，还要根据调查对象、调查内容和调查要求等因素决定。不同的调查方式，其调查结果也会存在差异。

（3）开展调查，做好调查过程记录。系统调查往往由多个部门共同参与，并且需要分别调查不同部门的不同人员，系统调查有时长达几个月。为了合理调查分析，为系统分析提供全面正确的翔实资料，在开展调查过程中做好调查计划和调查记录是十分必要的。特别是调查记录，往往经多人、多次汇集而成的，需要明确调查人员分工内容和规定记录的标记图符。

（4）整理调查记录。调查记录的整理是以调查小组为单位集体组织开展的，通常是在每次调查结束后，由调查组组长组织对本次调查结果进行整理，形成正式的调查报告，当需要对某一单位进行全面多次调查时，在该单位的调查结束后组织整理。在整理调查结果时主要检查核心调查是否达到预期目标，存在哪些遗漏，是否需要补充调查，还是在一个部门或单位可以弥补缺失。同时还要检查调查计划是否存在不足，对下次调查是否需要调整。

（5）写出调查报告。调查报告是系统调查的结束标志，也是系统分析的阶段性成果，需要作为正式文档保留，以作为系统分析与设计的重要依据。调查报告的主要内容如下：

一是，调查组人员，被调查的对象，开展调查的形式、时间和地点。

二是，调查内容。采用问卷调查法时，需要附上调查问卷。如果是走访式调查，则需要详细记录所提问题和系统实际运作状况。

三是，调查结果分析。对原系统运作状况需要调查人员做一个主观的评价，提出对信息系统建设的需求功能与性能的分析。

四是，改进建议。这为系统逻辑方案的制订提供依据，或为系统可行性分析提供评价依据。

系统调查不仅涉及面广，而且数据繁多。在确定系统调查的内容时，要从多角度考虑：

首先，从信息系统的角度，调查信息系统数据输入、数据保存、数据处理要求、信息查询和信息输出。在调查系统数据输入时，要了解数据的组织形式、数据的用途、数据流量、数据特性和数据权限；在调查数据保存时，要了解数据结构、数据有效期、数据引用频率和数据传送的条件；在调查数据处理要求时，要了解企业管理规章制度、管理模式、数据变换、数据挖掘和信息转换等内容；在调查信息查询时，要了解信息组成、查询用户、查询频率、查询时间、查询方式、查询权限和查询去向；在调查信息输出时，要了解信息输出的形式，如文字、图形、图像、语音、图文等，以及信息输出需要的相关设施和信息输出的格式，如报表、标签、动画、信号或其他格式。

其次，从信息系统应用对象的角度，调查信息系统实现用户需求的功能与性能。调查往往从管理层次由高层到低层，逐个部门调查，要密切关注企业上墙的各种管理制度、组织结构、岗位设置、岗位职责、人员分工、业务流程、会议记录、计划层次、单据、企业资源配置等。在调查管理制度时，要了解管理制度内容、责任单位、主管人员、执行状况；在调查组织结构时，要了解组织名称、组织宗旨、组织形式、组织关系、组织责任和组织能力；在调查岗位设置时，要了解岗位名称、岗位所属组织、岗位任务、岗位职责，岗位员工状况：在调查人员分工时，要了解人员管理方式、人员类别、人员考核方式和内容；在调查业务流程时，要了解业务的起源、经历、归属、所涉及的部门和人员、业务处理条件和处理内容、业务完成验收标准、时间与速度要求等相关内容；在调查会议记录时，要了解会议记录格式、作用、保存方式、日后查询条件等；在调查计划层次时，要了解企业的经营规划、生产规划、主生产计划、物料需求计划、能力需求计划、成本控制计划、资金使用计划等在企业管理中的实际运用情况、各层计划的相互关系、计划的依据、制定方法、执行的情况等；在调查单据时，要了解单据的形式、种类、发生与管理部门、单据之间的关联情况等；在调查企业资源配置时，要了解企业资源的种类、资源使用的约束、资源配置的依据、方法和过程控制等。

最后，从总体角度，调查信息系统应用企业的外部因素和企业总体状况。在调查企业外部因素时，要了解企业性质、经营方式、所属行业、行业排名、在供应链的位置与状况、客户关系状况、发展战略状况以及政府、政策、行规对企业的约束；在调查企业总体状况时，要了解企业的产值、产量、年销售量、营业额、利税、企业规模、固定资产、设备新度和完好状况、产品和生产设备技术水平、企业员工数量和技术状况等。

5.2 系统分析内容

5.2.1 业务流程

企业运营需要处理各种关于供应商、客户、雇员、发票、支付以及企业产品和服务等相关的信息，并通过利用这些信息组织、开展各项工作，从而达到高效运营和提高整体绩效的目的。信息系统的应用使企业能够管理各类信息，作出更好的决策，提高企业业务流程的执行效率。业务流程分析是在组织结构分析的基础上，针对系统涉及的各项业务描述与分析其起因、经历和归属去向，完整地分析业务流程的有效性、增值性和稳定性，为业务流程优化、重组提供依据，也为工作岗位设定、工作流设计、操作规程制定和人力资源管理等提供运作基础数据，为企业引用科学管理方法提供可能。

5.2.1.1 业务流程描述

业务流程（business processes）是指以提供有价值的产品或服务为中心而进行的一系列业务工作的组织和协调方式。业务流程是生产产品或提供服务所需要的一系列业务活动的集合，这些业务活动由物流、信息流和业务流程参与者的知识组成。业务流程也指企业组织协调工作、信息、知识的特定方式，以及管理层确定的工作协调方式。开发新产品、生成和执行订单、创建营销计划、聘用员工都属于业务流程。企业完成业务流程的方式是一种竞争优势的来源。

业务流程是一个专注于实现企业目标的过程。从制作三明治的简单过程到建造航天飞机，都使用了一个或多个业务流程。流程是企业每天都要经历的事情，以完成他们的任务。他们的流程越好，企业就越有效。一些企业将其流程视为实现竞争优势的战略。一个以独特方式实现其目标的过程可以使一个公司与众不同。一个能消除成本的过程可以使公司降低价格（或保留更多的利润）。

在信息系统分析过程中通常用业务流程图来实现业务流程描述，这也是信息系统分析的基础性工作，往往量大、涉及面广，而且由于信息系统开发的承接者往往会遇到很多新的理念、方式、方法和模式，因此描述业务流程的过程是一个学习、交流与沟通的过程。

组织中的流程，可以划分为以下三种基本类型：

（1）管理流程，是指对组织的运作进行管理和协调的流程，如企业战略管理。

（2）运作流程，是指构成核心业务和创造基本价值的流程，如材料采购、产品制造、市场营销、产品销售等。

（3）支持流程，是指为管理流程和运作流程提供支持的流程，如会计核算、人员招募、售后服务等。

1. 业务流程图图符

为了规范和简化业务流程图，便于开发者之间、开发者与用户之间的交流，需要统一定义基本的图符。但是，直到现在业务流程图基本符号还没有统一标准。系统开发组在系统分析前内部制定一个标准图符，或选用 Word 中提供的部分流程图图符，并分类定义为业务流程图图符。一般业务流程图的基本图符如图 5－1 所示。

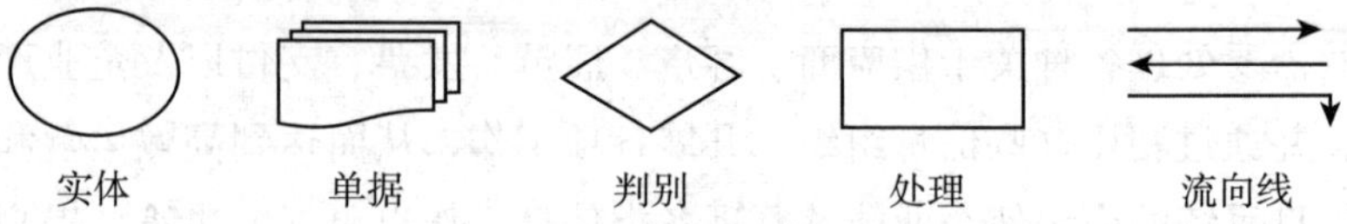

图 5－1　业务流程图基本图符

在基本图符中，实体包含与系统相关的组织、机关、部门和人员等；单据包含发票、凭证、表格、清单、文件和卡片等人工记录数据的载体；判别表示在处理过程中将会遇见多种情景供用户选择其中之一，可能是二分支，也可能是多分支的；处理是一切事务的加工处理总代表，在业务流程图上描述的处理往往是管理人员共同认识的一个活动；流向线表示了整个业务各个活动的时序，沿着箭头从一个实体（或处理）流向另一个实体（或处理），有时在流向线上用文字表达流动的条件或激活机制。

2. 业务流程图绘制方法

绘制业务流程图是一项繁杂、细致的工作，往往由粗及细，由简到繁，需反复与管理人员核实。在明确了要绘制某一业务流程图后，要抓住业务活动环节与相关组织两个关键要素。从时间上由业务起因开始入手，沿着业务在时间、空间的开展描述各项工作活动，以及活动涉及的组织、数据、信息、行为等内容。

5.2.1.2　业务流程分析

业务流程分析的主要目的是寻找原业务流程中存在的不合理和不经济的现象，并寻求优化业务流程的方案。业务流程分析工作的好坏不仅影响业务完成质量和效率，而且直接影响系统运行的经济性。在进行业务流程分析时，可以运用价值链的思想去检验业务流程的经济性。

一个业务在不同部门处理，需要系统提供相应的功能与操作界面。所以，业务流程体现了企业的业务模式和企业文化。因此，在进行业务流程分析时，首先要辨认业务流程中各活动存在的合理性和对优质完成业务的贡献性。对于可有可无的活动要删除，对于多个活动从属于同一人员完成的要合并与简化，要避免业务流向往复，寻找业务流程的最佳路径。

一家企业的业绩表现很大程度上取决于其业务流程设计和运行的好坏。如果一家企业的业务流程使该企业能够比其竞争对手更创新或更具执行力，则这样的业务流程就可以成为企业竞争优势的源泉。同样，如果这些业务流程基于陈旧过时的工作方式，则会妨碍企业的响应能力和效率，此时业务流程也可能成为企业的累赘。

每一项业务都可以被看作一系列业务流程的集合，其中一些业务流程又是更广义范围的业务流程的组成部分。例如，有经验的顾问、维基、博客和视频是整个知识管理流程的一部分。许多业务流程专属于特定的职能部门。例如，销售和市场职能部门负责确定客户的流程，人力资源职能部门负责员工招聘的流程。

还有一些业务流程跨越不同的职能部门，需要跨部门的协调。比较简单的例子是完成一个客户订单的流程。该流程从销售和市场部门接到一份订单开始，首先传递到会计部门，财务和会计部门进行信用审核或者预付款审核，确认该客户有能力支付该订单；一旦建立了客户信用，制造和生产部门将负责相关产品的生产或出库；然后，产品将被运输至指定的地方；财务和会计部门将出具与订单相关的账单或发票，并通知客户产品已经运出；销售和市场部门接到订单已经发货的通知，并准备答复客户来电或履行保修索赔等事项。

完成一份客户订单需要一系列复杂的步骤，销售和市场部门、财务和会计部门以及制造和生产部门必须紧密协调。初看，完成一份订单似乎是一个比较简单的过程，但实际上是一系列非常复杂的业务流程的集成，需要企业各主要职能部门之间的紧密协作。此外，为了高效地执行并完成订单的所有步骤，需要大量的信息，而且这些信息必须能够在公司内部决策者之间、企业与运输公司等合作伙伴之间以及企业与客户之间快速地流动。基于计算机的信息系统使这一切成为可能。

5.2.2 数据流程分析

数据与数据流程分析是在业务流程分析的基础上对业务流程的抽象、细化和符号化的工作。在数据流程分析前，需要统一规范的数据流程图图符系统，规范数据命名、行文风格。数据流程图是提供透视数据与业务的关系、数据与管理的关系、数据与行为的关系的工具。数据流程分析从系统全局出发分析数据特性、数据结构、数据组织、数据管理与数据库表的关系。创建数据字典，为数据库设计提供依据。

5.2.2.1 数据流程描述

数据流程描述以业务流程为依据，业务符号化为重点，由粗及细，从总体到具体，用数据符号表达实体、事物的状态和特征；用数据处理表达事物的行为；用数据输入与输出表达实体之间的交流、事物的激活机制。

（1）数据流程图图符。数据流程图图符至今还没有统一的标准，不同的软件开发公司采用的符号可能不同，同样的软件开发公司针对不同的管理信息系统涉及的业务特征，采用的图符类型、含义也不尽相同。因此，在系统分析与设计前首先要规定数据流程图图符，以便分析与设计人员交流和归档。数据流程图的基本图符如图 5－2 所示。

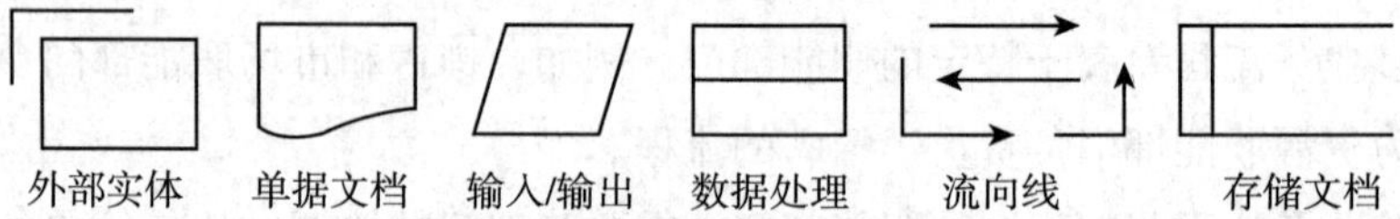

图 5－2 数据流程图基本图符

（2）数据流程图（DFD）的绘制方法。在实际绘制数据流程图时不能直接将业务流程图转换成数据流程图，而是要进行不断分层细化，称为分解法或爆破法。在实际绘制时先画出顶层 DFD，然后自顶向下画出各层 DFD。在绘制过程中要遵守分解后的系统成分有相对独立功能和一次分解不要加入细节过多的原则。

5.2.2.2 数据特征分析

数据流程描述了系统涉及的所有数据，在不同的业务中相同事物属性往往引用不同的数据。数据特征分析是从系统全局出发，明确数据的特征，便于系统数据的传送、加工和利用。

一旦把数据流程图中的四种成分都分离出来之后，就可着手绘制系统的数据流程图了。数据流程图的绘制也是采用自顶向下的方法，由粗到细，逐层细化，最后形成一套完整的拟建系统的数据流程图。

（1）数据命名。相同含义的数据在不同单据上的名称有时会不同，例如对于描述工作单位的名称，可能出现该项数据的名称有单位、单位名称、名称等，这些名称在信息系统中是不同的数据名称，不能作为相同数据输入、输出和处理。因此，要将信息系统所涉及的所有名称列在数据名称表中，然后统一命名。数据名称的命名要符合软件系统与数据库管理系统的命名规则，一般以字母开头，后接字母或数字或下划线组成，长度一般不超过 10 个字符。

（2）数据值域与长度。在信息系统中数据往往存在取值范围，这称为数据值域。明确了数据值域后，在构建数据库、设计输入数据或编制软件时，可对数据的输入与传送进行有效的控制，减少异常数据发生。例如，员工性别数据只能是“男”或“女”，这可以通过字段有效性规则限定；员工参加工作日期与出生日期之间必须相差 16 年以上，这可以通过记录有效性规则限定。同时，根据数据的最大值，我们可规定数据的占用位数，即长度。

（3）数据类型。数据分类的目的是便于数据组织和加工。因此，数据可以从不同的侧面进行分类。例如，按数据的变化程度可分成静态数据、动态数据和半固定数据，这种分类便于数据组织，通常将变化程度或使用部门相近的数据组织在一起。按数据的处理特性可分成数值型、字符型、逻辑型、日期型等，这与采用的数据库管理系统和软件开发工具相关，如数值型与字符型有时统称为文本型，而逻辑型有时称为布尔型。还可以按系统运行时数据的作用域分成全局公共变量、本地变量和专用变量等，按数据在系统运行时的组织形式分成字段变量、数组变量、系统变量和对象变量等。

（4）数据使用频率。通过数据长度、数据使用频率可以给系统存储设备配置提供理论依据，也可以给系统操作岗位配置提供依据。例如，明确某业务每天（或每周、每月等）数据的输入、统计处理、输出等事务最高量和最低量。

（5）数据操作权限。首先要将数据分成公开、秘密和绝密等密级，然后明确对于不同密级，不同岗位与员工可进行的读、写、改、传送、复制、执行等操作类型，最后形成数据管理准则。这个准则在系统设计时实现。

5.3　系统分析报告书

5.3.1　系统分析报告概述

系统分析报告是分析任务的最终产物，通过建立完整的信息描述、详细的功能和行为描述、性能需求和设计约束的说明、合适的验收标准，给出对目标软件的各种需求。系统分析报告又称系统报告说明书，是系统分析阶段的成果和重要文档。它反映了这一阶段调查分析的全部情况，是下一步设计与实现系统的纲领性文件。用户可通过系统分析报告来验证和认可新系统的开发策略和开发方案，而系统设计师则可用它来指导系统设计工作和作为以后的系统设计标准。此外，系统分析报告还可以作为评价项目成功与否的标准。

一份合格的系统分析报告不但要充分展示前段调查的结果，而且要反映系统分析结果——新系统逻辑方案。系统分析报告应达到的基本要求是：全面、系统、准确、翔实、清晰地反映系统开发的目标、任务和系统功能。

系统分析报告的主要内容如下：

（1）系统开发项目概述。这部分主要是对分析对象的基本情况做概括性的描述，简要说明新系统的名称、主要目标及功能，新系统开发的有关背景，以及新系统与现行系统的主要差别。

（2）现行系统概况。使用组织结构图、管理功能图、业务流程图、数据流程图、数据字典等，详细描述现行组织的目标，现行组织中信息系统的目标，系统的主要功能、组织结构、业务流程等。此外，还有对个别环节的业务处理量、总的数据储存量、处理速度要求、处理方式和现有的技术手段等扼要的说明。

（3）系统需求说明。在掌握现行系统真实情况的基础上，针对系统存在的问题，全面了解组织中各种层次用户就新系统对信息的各种需求。

（4）新系统的逻辑方案。新系统的逻辑方案是系统分析报告的主体部分。这部分主要反映分析的结果和对构筑新系统的设想，应根据原有系统存在的问题，明确提出更加具体的新系统的目标，确定新系统的主要功能、各层次数据流程图、数据字典等。其主要说明的目标有组织结构图、重建或改造的业务流程图及其说明、重建或改建的信息流程（包括数据流程图、数据字典、数据存储分析、查询分析、数据处理分析）。

（5）系统实施计划。首先，对工作任务进行分解，即对开发中完成的各种工作，按子系统（或系统功能）划分，由专人分工负责。然后，进行进度安排，即给出各项工作的开始日期和结束日期，规定任务完成的先后顺序。最后，编制预算，即逐项列出本项目需要的劳务及经费的预算，包括各项工作所需人力及办公费。

5.3.2 系统分析报告框架

5.3.2.1 引言

引言主要包括以下四部分内容：

（1）编写的目的：说明编写这份需求说明书的目的，指出预期的读者。

（2）背景：待开发的系统的名称；本项目的任务提出者、开发者、用户；该系统同其他系统或其他机构的基本的相互来往关系。

（3）定义：列出本文件中用到的专门术语的定义和外文首字母组词的原词组。

（4）参考资料：列出用得着的参考资料。

5.3.2.2 任务概述

（1）目标：叙述该系统开发的意图、应用目标、作用范围及其他应向读者说明的有关该系统开发的背景材料。解释被开发系统与其他有关系统之间的关系。

（2）用户的特点：列出本系统的最终用户的特点，充分说明操作人员、维护人员的教育水平和技术专长，以及本系统的预期使用频度。

（3）假定和约束：列出进行本系统开发工作的假定和约束。

5.3.2.3 需求规定

1. 对功能的规定

用列表的方式，逐项定量和定性地叙述对系统所提出的功能要求，说明输入什么量、经怎么样的处理、得到什么输出，说明系统的容量，包括系统应支持的终端数和应支持的并行操作的用户数等指标。

2. 对性能的规定

（1）精度：说明对该系统的输入、输出数据精度的要求，可能包括传输过程中的精度。

（2）时间特性要求：说明对该系统的时间特性要求。

（3）灵活性：说明对该系统的灵活性的要求，即当需求发生某些变化时，该系统对这些变化的适应能力。

3. 输入/输出要求

解释各输入/输出数据类型，并逐项说明其媒体、格式、数值范围、精度等。对系统的数据输出及必须标明的控制输出量进行解释并举例。

4. 数据管理能力要求（针对软件系统）

说明需要管理的文卷和记录的个数、表和文卷的规模，要按可预见的增长对数据及其分量的存储要求作出估算。

5. 故障处理要求

列出可能的软件、硬件故障，以及对各项性能而言所产生的后果和对故障处理的要求。

6. 其他专门要求

例如，用户单位对安全保密的要求，对使用方便的要求，对可维护性、可补充性、易读性、可靠性、运行环境可转换性的特殊要求等。

5.3.2.4 运行环境规定

（1）设备：列出运行该软件所需要的硬设备，并说明其中的新型设备及其专门功能。包括：处理器型号及内存容量；外存容量、联机或脱机、媒体及其存储格式、设备的型号及数量；输入及输出设备的型号和数量，联机或脱机；数据通信设备的型号和数量；功能键及其他专用硬件。

（2）支持软件：列出支持软件，包括要用到的操作系统、编译程序、测试支持软件等。

（3）接口：说明该系统同其他系统之间的接口、数据通信协议等。

（4）控制：说明控制该系统运行的方法和控制信号，并说明这些控制信号的来源。

习题

1. 系统分析的目标和需求是什么？

2. 请简要阐述系统分析的基本原则。

3. 有人说结构化的系统分析方法已经落后了，我们必须坚持面向对象的系统分析，你是否同意这一观点？请简要阐述原因。

4. 请详细说明面向对象系统分析与结构化系统分析的差异。

5. 请解释面向对象的基本特征。

6. 请说明系统分析应当遵循哪些步骤。

7. 请解释什么是业务流程分析。

8. 你会采用什么方法来进行企业内部业务流程的分析与设计？

9. 有哪些方法和工具可以绘制业务流程图？

10. 系统分析报告都包含什么内容？它的基本框架是什么？

第6章 管理信息系统设计

6.1 系统设计内涵

6.1.1 系统设计的定义

系统设计是根据系统分析的结果，运用系统科学的思想和方法，设计出能最大限度满足所要求的目标（或目的）的新系统的过程。系统设计内容包括：确定系统功能、设计方针和方法，产生理想系统并作出草案，通过收集信息对草案作出修正并产生可选设计方案，将系统分解为若干子系统，进行子系统和总系统的详细设计并进行评价，对系统方案进行论证并作出性能效果预测。

进行系统设计时，必须把所要设计的对象系统和围绕该对象系统的环境共同考虑，前者称为内部系统，后者称为外部系统，它们之间存在着相互支持和相互制约的关系，内部系统和外部系统结合起来称作总体系统。因此，在系统设计时必须采用内部设计与外部设计相结合的思考原则，从总体系统的功能、输入、输出、环境、程序、人的因素、物的媒介各方面综合考虑，设计出整体最优的系统。进行系统设计应当采用分解、综合与反馈的工作方法。不论多大的复杂系统，首先要分解为若干子系统或要素，分解可从结构要素、功能要求、时间序列、空间配置等方面进行，并将其特征和性能标准化，综合成最优子系统，然后将最优子系统进行总体设计，从而得到最优系统。在这一过程中，从设计计划开始到设计出满意系统为止，都要进行分阶段及总体综合评价，并以此对各项工作进行修改和完善。整个设计阶段是一个综合性反馈过程。

现代设计的环境已发生了巨大的变化，影响设计的因素更为复杂，以往那种凭借设计师的直觉和经验开展设计的方法受到了很大的挑战。“系统性思考是非线性的注重纵横向及多向问题的探究，其思维是面的甚至是立体性的”①。因此，系统设计需要带着一定的目的，把对象作为整体来看待。系统设计是合理设计、开发和运用系统的思想和方法论，我们应当将对象看作由多重因素交织构成的一个系统，并以此为基点展开具体的设计。

---

① 何晓佑．从“中国制造”走向“中国创造”［M］．南京：东南大学出版社，2016.

6.1.2 系统设计的目标

根据一个逻辑模型，可以提出多个物理模型，而系统设计的优劣直接影响到新系统的质量和经济效益。

通常，可以采用以下设计目标来评价一个物理模型的优劣。

（1）系统的完整性。它指系统作为一个统一的整体而存在，系统功能应尽量完整。

（2）系统的效率。系统的效率包括系统的运行效率和人的操作效率两部分内容。

系统的运行效率主要是指系统的处理能力、处理速度、响应时间等指标。对联机实时系统主要考虑系统的响应时间，即从发出处理要求到得到响应所需要的时间。对批处理系统，主要考虑处理速度。

一般来讲，计算机运行时间比人工操作的时间要少得多，因此，人机界面设计是否便于操作，操作人员是否熟练，对系统效率是至关重要的。

（3）系统的可靠性。系统的可靠性指系统硬件和软件在运行过程中抵御各种干扰、保证系统正常工作的能力。衡量系统可靠性的指标是平均故障间隔时间和平均维护时间。前者指前后两次发生故障的平均间隔时间，反映了系统安全运行时间；后者指故障后每次所用的平均修复时间，反映系统可维护性的好坏。

（4）系统的可变性。可变性是现代化企业的特点之一，因此管理信息系统也必须具有较好的开放性和结构的可变性，以便适应外界环境的不断变化，而且系统本身也需不断修改和完善。一个可变性好的系统，各个部分独立性强，容易进行变动，从而可提高系统的性能，不断满足对系统目标的变化要求。一个可变性好的系统，维护相对容易，生命周期也较长。

（5）系统的经济性。系统的经济性是指系统的收益应大于系统支出的总费用。系统支出费用包括系统开发所需投资的费用与系统运行维护费用之和；系统收益除有货币指标外，还有非货币指标。系统设计应该在满足系统需求的前提下，尽可能减小系统的开销。

（6）系统的安全性。系统安全性是指系统的硬件和软件免遭故意或偶然损害的能力；保护数据不丢失，不泄露、不改动和不被销毁的能力；限制数据传播范围（保密）的能力。

6.1.3 系统设计的原则

（1）系统性。管理信息系统作为一个整体，要从整个系统的角度来进行考虑，整体性能最优的前提下达到局部最优。系统设计时要求系统代码统一，设计规范标准，描述语言要尽可能一致，对系统的数据采集要做到来源统一、全局共享等。

（2）经济性。经济性原则是指在满足系统要求的前提下，尽可能减少系统的费用支出。一方面，在系统硬件投资上不能盲目追求技术上的先进，而应以满足系统需要为前提。另一方面，系统设计中应避免不必要的复杂化，各模块应尽可能简洁。

（3）灵活性。为保持系统的长久生命力，系统要具有很强的环境适应性，为此，系统应具有较好的开放性和结构的可变性。系统设计时，要尽量采用模块化结构，提高各模块的独立性，尽可能减少模块间的数据耦合，将各子系统间的数据依赖减至最低程度。

（4）可靠性。可靠性是指系统抵御外界干扰的能力及受外界干扰时的恢复能力。一个成功的管理信息系统必须具有较高的可靠性，如安全保密性、检错及纠错能力等。

（5）管理可接受。一个系统能否发挥作用和具有较强的生命力，在很大程度上取决于管理上是否可以接受。因此，在系统设计时，要考虑到用户的业务类型、用户的管理基础工作、用户的人员素质、人机界面的友好程度、掌握系统操作的难易程度等诸多因素的影响。因此在系统设计时，必须充分考虑到这些因素，才能设计出用户可接受的系统。

6.1.4　系统设计的方法

系统设计的方法有很多种，比如结构化生命周期法（又称瀑布法）、原型化方法（迭代法）、面向对象方法。如果我们按照不同的要求，可将这些方法进行不同的分类。例如，按时间过程来分，系统设计与开发的方法分为生命周期法和原型法。实际操作过程中，我们也可根据中间状态对开发方法进行进一步的区分。我们根据原型法对结果的具体处理方式，将原型法分为试验原型法和演进原型法。试验原型法只把原型当成试验工具，试了以后就抛掉，并主要根据试验的结论开发新的系统。演进原型法则把实验后的结果保留，并将其构建成最终系统的一部分。按照系统的分析要素，又可以把开发方法分为三类：面向处理的方法（processing oriented，PO）、面向数据的方法（data oriented，DO）、面向对象的方法（object oriented，OO）。

从系统设计与开发的底层逻辑来看，系统设计有两种常用的方法：一种是归纳法，另一种是演绎法。归纳法主要采用如下的步骤：首先尽可能地收集现有的和过去的同类系统的设计资料；在对这些系统的设计、制造和运行状况进行分析研究的基础上，根据新系统的功能要求进行选择，然后针对这些现有方案作出相应修正，最后开发一个理想的系统。演绎法则是一种公理化方法，即先从普遍的规则和原理出发，根据设计人员的知识和经验，从具有一定功能的元素集合中选择能符合系统功能要求的多种元素，然后将这些元素按照一定形式进行组合，从而创造出具有所需功能的新系统。在系统设计的实践中，这两种方法往往是并用的。

6.1.5　系统设计的任务

系统设计的主要任务是在系统分析的基础上，按照逻辑模型的要求，科学合理地进行系统的总体设计和具体的物理设计，为下一阶段系统实施提供必要的技术资料。

系统设计是新系统的物理设计阶段。根据系统分析阶段所确定的新系统的逻辑模型、功能要求，在用户提供的环境条件下，设计出一个能在计算机网络环境上实施的方案，即建立新系统的物理模型。

6.2 系统设计内容

6.2.1 总体结构设计

系统总体结构设计是根据系统分析所提出的要求和组织的实际情况对新系统的总体结构形式和可利用的资源进行设计，它是一种宏观、总体上的框架性设计。

6.2.1.1 系统总体设计内容

系统总体设计是从系统全局出发，从硬件、软件、网络和应用等多视角、多层面勾画出系统的总体结构。

（1）系统的应用结构。这是系统总体设计的主要内容，也是最关键的核心内容，系统总体设计的其他部分内容完全依赖于系统的应用需要。系统总体设计与具体设计都是围绕系统的应用开展的。应用系统结构是将一个庞大的、复杂的系统分解成若干个相对简单的子系统，子系统继续划分成若干个功能模块，功能模块继续划分成若干个子功能模块，依次深入细化，直到可以交付给程序员编写代码为止。

（2）系统的网络结构。这是信息系统运行的支撑平台，也称为运行环境设计。这完全依赖于信息系统的规模、管理空间和信息量等要素构建网络系统的体系结构和配置状态。在系统网络结构中需要明确系统每个节点的作用和计算机等设备的需求。

（3）系统的软件结构。这也是信息系统运行的基础平台，往往是由操作系统和数据库管理系统等软件构成。软件结构不仅要明确软件的类型、版本和数量，还要明确软件的应用对象、运行模式和并发用户数等技术参数。

（4）系统的硬件结构。系统硬件完全是依据系统软件配置，其目的是满足系统软件的需要和业务处理的需要。硬件结构设计将涉及计算机系统和网络系统的配置，需要明确不同用途计算机与网络设备的数量、型号和规格，明确系统配置技术参数。

6.2.1.2 系统总体设计过程

系统总体设计直接影响到系统的科学性和先进性，也涉及系统详细设计的复杂性、功能性与系统开发成本、运行管理难度和运行成本等诸多因素。

（1）明确系统设计边界。信息系统是企业管理的一个手段，必须融入管理业务中。虽然系统分析已经明确了信息系统的信息源、信息用户以及将服务的部门、相关业务、业务处理、计划决策和过程监控等功能，但是在总体设计时不仅要进一步明确系统分析所确定的系统边界，同时还要进一步明确系统所涉及的业务内容、业务量、部门岗位和运控模式。

（2）分析U/C矩阵求解结果。在系统分析时通过U/C矩阵为系统划分提供了理论依据，但这只能作为原理性系统功能结构。在实现系统总体设计时，还要结合信息系统规模、业务类型、IT能力和管控水平重新勾画系统总体结构，特别是在U/C矩阵中不产生数据的使用功能的归属完全取决于系统用户的需要。

（3）划分子系统。这是系统总体设计的主要任务，也是总体设计其他部分的依据。划分子系统要根据系统的规模与复杂程度决定。对于只有一项业务的小型管理信息系统或某一业务功能的单机单用户子系统，往往不需要做繁杂的系统，直接可以分解成功能模块，编制相应软件。但是，不论系统大小，系统分解是必需的，而且在分解前要做好充分的分析，分解后要做好详细记录。

（4）确定系统配置。系统配置是一项关系到系统性能与成本的工作，系统配置要坚持适用和实用。在IT领域，没有最好，只有更好，而且性价比至今都在飞速上涨，或者说无形损失比任何设备要大。系统配置将涉及硬件、软件和网络平台的配置，这些配置是在进行系统划分，明确功能与性能后对照IT设备的性能列出的详细清单。

（5）写出总体设计说明书。需要详细地记录系统总体设计的方案，画出系统功能结构图和网络结构图，说明网络各节点的硬件、软件和功能的分配、计算机体系结构、网络拓扑结构类型、系统运行模式等。

6.2.1.3　系统划分

1. 系统划分的依据

系统划分是以U/C矩阵求解结果为理论依据，并以此为起点，根据应用单位实际状况，对划分的系统进行优化调整，使系统的划分便于分阶段实施和满足企业经营发展的需要。

2. 系统划分原则

在系统划分过程中必须遵循信息系统建设发展的规律和信息系统运行管理需求，促使系统划分科学、合理。

（1）子系统具有相对的独立性，尽可能做到高内聚、低耦合。

（2）子系统之间数据的依赖性尽量小，子系统划分的结果应使数据冗余度较小。

（3）子系统的设置应考虑今后管理发展的需要，考虑高层次管理决策的要求。

（4）子系统的划分应便于系统分阶段实现，适应系统分期分步实施。

（5）子系统的划分应考虑到各类资源的充分利用。

3. 系统划分方法

信息系统往往功能繁多、性能指标众多。如何划分系统，需要根据系统业务的单一性、系统地理位置的分布性和用户种类的复杂性等多方面因素综合考虑。不同的系统划分方法一般适用于不同的开发情景。

（1）按功能划分：这是最常用的一种划分方法，通常依据功能/数据分析结果划分子系统，适用于划分涉及面广、业务繁多、用户种类多的系统形成子系统的情况。

（2）按业务处理顺序划分：这是根据业务处理顺序，按时间前后划分成各个子系统，这类子系统划分往往是针对以单项业务作为系统的情景。例如，在库存管理系统中，入库必须依据采购订单，而出库必须依据生产计划的领料单，各个子系统之间具有较为严格的时间顺序。

（3）按数据拟合程度划分：这是将相关联的数据尽量集中，不仅减少数据的冗余度，而且便于数据备份，提高系统的完整性和可靠性。

（4）按业务处理过程划分：这也是系统开发中较常用的一种划分方法，更多地运用于子系统的进一步分解，由子系统划分成功能模块。当用户要求各子系统分段实现开发工作时，可以采用这种方法。

（5）按业务处理的时间划分：这种划分方法在系统总体划分时采用得相对较少，它一般在某些特定场合使用，而更多的是在功能模块内部进一步划分成子功能模块时使用这种方法较多。

（6）按实际环境和网络分布划分：当系统所涉及的业务分散在不同的地理位置，而且这些管理机构（单位）相距较远，每个管理机构自成一个相对独立的体系时，在这些特定场合下使用本方法划分。

6.2.1.4 系统总体设计说明

在系统设计过程中，无论是哪个阶段或哪个单元设计结束后都要及时整理，以设计说明的方式形成方案，最终形成系统设计说明书，或称为系统设计方案，供系统实施人员依据执行。

（1）系统边界与目标说明。用文字或图标明确信息系统应用的范围、部门或各类人员，以及系统设计将达到的功能与性能指标。

（2）系统总体设计原则。这是将来系统评价或验收时的依据，也是对系统功能与性能的要求的凭据，同时时刻约束着系统开发人员的设计行为。

（3）系统功能结构图。明确地描述系统的功能结构，在图上体现出各功能之间的层次关系和功能内涵。往往需要对每个子系统运行用文字进一步说明。

（4）系统网络结构图。描述系统所需要的网络体系，包括服务器、网络工作站的计算机型号规格、网络结构、网络设备等需求情况。同时还需要明确网络设备在管理信息系统中的角色和作用。

（5）系统配置表。根据系统网络结构与功能结构，需要明确列出系统需要的设备清单。

（6）系统总体设计其他说明。在总体结构说明中还需要根据系统设计的总原则、目标对总体设计有影响的内容加以补充，以及总体设计对系统实施的要求等加以补充说明。

6.2.2　功能模块设计

信息系统经过系统总体设计后已经清晰地划分成子系统和各功能模块，各个功能模块的内部处理过程或处理任务如果还相当复杂或相当多时，需要按功能模块划分原则与方法进一步划分成子功能模块，依此细化成相对简单的功能模块。这样大模块可以分为小模块，逐层分解使各模块之间形成了树型结构。

通过信息系统的功能模块结构图我们可以初步了解用户需求是如何实现的，但还不能交给程序员编写软件，需要进一步确定各模块之间的数据传递关系和各模块内部的数据表达形式。

功能模块设计的关键是要画出 HIPO 图。HIPO（Hierarchy plus Input/Process/Output）图是 IBM 公司于 20 世纪 70 年代中期在层次结构图（structurechart）的基础上推出的一种描述系统结构和模块内部处理功能的工具（技术）。HIPO 图通常由一张层次结构图（H 图）和若干 IPO 图两部分构成，前者描述了整个系统的设计结构以及各类模块之间的关系，后者描述了某个特定模块内部的处理过程和输入/输出关系。

（1）H 图。H 图用于描述软件的层次结构，矩形框表示一个模块，矩形框之间的直线表示模块之间的调用关系，但同结构图一样并未指明调用顺序。

（2）IPO 图。H 图只说明了软件系统由哪些模块组成及其控制层次结构，并未说明模块间的信息传递及模块内部的处理。因此对一些重要模块还必须根据数据流图、数据字典及 H 图绘制具体的 IPO 图。在 IPO 图中必须包括输入 I、处理 P、输出 O，以及与之相应的数据库文件、在总体结构中的位置等信息。IPO 图中的处理过程 P 的描述比较困难，易引起二义性问题。

6.2.3　程序流程设计

6.2.3.1　程序流程设计规则

程序流程设计的关键是用一种合适的表达方法来描述每个模块的执行过程。这种表示方法应该简明、精确，并由此直接导出用编程语言表示的程序。日常用的描述方式有图形、语言和表格三类，如传统的框图、各种程序语言、判定表等。一个复杂的大型信息系统往往是由许多员工共同合作完成，处理过程是整个信息系统功能实现的核心，为了减少系统出现数据冲突与传递不一致等现象，在处理过程设计前首先要制定有关规则。

（1）统一逻辑处理描述。在描述逻辑处理时需要明确并统一采用决策树或判定表等表达方式，虽然这些工具都能有效地描述处理过程，但在一个项目中应当只选用其中之一。

（2）统一处理图符。在绘制功能结构与处理框图时也应当统一符号，尽可能采用标准化与规范化的图符与语言，以便于交流。

（3）分析与设计相一致。在描述处理过程时，所有数据与数据处理过程要与系统分析时建立的数据字典一致，这样不仅可以减少工作量，降低出错率，还可以减少将来程序设计的工作量。

总体上，处理过程设计需要遵守标准化与规范化。这些标准化与规范化中有些已经通过国际标准化组织或国家标准化管理委员会制定，也有些需要通过信息系统研发团队内部自制。

6.2.3.2 系统设备的选择

信息系统经过上述设计后，其功能和性能基本确定，最后需要选择支撑信息系统运行的软件与硬件设备。信息系统运行设备的配置在系统应用设计好后才能进行，在系统配置过程中必须遵守系统软件的需要，必须满足信息系统应用的需要，系统硬件（包括网络硬件设备）的需要必须满足系统软件的需要的原则。简而言之，系统软件应适应系统应用，系统硬件应适应系统软件。

（1）计算机硬件的选择。硬件选择主要指选择信息系统中需要的计算机主机、辅机、外围设备和环境设备，其中，选择计算机主机是关键。由于计算机主机不仅型号、规格和制造厂商众多，而且其性能、价格、质量和服务也存在很大的差别。因此，在选配计算机主机时，要根据系统总体设计和详细设计的要求，明确计算机主机的类型（巨型、大型、超级小型、微型）、性能（主频、字长、主存容量、缓存能力）、生产厂商、产地和品牌等指标参数，并采用招标方式选择合适的硬件供应商。

（2）计算机软件的选择。计算机软件可分成系统软件、工具软件和应用软件。应用软件是指将要开发的管理信息系统，在此不是选择，而是根据用户的需求进行开发。工具软件是指为应用软件开发提供的开发工具，因此工具软件是由应用软件开发决定，在选择工具软件时，通常还分应用服务软件的前台开发工具、后台数据库管理系统和信息系统通信工具。不同的开发工具具有不同的功能与对环境支撑不同的要求，需要根据开发者的经验与运行环境选定。系统软件是管理计算机系统硬件的软件，需要根据计算机系统硬件和计算机结构体系以及用户需求来确定。系统软件往往是由计算机提供商随计算机硬件提供，这种提供方式既方便、经济，又实用，用户可以不需要了解更多的系统软件配置细节，但有些大型信息系统也与硬件独立配置，确保系统开发平台的实用性和可维护性。

（3）计算机网络系统的选配。网络系统包括网络硬件和网络软件两部分。随着信息技术的广泛应用，信息系统的普及推广，网络系统深入各行各业，网络结构越来越复杂，网络硬件种类繁多，网络软件十分丰富。选择计算机网络硬件首先要根据网络拓扑结构、网络体系和网络层等因素确定网络硬件的种类、数量、型号和规格，根据网络传输速率和距离选择网络传递方式和性能指标以及网络软件配置，以便充分发挥信息系统提供的信息资源的作用。

6.2.4　代码设计

在现实生活中我们往往采用代码来更加清晰、简洁和正确地代表客观存在的事物。代码是客观事物特定属性的符号。代码设计的任务就是要设计出一套便于管理信息系统开发和运行使用的代码系统。

6.2.4.1　代码设计的过程

代码设计是对指定事物按特定属性进行分类与编码的过程，在经济管理与日常生活中经常需要运用代码。

（1）确定编码对象。代码是针对某类特定事物的编号。例如发票的号码、凭证的序号、学生的学号、职工的工号等。不同事物个体，表达内涵和管理需求都不相同，针对不同的事物代码的描述已有的标准程度和应用状态也不相同，因此在代码设计时，首先要明确对什么进行代码设计。

（2）制定编码原则。制定编码原则不仅使设计出来的代码科学合理，而且便于信息系统的融合和信息交换成本降低的，也便于代码的人工阅读。

（3）确定分类方法。代码设计的核心问题是将被编码事物分类。不同的分类方法使代码的结构灵活性和柔性有很大的区别。

（4）选择编码类型。不同的编码类型能代表的事物数量不同，即代码容量不同，了解编码类型可以通过类型变换改变代码容量，实现扩容维护。

（5）写出代码设计说明书。这是对代码设计结果的总结，为编制管理信息系统技术文档提供资料，也是管理信息系统运行管理的操作指南。

6.2.4.2　代码设计的原则

代码是供人工和信息系统识别事物的人为属性，用特定的符号表示。为了更好地实现代码的功能，便于信息系统提供信息交流、信息查询等服务，在代码设计时应当遵守必要原则。代码设计原则可以根据代码设计对象的特点和需求有选择地制定，但有一些原则是必须遵守的。

（1）唯一性。代码是区别系统中每个事物的唯一标识，这是代码设计必须遵守的最基本的原则。一个事物可能有多个名称，也可按不同的方式对它进行描述。但在编码体系中，一个事物只能被赋予一个唯一的代码，反之一个代码只能唯一地标识一个事物对象，不允许重码、乱码、错码。

（2）简单性。设计的代码将伴随记录的事物，每个事物必有对应的代码。代码不仅数量庞大，占用大量的存储空间，而且影响信息处理成本，因此，代码结构应尽可能简单，压缩长度，以减少各种差错。

（3）易识别性。代码将为人们提供服务，为便于人们记忆，减少出错，代码应当有一定规则，尽可能反映事物的特点，以助记忆；表意明确，便于识别。

（4）可扩充性。代码对象的个体时刻在发生增减变化，代码设计时应留有充分的余地，结构灵活、柔性好，以备将来不断扩充时不需要变动原代码体系，可直接追加新代码。

（5）合理性。代码的分类方法与编码规则要符合人们的工作习惯，特别是当使用文字代码时，表意要合理，符合常规准则。例如，千克用 kg 表示比较合理，采用其他符号对信息系统而言没有本质差别，但不合理。

（6）规范性与标准化。对有些代码国际化组织（ISO）已经制定了标准，有些代码则在我国已经有了国标（GB），还有些较特殊的代码在行业中已经有了规定，在代码设计时尽可能采用现有的国际标准、国标、部标编码。不同等级的编码通用程度不同，1SO 标准可以国际通用。因此，国际标准化、国家有关编码标准和行业部标编码是代码设计的重要依据，已有标准的必须遵循。在一个代码体系中，代码结构、类型、编写格式必须统一。

6.2.4.3 编码对象的分类方法

代码设计的核心是将编码事物（对象）进行分类，分类的关键在于如何抓住事物的特征属性。从不同的视角可以将事物分成不同的类别，一般有线分类和面分类两种方法。

（1）线分类法：也称为层次分类法，它将全部编码对象集按某一特征从总体划分成几部分，然后对每一部分再细化，直到个体。在划分时，既不能交叉重叠，也不能遗漏。这种方法简单，便于人工记忆。例如，邮政编码、身份证号的前六位都是先将总体划分成大区，然后在大区内部再划分成小区。产品编码中的分类也是用线分类法，将所有产品分成十大类，在每大类中再分成十中类，在每中类中再分成十小类。

（2）面分类法：根据编码对象的不同属性（即不同侧面）进行分类，直到个体。这种方法结构灵活，柔性好，但不便于人工记忆。例如，服装款式分类、计算机存储设备中的软盘分类和身份证的整体编码（地区、出生日期、性别、随机号等属性组成）都是采用面分类法。

6.2.4.4 代码的类型

编码对象分类后要给每类赋予特定的符号，即代码。代码的类型有许多种，但大体上可分为数字码、字符码和混合码三种。

（1）数字码：用 0 ~ 9 这 10 个符号进行编码。一位码可以容纳 10 个不同的个体，即编码容量为 10。数字码还可以按新码与原有码之间的关系可以分成有序与无序两种。有序码是在原有代码的基础上延伸新码，按延伸方式可再分成连续的与不连续的，按不连续间隔可分成等距与不等距代码。例如，原有代码为 3，后增加的代码为 4，则为连续数字码；如果是 5，则为不连续的数字码；再有新码如果是 7，则为不连续的等距数字码；如果是 9 则为不连续的不等距数字码。不连续的数字码也称为成组码。在会计信息系统中科目代码中的一级科目的大类是连续的数字码，而三位的一级科目是不连续的数字码，即成组码。在企业管理信息化工程中员工代码、部门代码、资产编码和凭证编码等都采用数字码。

（2）字符码：用 26 个英文字母或汉语拼音编码。字符码可以是英文或汉语拼音的缩写或全称。当不区分大小字母时，一位代码可以代表 26 种个体，因此编码容量是 26。当区分大小字字母时，一位代码可以代表 52 种个体，因此编码容量是 52。可见，不仅字符码比数字码容量大，而且还可以具有一定的含义，便于人工阅读。例如，物料计量单位和产品型号规格代码是在生产管理、成本核算和销售管理等企业过程中常采用字母表意的代码。

（3）混合码：用数字、字母和特殊符号组成的代码称为混合码。混合码的混合方式是将一个代码分成几部分，不同部分或用数字码，或用字符码，这种混合方式比较实用。例如：彩色电视机的型号编码，TV – C – 21，其中“TV”表示电视机，“C”表示彩色，“21”表示屏幕大小是 21 英寸。混合码还可以在代码的某部分中既有数字，还有字母，例如身份证最后一位的随机号就是这种混合方式。混合码既有数字，还有字母，因此其容量最大。

6.2.4.5 管理信息系统中的代码实例

管理信息系统应用涉及面广，业务种类繁杂，特别是在企业信息系统集成和“两化融合”大背景下，需要进行代码设计与编码的事物繁多。因此，代码设计是信息化工程的基础的关键性工作，其主要代码包括：

（1）职员代码：这往往是由部门与顺序号两部分组成的数字码。

（2）物资代码：根据物资管理的特点，需要体现产地、日期、发货号等信息。常用成组码，也用表意码辅助。

（3）设备代码：反映经济用途、使用情况、使用部门及设备类别等信息，常用混合码。

（4）会计科目代码：按会计制度，对企业经济活动需要编制科目。科目代码是分级编制的成组组合的数字码，一级科目用三位数字表示，第一位是科目大类，用数字顺序分别表示资产、负债、损益等，第二和第三位是大类内的顺序码，不同大类内具有的种类不同。第二级以下的科目代码在会计制度中给出了指导建议，特别是第三级以后由企业根据具体情况编制。

在企业管理信息化实施过程中，不同层次的管理信息系统会涉及许多代码，无法一一列举。需要特别提示的是要重视代码设计，安排足够的人力去整理、优化、编制各项代码。

6.2.4.6 代码设计说明书

代码设计说明书是以书面的形式、统一的格式描述代码设计过程所确定的内容。它特别要说清楚编码对象、分类方法、代码的总体结构和采用的编码方法，以及代码示例、代码规则，并给出相应的代码对照表。

6.2.5 数据库设计

数据库设计（database design）是指根据用户需求分析和构建的数据字典，在选定某一具体的数据库管理系统上，设计数据库表的结构、数据库表的组成、数据库内表间关系的过程。数据库设计建立在数据库及其应用系统的技术上，也是信息系统开发和建设中的核心技术。由于数据库应用系统领域的多样性，内容结构的复杂性，因此数据库设计异常复杂。数据库的最佳设计不可能一蹴而就，而只能是一种“反复探寻，逐步求精”的过程，也就是按数据模型规范数据结构，明确事物之间关系的过程。数据库的设计主要是进行数据库的逻辑设计，即将数据按一定的规则（时间、位置等）进行分类、分组，从系统和逻辑层次的视角面向用户组织起来。

6.2.5.1 数据库设计的基础

数据库建设是硬件、软件和干件的结合。在管理信息系统建设过程中三分靠技术、七分靠管理、十二分靠基础数据，可见数据库设计的重要性。管理信息系统开发过程中需要数据员全面负责数据库的设计工作，在大型信息系统运行管理中需要专职的数据员对数据库进行维护。在数据库设计过程中所涉及的技术与管理的界面称为“干件”，数据库的设计应该与应用系统设计相结合。其设计内容主要由结构（数据）设计和行为（处理）设计组成。结构（数据）设计确定数据库框架或数据库结构；行为（处理）设计明确数据库的应用程序、事务处理等。在设计过程中结构和行为的设计要分离。传统的软件工程忽视对应用中数据语义的分析和抽象，只要有可能就尽量推迟数据结构设计的决策。早期的数据库设计致力于数据模型和建模方法研究，忽视了对行为的设计。

6.2.5.2 数据库设计的步骤

至今，数据库设计的很多工作仍需要人工来做，除了关系型数据库已有较完整的数据范式理论可用来部分地指导数据库设计之外，尚缺乏一套完善的数据库设计理论、方法和工具，以实现数据库设计的自动化或交互式的半自动化设计。所以数据库设计今后的研究发展方向是研究数据库设计理论，寻求能够更有效地表达语义关系的数据模型，为各阶段的设计提供自动或半自动化的设计工具和集成化的开发环境，使数据库的设计更加工程化、更加规范化和更加方便易行，在数据库的设计中充分体现软件工程的先进思想和方法。

1. 需求分析

调查和分析用户的业务活动和数据的使用情况，弄清所用数据的种类、范围、数量以及它们在业务活动中交流的情况，确定用户对数据库系统的使用要求和各种约束条件等，形成用户需求规约。

（1）理解客户需求，询问用户如何看待未来需求变化。让客户解释其需求，而且随着开发的继续，还要经常询问客户以保证其需求仍然在开发的目的之中。

（2）了解企业业务可以在以后的开发阶段节约大量的时间。

（3）重视输入输出。在定义数据库表和字段需求（输入）时，首先应检查现有的或者已经设计出的报表、查询和视图（输出），以决定为了支持这些输出哪些是必要的表和字段。

举例：假如教师（用户）需要系统呈现班级内学生的成绩情况，并且页面应该根据用户的需求，可以按照学号、科目、成绩分数等进行不同类别和次序上的呈现。在这一需求之下，设计人员就应当将学生的个人信息、科目信息、成绩信息等以不同数据块的形式进行收集和展示，而不能将他们合并处理。

（4）创建数据字典和实体 - 联系（ER）图。ER 图和数据字典可以让任何了解数据库的人都明确如何从数据库中获得数据。ER 图对表明表之间关系很有用，而数据字典则说明了每个字段的用途以及任何可能存在的别名。对 SQL 表达式的档案化来说这是完全必要的。

（5）定义标准的对象命名规范。数据库各种对象的命名必须具有高度的一致性和规范性。

2. 概念设计

对用户要求描述的现实世界（可能是一个工厂、一个商场或者一个学校等），通过对其中住处的分类、聚集和概括，建立抽象的概念数据模型。这个概念模型应反映现实世界各部门的信息结构、信息流动情况、信息间的互相制约关系以及各部门对信息储存、查询和加工的要求等。所建立的模型应避开数据库在计算机上的具体实现细节，用一种抽象的形式表示出来。以扩充的实体联系模型方法（ER 模型）为例，第一步先明确现实世界各部门所含的各种实体及其属性、实体间的联系以及对信息的制约条件等，从而给出各部门内所用信息的局部描述（在数据库中称为用户的局部视图）；第二步再将前面得到的多个用户的局部视图集成为一个全局视图，即用户要描述的现实世界的概念数据模型。

3. 逻辑设计

逻辑设计的主要工作是将现实世界的概念数据模型设计成数据库的一种逻辑模式，即适应于某种特定数据库管理系统所支持的逻辑数据模式。与此同时，可能还需为各种数据处理应用领域产生相应的逻辑子模式。这一步设计的结果就是所谓的“逻辑数据库”。

表在关系理论中是以关系方式出现的，而且能以关系表示的表必须符合规定的式子。其主要规则有如下几点：

（1）标准化和规范化。数据的标准化有助于消除数据库中的数据冗余。标准化有好几种形式，但第三范本（hird normal form，3NF）通常被认为在性能、扩展性和数据完整性方面达到了最好平衡。简单来说，遵守3NF标准的数据库的表设计原则是：“一事一地”，即某个表只包括其本身基本的属性，当不是它们本身所具有的属性时需进行分解。表之间的关系通过外键相连接。它具有以下特点：有一组表专门存放通过键连接起来的关联数据。

举例：某个存放客户及其有关订单的3NF数据库就可能有两个表，Customer和Order。Order表不包含订单关联客户的任何信息，但表内会存放一个键值，该键指向Customer表里包含该客户信息的那一行。

（2）数据驱动。采用数据驱动而非硬编码的方式，许多策略变更和维护都会方便得多，大大增强系统的灵活性和扩展性。

举例：假如用户界面要访问外部数据源（文件、XML文档、其他数据库等），不妨把相应的连接和路径信息存储在用户界面支持表里。还有，如果用户界面执行工作流之类的任务（发送邮件、打印信笺、修改记录状态等），那么产生工作流的数据也可以存放在数据库里。角色权限管理也可以通过数据驱动来完成。事实上，如果过程是数据驱动的，就可以由用户来维护自己的工作流过程。

（3）考虑各种变化。在设计数据库的时候要考虑到哪些数据字段将来可能会发生变更。例如姓氏就是如此（注意是西方人的姓氏，比如女性结婚后从夫姓等）。所以，在建立系统存储客户信息时，应在单独的一个数据表里存储姓氏字段，而且还附加起始日和终止日等字段，这样就可以跟踪这一数据条目的变化。

（4）每个表中都应该添加三个有用的字段。dRecordCreationDate，在VB下默认是Now()，而在SQL Server下默认为GETDATE()；sRecordCreator，在SQL Server下默认为NOT NULL DEFAULT USER；nRecordVersion，记录的版本标记，有助于准确说明记录中出现NULL数据或者丢失数据的原因。

（5）对地址和电话采用多个字段。描述街道地址就用短短一行记录是不够的，Address_Line1、Address_Line2和Address_Line3可以提供更大的灵活性。还有，电话号码和邮件地址最好拥有自己的数据表，其间具有自身的类型和标记类别。

（6）使用角色实体定义属于某类别的列。在需要对属于特定类别或者具有特定角色的事物做定义时，可以用角色实体来创建特定的时间关联关系，从而可以实现自我文档化。

举例：用PERSON实体和PERSON_TYPE实体来描述人员。比方说，当JohnSmith，Engineer提升为JohnSmith，Director乃至最后到JohnSmith，CIO的高位，而所有你要做的不过是改变两个表PERSON和PERSON_TYPE之间关系的键值，同时增加一个日期/时间字段来知道变化是何时发生的。这样，你的 PERSON_TYPE 表就包含了所有 PERSON 的可能类型，比如 Associate、Engineer、Director、CIO 或者 CEO 等。还有个替代办法，就是改变 PERSON 记录来反映新头衔的变化，不过这样一来无法跟踪个人所处位置的具体时间。

（7）选择数字类型和文本类型尽量充足。在 SQL 中使用 smallint 和 tinyint 类型要特别小心。比如，假如想看看月销售总额，总额字段类型是 smallint，那么，如果总额超过了 $32767 就不能进行计算操作了。而 ID 类型的文本字段，比如客户 ID 或订单号等，都应该设置得比一般想象得更长。假设客户 ID 为 10 位数长，那你应该把数据库表字段的长度设为 12 或者 13 个字符长，这样，将来无须重构整个数据库就可以实现数据库规模的增长了。

（8）增加“删除标记”字段。在表中包含一个“删除标记”字段，这样就可以把行标记为删除。在关系数据库里不要单独删除某一行，最好采用清除数据程序，而且要仔细维护索引整体性。

4. 物理设计

根据特定数据库管理系统所提供的多种存储结构和存取方法等依赖于具体计算机结构的各项物理设计措施，对具体的应用任务选定最合适的物理存储结构（包括文件类型、索引结构和数据的存放次序与位逻辑等）、存取方法和存取路径等。这一步设计的结果就是所谓的“物理数据库”。

5. 验证设计

在上述设计的基础上，收集数据并具体建立一个数据库，运行一些典型的应用任务来验证数据库设计的正确性和合理性。一般一个大型数据库的设计过程往往需要经过多次循环反复。当设计的某步骤发现问题时，可能就需要返回到前面去进行修改。因此，在做上述数据库设计时就应考虑到今后修改设计的可能性和方便性。

6. 运行与维护设计

在数据库系统正式投入运行的过程中，必须不断地对其进行评价、调整与修改。

6.2.5.3 数据库设计的方法

1. 手工试凑法

使用该方法时，设计质量与设计人员的经验和水平有直接关系，缺乏科学理论和工程方法的支持，工程的质量难以保证，数据库运行一段时间后常常又不同程度地发现各种问题，增加了维护代价。

2. 规范设计法

规范设计法的基本思想是过程迭代和逐步求精，典型方法有新奥尔良方法、L. R. Palmer 方法和 S. B. Yao 方法。

（1）新奥尔良（New Orleans）方法：将数据库设计分为需求分析（分析用户需求）、概念设计（信息分析和定义）、逻辑设计（设计实现）和物理设计四个阶段进行。

（2）S. B. Yao 方法：将数据库设计分为需求分析、概念设计、逻辑设计、物理设计和验证设计五个步骤。

（3）L. R. Palmer 方法：把数据库设计当成一步接一步的过程。

3. 计算机辅助设计

（1）Oracle Designer 2000：这是面向对象的数据库系统开发工具，可编制出可执行的应用程序来。SQL PI/SQL 是关于 Oracle 数据库结构化查询语言的使用方法，在 Designer 2000 中会用到。

（2）Sybase Power Designer：这是 Sybase 公司的 CASE 工具集，使用它可以方便地对管理信息系统进行分析设计，它几乎包括了数据库模型设计的全过程。利用 Power Designer 可以制作数据流程图、概念数据模型、物理数据模型，可以生成多种客户端开发工具的应用程序，还可为数据库制作结构模型，也能对团队设备模型进行控制。它可与许多流行的数据库设计软件，例如 Power-Builder、Delphi、VB 等相配合使用来缩短开发时间和使系统设计更优化。

4. 数据库设计说明书

这是对数据字典的补充和细化，将数据库设计过程确定内容整理成文，说明书的主要内容有数据库名、库内表名、表属性（包括记录规则、违规提示、触发器等内容）、表间关联和参照完整性、表内字段属性（包括名称、类型、长度、规则、违规提示、默认值、空值等内容）等。数据库设计说明书是提供给数据管理员的操作规范手册，也是程序员说明数据处理的编程手册。读者可以根据实验的实例尝试整理数据库设计说明书。

6.2.6 输入输出设计

输入输出设计确定如何实现人机交互，是系统设计重要的阶段。当信息系统被研制成软件产品供用户使用时，用户对软件操作的简洁、方便和直观等评价都来自输入输出设计的效果。类似于对软件产品的包装，输入输出设计效果直接影响到用户对软件质量的评价与选用。

6.2.6.1 输入输出设计的原则

（1）先出后入原则。输入输出设计的过程是从输出设计到输入设计，这是因为输出设计直接和用户需求相联系，设计的出发点应该是保证输出方便地为用户服务，正确地反映用户所需要的有用信息。无用信息留在系统不仅费输入时间、费存储空间，还费钱。

（2）GIGO 原则。垃圾进垃圾出（garbage in garbage out，GIGO），装入的是垃圾，出来的当然也是垃圾。信息系统输入错误的数据，不管系统功能有多少，采用的技术多先进，都将输出不正确的信息。因此，该原则提示我们在输入设计过程中重视数据的正确性。

（3）经济实用原则。输入输出的方式有多种多样，在设计时既要考虑输入输出的正确性、方便性和实用性，还要考虑输入输出的经济性。输入输出往往是信息系统运行费用的主要开支，而且种类繁多，金额巨大。

6.2.6.2　输入输出设计的过程

输入设计与输出设计的内容不同，但设计的过程基本相同，都需要充分考虑用户的实际需求、所需设备的经济性、可行性和效率。输入是由人工记录方式转换成计算机记录方式，而输出是由计算机记录方式转换成人工直接可读的记录方式，因此两设计的起点与终点都需要明确数据的来源与存储形式。

输入设计与输出设计的过程虽然基本相同，但其实现的方法存在本质的差别。尤其是输入设计的关键侧重在输入数据的正确性校验，输出设计的关键是实用性和适用性，尽可能模拟管理实务形式。两者共同的重点是安全性设计、用户分类与权限控制。

6.2.6.3　输出设计过程的实现

根据输入输出设计原则和用户对信息获取输出的需求，首先确定输出的信息名，如输出凭证、单据、发票、报表、卡片、文件等的名称，并为输出设计提供一个信息编码。然后，确定这些信息输出的目的、用途、对象、频率、密级、信息使用后的处理方法（保存、销毁或上缴等）以及对输出信息的实时性和信息接收方式等要求。最后，选择经济实用的输出方式输出给用户。

1. 选择输出方式

根据输出信息的内容与要求，选择合适的输出方式。信息系统的输出方式总体上可分为显示输出、打印输出、绘图输出、语音输出和信号输出等方式。

（1）显示输出方式。显示输出内容不能长期保存，但显示区域可以重复使用。显示输出又分为指标显示、数码显示、LED 显示和 CRT 显示。当仅用于显示系统状态时，采用指标显示；如果输出内容仅是数值时，采用数码显示；当只需要显示简单少量的文字时，采用 LED 显示；对于一般办公系统和管理信息系统的输出则采用 CRT 显示方式，不仅可以显示繁杂的字符，而且可显示图像图形。

（2）打印输出方式。根据打印输出原理有较多的不同打印设备。常规的打印设备有激光打印机和喷墨打印机，按输出效果还可以分为彩色和单色两类。彩色激光打印机要比彩色喷墨打印机贵许多，因此一般采用彩色喷墨打印机输出彩色内容，而用单色激光打印机输出普通文档。打印输出设备还有针式击打打印机、光敏打印机和热敏打印机等，针式击打打印机噪声大、效率低，已经基本被淘汰；光敏和热敏打印机需要使用特殊的输出纸，成本高、保存期短，因此也很少使用，仅被少量用于高精图文输出。

（3）绘图输出方式。当信息系统需要输出图形时，需要使用绘图仪输出。绘图仪根据工作原理可分为平板式与滚筒式两类，根据能绘制图形的最大尺寸又可分为不同的规格。

平板式绘图仪输出图形质量好，但价格高。相对而言同规格的滚筒式绘图仪的价格低许多，因此一般精度要求不高时采用滚筒式绘图仪。

（4）语音输出方式。信息系统中往往需要采用多媒体方式输出图文与语音。通过信息系统输出的语音信息都十分简单，采用声卡和普通音箱即可。有些计算机系统将音箱与显示器集成为一体，作为计算机系统的标准配置。

（5）信号输出方式。我们可将信息系统中的信息通过外存储设备输出，也可以通过网络输出将信息传递到目的地，还可以通过 DAC 转换输出给受控设备，或直接输出数字信息到远程设备，实现物联网的操控。信号输出方式的选择完全依赖于信息系统的用途和经济性。

2. 设计输出界面

设计输出界面也称为输出内容布局。除了语音与信号输出没有布局以外，显示、打印与绘图输出都需要合理布局。由于系统默认的字号、图形大小与输出设备提供的空间往往不一致，设计者需要根据输出设备提供可用空间的大小设定输出内容的位置、输出文字的字号与图形的尺寸。布局设计对于显示输出设计而言也称为界面，把输出内容分成固定区与变化区，固定区往往安排数据名称，而变化区输出数据值；对于打印输出设计，首先要了解打印机的工作原理与特性，找出定位输出的坐标原点与行列坐标方向，实际打印字号占用空间。使用打印机输出时，只能往前或往下走，遇到回车与换行符，才输出本行内容，接受下行内容。当输出坐标发生错误时，很可能因坐标定位不正确发生错换行或换页。当输出坐标超出极限时，会发生错误。行宽超限将空换行，行坐标超出范围时，打印机找不到位置而无穷走白纸。

3. 输出设计说明书

输出设计说明书描述输出设计全过程所确定的内容，主要包括输出信息名、输出功能、输出周期、输出期限、输出媒体、输出方式、输出用纸、传递方式（邮递、电话、传真、电子邮件或人工传递）、使用后的处理（保存、销毁或上缴）、输出用文字（英文、汉字、汉语拼音）、输出信息校验（检验输出信息的正确性，包括确定校验内容、检验方法和校验后的处理）、保密要求和输出项目名称等。

6.2.6.4 输入设计过程的实现

在管理信息系统中，输入数据是否正确直接影响整个系统质量的好坏。若输入数据缺乏精确性和适时性，即使计算和处理十分正确，也不可能得到可靠的输出信息。最佳的信息系统始于最佳的输入系统。

1. 选择输入方式

根据输入数据形式与数据采集方式要求选择合适的输入方式。信息系统的输入方式总体上可分为人工输入方式、半自动输入方式和全自动输入方式等。

（1）人工输入方式。键盘输入与鼠标输入属于人工输入方式，输入内容完全由人工决定。这也是管理信息系统中最常见的输入方式，尤其是键盘输入是所有信息系统中不可或缺的标准配置。随着多媒体技术的广泛应用与菜单操作方式的普及推广，鼠标输入作为操作选择输入已经得到普及。人工输入方式具有灵活方便的特性，已经作为人机交互的主要方式。但是，人工输入方式中操作者直接影响输入数据的正确性和输入速度，是数据校验的重点工作。

（2）半自动输入方式。语音输入、条形码输入和扫描输入属于半自动输入方式，在数据输入过程需要人工选定输入内容，掌控输入设备运行，但输入内容的正确性与完整性取决于输入设备，一旦开始读取数据，由系统完成输入过程。

（3）全自动输入方式。网络数据输入、磁盘数据输入、RFID 和 ADC 信号输入都属于全自动输入方式。网络数据输入和磁盘数据输入是批数据自动输入，RFID 和 ADC 信号输入是实时数据采集输入。

2. 选择输入数据校验方式

在确保用户数据输入方便、完整的前提下，最关键的是运用数据校验方式确保输入数据的正确。针对不同的数据输入方式需要采用不同的数据校验方式。

（1）人工输入方式是输入数据校验的重中之重。人工输入方式下受人为因素影响最大，数据的不确定性也最大，因此必须对输入内容进行校验。数据检验的具体方式主要有如下几种：

其一，建立严格复核制度。未经复核的数据作为临时数据，不进入系统的正式数据文件。同时，数据复核与数据输入作为不相容岗位，由不同人员完成，减少出错。

其二，输入后输出校验。输入数据的同时全部显示输出给输入者校验，但这种查错效果随着数据录入员的熟练程度的提高而降低。也可以将数据输入后全部打印出来，然后将原稿与输入打印稿供其他人员复核校验，可以减少个人因素的校验效果影响。

其三，两次输入校验。将相同内容连续输入两次，比较前后两次是否一致，如果不一致，则提示复核数据。

其四，程序校验。可以采用数字检验、界限检验、逻辑检验、格式检验、字符检验和数据内在关联检验等方式。数字检验是检查数据项内容中是否出现非数字数据；界限检验是检查数据项是否超过规定的数据范围，如数据位数、数值范围等；逻辑检验是检查数据的合理性、逻辑性是否符合要求（例如月份不会超过 12，更不会是负数）；格式检验是检查数据记录中各数据项的位数和位置是否符合预先规定的格式，例如工资定为 4 位整数、2 位小数，检查最高位是不是空格或数字等；字符检验是检查全部由字母组成的数据（如姓名）中是否出现非字母字符，或检查该数据长度和格式是否符合规定；数据内在关联检验是检查数据之间的内在关系是否成立，如发票上的数量乘单价必须等于金额，凭证上的借方金额累计与贷方金额累计必须相同，应发工资必须等于应发工资各项明细之和。

（2）半自动输入和自动输入方式的数据校验方式有网络数据输入、磁盘数据输入、RFID 和 ADC 信号输入、语音输入、条形码输入和扫描输入等输入方式。对于不同的输入方式应当采用不同的校验方式。

其一，标定输入设备方式。RFID 与 ADC 信号输入、语音数据输入和图文扫描输入等方式在数据输入过程中完全依赖于输入设备的工作状况。在做好输入准备的同时还需要对输入设备进行校验，只有通过输入设备校验才能正确采集数据。输入设备的校验是由设备生产厂家对设备进行物理标定，RFID 与 AD 信号输入设备还能在现场通过调整信号的标定，为采集后的数据处理提供依据。

其二，校验码方式。条形码输入、网络数据输入和磁盘数据输入等方式往往是在原数据码的基础上通过增加校验码进行校验。在将原数据和校验码同时输入后，按某种规则计算原数据与校验码，以发现采集数据中的错误，从而确保数据正确。校验码的编码方法有许多种，不同的方法其功效和成本不同，详细内容请参考有关编码技术教材。

3. 设计输入界面

运用人工输入方式，在输入数据过程中必须显示其输入内容，提供数据校验功能。因此，输入界面设计过程与方法类同于显示输出设计，所不同的仅在于显示格式需要充分考虑能保证输入精度。应尽量减少填写量，便于填写，便于校对；采用通用、标准格式和规范化输入，简化和减轻输入负担，接近人工数据填报形式，减少操作培训工作量。

4. 输入设计说明书

输入设计说明书描述输入设计全过程所确定的内容，主要包括输入信息名、输入功能、输入周期、输入期限、输入媒体、输入方式、收集方式、原始信息名、输入项目名、输入用文字等内容。

6.2.6.5　输入输出安全性设计

根据用户的需求，采取符合安全性要求的设计方案，才能保证输入输出数据的安全性。应考虑如下的安全性因素：系统输入的安全性，对错误输入、恶意输入的处理；系统内部数据传输的安全性；系统输出的安全性；系统内各模块的出错处理；如果是分布式系统，还要考虑网络传输的安全性（是否需要加密、加密的强度等），各分布模块的安全性、抗攻击能力等。为了确保输入输出的安全，在系统分析与设计时首先要对用户进行分类管理，给不同的用户提供不同的操作权限，由系统的用户操作权限分配表明确规定每个用户的可操作性。在用户进入系统时通过软件进行安全检测。

1. 输入安全性检测

输入检测主要包括：

（1）文件描述符的安全性：如文件读、写权限的安全性，输入标准出错处理的安全性。

（2）文件内容的安全性。

（3）对于直接读取的文件，如果不被信任的用户能访问该文件或任何它的父目录，都是不可信任的。

（4）设置输入数据的超时和加载级别限制，特别是对于网络数据更应如此。

2. 输出安全性检测

输出检测主要包括：

（1）最小化反馈信息，使得黑客不能获得详细信息。

（2）是否处理了阻塞或响应缓慢的输出情况。

（3）是否控制了输出的数据格式。

（4）控制输出的字符编码

3. 出错处理检测

出错处理检测主要包括：

（1）各种出错情况都被处理。

（2）给用户的出错信息，不会泄漏程序信息的细节。

4. 异常情况检测

异常情况检测主要包括软件的各种异常情况是否都被处理、软件的异常情况是否会导致程序产生严重后果。

大型复杂信息系统的安全性设计应当作为独立的工程项目内容，设立专门的设计组织负责信息系统的整个安全性设计，而输入输出安全是信息系统安全的重要组成部分。

6.3　系统设计报告

6.3.1　系统设计报告概述

系统设计报告，又称为系统设计说明书，由设计方案和设计图表组成，目的是说明对系统设计的考虑，表述建立目标信息系统的物理模型。它是系统设计阶段的最终成果，从系统设计的主要方面（含系统总体设计和详细设计）说明系统设计的指导思想、采用的技术方法和设计结果，是新系统的物理模型，也是系统实施阶段工作的主要依据。

系统设计报告需要回答“怎么干”的问题，以系统总体目标和功能为依据，对系统功能的逻辑功能和实现方案进行说明。系统设计完成之后，系统设计人员应将系统设计的全部结果（包括系统结构图、模块说明书、系统配置方案及各项详细设计内容等）形成系统设计报告。通常，在系统设计完成以后，评审人员要对其结果进行一次阶段评审。系统设计说明书一经评审通过，并经有关部门和领导审核批准，则系统设计阶段的工作即告结束。

作为系统运行和维护的必备文件，系统设计报告应该按照规范编写，为后续的系统开发工作从技术和指导思想上提供必要的保证，以使后续工作能够顺利进行。系统设计报告的主要使用者是程序设计人员，系统设计报告是程序设计人员的指导性文件和任务书。根据某一功能模块的系统设计说明，程序设计人员就能十分清楚自己应该做什么，怎么编写这个模块，而且不必知道其他模块或上一层模块是如何设计的。有些人形容一份好的系统设计报告使“编程序的不用动脑子”。如果编程人员在仔细阅读了某一功能模块的系统设计说明文件后，依然不知道这个模块应该如何设计，需要原系统设计人员不断解释，就表明该系统设计报告的深度不够。系统设计报告不仅要确切地反映系统设计方案，而且要按照规划提高报告的编写质量。

6.3.2 系统设计报告内容

一个完整的管理信息系统的设计报告应该包括三部分内容：应用系统的设计，包括应用程序的设计和数据库的设计；系统运行平台，即信息系统运行模式和软、硬件配置的设计；系统运行网络结构、设备等的设计。也可以合并为两项：设计技术框架和设计技术模型。首先，技术框架（technical architecture）定义了系统运行所需的硬件、软件和通信设备。大部分系统运行在由雇员使用的工作站和运行应用软件的服务器所组成的计算机网络上。通信上要求可以访问互联网和允许最终用户拨号连接远程服务器。在选择最终技术框架之前，应该代表性地探究几种不同的技术框架。其次，设计系统模型。建模是一种通过绘图的方式描述设计的活动。模型中包括对屏幕、报告、软件和数据库等每件事的描述。除上述外，系统实施方案是系统设计报告的关键一部分，包括系统实施方案和计划、系统故障防治措施和系统恢复方法、实施方案审批。系统设计的其他说明中，也应当同时考虑多个方案供用户有选择地实施，在设计过程中主要推荐一个方案，但不可缺少与其他方案的比较。因此，在系统报告中往往需要有多组方案供选择，对系统设计的主要推荐方案做详细说明，而其他方案只做概要性介绍。

对系统设计报告的具体要求是：全面准确地阐述系统在实施过程中采用的手段、方法、技术标准以及相应的环境要求。另外，系统建设的标准化问题也是系统设计报告中应阐述的重要内容。

第一，系统设计报告的撰写需要符合相关的法律法规，尤其是软件开发文档书写的标准格式。国家规范《计算机软件产品开发文件编制指南》（GB 8567—88）中规定的系统设计文件应包括关于功能、性能、输入项、输出项、算法、流程逻辑等内容的说明。按照国家规范编写系统设计文件必须将整个系统所有的功能模块整理一遍，同时要整理出全局变量、局部变量、公共函数。

第二，需要审视设计是否遵循道德要求。道德的基本原则包括责任、义务和赔偿责任。在更进一步之前，必须明确法律责任与道德规范。系统设计过程中考虑四大问题：隐私、准确性、财产和可访问性。隐私问题涉及个人信息的收集、存储和传播。准确性问题涉及收集和处理信息的真实性、可靠性和正确性。财产问题涉及信息的所有权和价值。而可访问性问题围绕着谁应该获得信息以及是否应该为此付费。

第三，借助便利、有效的工具。纸质报告和电子报告能相互补充，又无法完全相互替代。系统设计报告需要灵活地组织和呈现信息，阐述有详有略，有些包含粗体和突出显示，还包含相关信息的链接。另外，数据的图形化表示，可进一步优化信息报告，并可提供高效简化的内容。信息越来越多地被用于战略决策，现在的系统经常维护的海量数据已经远远超过人们可以查看的数量，使用这些数据的唯一有效的方法是总结并以图表的形式呈现出来。

6.3.3　系统设计报告框架

系统设计报告并没有固定的框架，可以根据不同的信息系统进行调整。以下给出系统设计内容与报告基本框架，以供参考。

6.3.3.1　引言

（1）摘要：说明所涉及的系统名称、目标和功能。

（2）背景：说明项目的承担者、用户，以及本系统和其他系统或机构的关系和联系。

（3）工作条件与限制：说明本项目开发中所具备的工作条件和受到的限制。主要包括：硬件、软件、运行环境方面的限制；保密和安全的限制；有关部门业务人员所提供确切的数据及其定义；有关系统软件文本；网络协议标准文本；国家安全保密条例。

（4）参考和引用资料：列出下述文件资料的标题、编号、发表日期和制定单位，说明这些文件资料的来源；本项目的经核准的计划任务书或合同、上级机关的批文；属于本项目的其他已发表的文件；本文件中各处引用的文件资料。

（5）专门术语定义：说明本文件所用到的术语。

6.3.3.2　系统总体技术方案

1. 计算机系统配置

（1）计算机系统的选择原则。

（2）硬件配置。说明硬件设备基本配置要求，列出明细表，画出硬件配置图。包含主机、外存、终端与外部设备、其他辅助设备，以及网络形态等。

（3）软件配置。说明与硬件相协调的系统软件，列出软件明细表，对自制软件或复制软件进行说明。包含操作系统、数据库系统、程序设计语言、软件工具、服务程序，以及通信软件等。

（4）计算机系统的地理分布。

（5）网络协议文本。

2. 模块设计和程序流程设计

（1）各主要模块的控制结构图、模块结构图、相应的过程结构图，以及它们的名称、功能和接口说明。模块结构图是采用 HIPO 图（即分层和输入－处理－输出图）形式绘制而成的框图，说明可用代码形式、结构英语形式或其他自然语言形式描述。

（2）模块设计的评价与验收。

3. 代码设计

（1）代码表的类型、名称、功能、使用范围、使用要求的说明等。

（2）代码设计原则与校验码计算分工。

（3）代码设计的评价与验收。从识别信息、信息标准化、节省存储单元、提高运算速度、节省计算机的处理费用以及代码的特性去进行评价。

4. 输入设计

输入设计担负着将系统外的数据以一定的格式送入计算机的任务，它直接影响到人工系统和机器系统的工作质量。输入设计的基点是确保向信息系统提供正确的信息。输入必须有必要的介质和设备。主要包括以下内容：

（1）输入项目。说明本系统的主要输入项目。

（2）输入的承担者。说明对输入工作者的安排，并指出操作人员、维护人员水平与技术专长。如果输入数据同某一接口软件有关，应说明与输入数据有关的接口软件的来源。

（3）主要功能要求。从满足正确、迅速、简单、经济、方便使用者等方面的要求去说明。

（4）输入要求。主要输入数据类型、来源、所用设备、介质、格式、数值范围、精度等。

（5）输入校验。它指校验方法和效果。

（6）输入设计的评价与验收。

5. 输出设计

输出的含义是，把计算机对输入的原始数据进行处理加工的结果按一定的格式提供给用户。输出不仅有一定的格式要求，还必须有必要的介质和设备。主要包括以下内容：

（1）输出项目。说明本系统的主要输出项目。

（2）输出接收者。说明输出的主要项目的数据接受者。

（3）主要功能。

（4）输出要求。说明输出数据类型、来源、所用设备、介质、格式、数值范围、精度等。

（5）输出设计的评价和验收。

6. 数据库设计

数据库设计是指数据库应用系统的设计。编制数据库设计说明书的目的是对设计中的数据结构的所有标识、逻辑结构和物理结构作出具体的规定。

（1）概述。主要包括以下内容：

第一，目标：说明开发的意图、应用目标、作用范围以及有关数据库开发的背景材料。

第二，主要功能：简要说明数据库系统的主要功能。

第三，用户的安排。此处的用户指最终用户。说明操作人员、数据管理人员、维护人员的水平。

（2）需求规定。

第一，精度：简述对数据精度的要求。

第二，有效性：说明对数据库存取数据有效性的要求。

第三，时间要求：如响应时间、数据的转换和传送时间等。

第四，其他专门要求。

（3）运行环境要求。主要包括以下内容：

第一，设备：简述运行数据库系统的硬件设备及其专门功能。

第二，支撑软件：列出支撑软件并说明测试用的软件。

第三，安全保密：说明在安全保密方面的全部要求。

第四，其他要求。

（4）逻辑结构设计。本系统内所使用的数据结构中有关数据项、记录、文件的标识、定义、长度及它们之间的关系。

（5）物理结构设计。本系统内所使用的数据结构中有关数据项的存储要求、访问方法、存取单位、存取的物理关系（索引、设备、存储区域）、设计考虑和保密处理。

（6）数据库保证。数据库的安全性、保密性、完整性、一致性等。

（7）评价和验收。简要说明对时间和空间效率、维护代价和各种用户要求进行权衡所产生的方案的性能情况，进一步阐述验收。

7. 模型库及方法库设计

本部分说明本系统所选用的数学模型和方法以及简要说明。

8. 网络设计

本部分说明网络的拓扑结构选择、站点的设置、数据流量和数据存储量分析、数据库服务器的选择、网络工作站的选择、打印机的选择和不间断电源 UPS 的选择等，并说明相应的功能设计。

9. 安全保密设计

本部分说明相关的安全保密设计、故障防范措施。

6.3.3.3 实施方案说明书

1. 实施方案说明

（1）项目的说明：指对系统名称、子系统名称、程序名称、程序语言及使用的设备等逐项说明。

（2）数据项目的说明：指对数据长度、文件名称和形式编号、构成记录的各项目名称和内容等逐项说明。

（3）处理内容的说明：指对进行程序设计的处理内容进行详细说明。

2. 实施的总计划

（1）工作任务的分解：对于项目开发中需完成的各项工作进行简述，包括：文件编制、审批、打印；用户培训工作；使用设备的安排等。按层次进行分解，指明每项任务的要求。

（2）进度：给予每项工作任务的预定开始日期和完成日期，规定各项工作完成的先后顺序以及每项工作任务完成的标志。

（3）预算：逐项列出本开发项目所需要的费用，如办公费、差旅费、机时费、资料费、通信设备和专用设备的租金等。

3. 实施方案的审批

（1）审批的实施方案：说明审批实施方案的概况。

（2）审批人员：除用户、系统研制人员、程序员、操作员以外，还包括邀请的专家、管理人员等。

6.3.3.4 附录

附录是系统设计阶段生成的图、表等相关资料的汇总。

习题

1. 什么是系统设计？系统分析与设计有何区别？
2. 系统设计的目标是什么？
3. 请简要阐述什么是系统设计的任务。
4. 你能举出几个系统设计的方法吗？他们彼此之间的区别是什么？
5. 系统设计应包括哪些内容？
6. 功能模块设计具有哪些特点和优势？
7. 请详细说明代码设计的过程。
8. 数据库设计的基础和步骤有哪些？
9. 输入输出设计的基本原则是什么？
10. 有人说我们只要做好系统设计就可以了，没有必要撰写系统设计报告。你是否同意这一观点？为什么？

第7章　面向对象的分析与设计

7.1　面向对象概述

面向对象（object oriented，OO）是信息系统开发方法。面向对象的概念和应用已超越了程序设计和软件开发，扩展到如数据库系统、交互式界面、应用结构、应用平台、分布式系统、网络管理结构、CAD技术、人工智能等领域。面向对象是一种对现实世界理解和抽象的方法，是信息系统开发技术发展到一定阶段后的产物。

面向对象是相对于面向过程来讲的，面向对象方法把相关的数据和方法组织为一个整体来看待，从更高的层次进行系统建模，更贴近事物的自然运行模式。面向对象的程序设计（object-oriented programming，OOP）已经是程序设计的基础概念。通过“封装”“继承”“多态”等特性，使得复杂的编程工作条理清晰、编写容易。

7.1.1　什么是对象

对象是面向对象系统的基本构造块，是相关的变量和方法的集合。对象模型与现实世界中的一些对象相对应。理解对象是掌握面向对象技术的关键。例如普通的桌子、椅子、电脑等都是对象。对象也可以是抽象的概念性对象。例如学生的学号、图书的编号、选课等。所谓软件对象，是一种将状态和行为有机结合起来形成的软件构造模型，它可以用来描述现实世界中的一个对象。

7.1.2　面向对象设计与结构化程序设计的区别

在面向对象程序设计出现以前，只有结构化程序设计。结构化程序设计是一种自上而下的设计方法，通常有一个主函数来概括程序需要做的事情，而主函数包含若干个子函数，而且子函数又都可以被分解为更小的函数。结构化程序设计思想就是把大的程序分解为具有层次结构的若干个模块，每个模块再分解为下一层模块，如此自顶向下、逐步细分，与结构化开发方法的思想是一致的。

面向对象是一种以对象为基础、以事件或消息驱动对象执行处理的系统开发方法。面向对象系统分析往往从问题的一部分着手，一点一点地构建出整个系统模型。面向对象设计是以数据和方法为中心，使用类作为表现数据和方法的工具。类将数据和对数据的操作封装到一起，类与类之间的联系以及类的重用使得类具有继承、多态等特性。另外，面向对象程序的控制流程由事件进行驱动，事件驱动靠消息的循环机制实现。更重要的是，可以利用不断成熟的各种框架，迅速地将程序构建起来。面向对象的程序设计方法能够使程序的结构清晰简单，从而大大提高代码的重用性，有效地减少程序的维护量，提高软件的开发效率。

7.1.3 对象与类的确定

类与对象是面向对象中最基本和最重要的概念，也是创建和使用 UML 的基础。在面向对象开发方法中。系统被描绘成一系列自治、封装的对象，对象和对象之间通过接口进行连接。对象是组成系统的基本单元，而类用于创建对象的模板。例如将“学生”作为一个类，这个类里面有学生学号、姓名、性别等数据，也有选课、查成绩等操作。而张三、李四等是学生类的对象。所以可以认为类是对象的抽象，对象则是类的实例化。

对象是由状态和行为构成的。事实上，属性、状态、数据这些概念相似，用于描述一个对象的数据元素。行为、操作、方法这些概念用于描述对数据的访问或处理方法，如“获取学号”和“选择图书”等。对象是包含客观事物特征的抽象实体，封装了状态和行为。

类的定义需要包含两个要素：定义该类对象的数据结构（属性的名称和类型）；对象所要执行的操作，即对象要被执行哪些操作，以及在进行这些操作时还要执行哪些操作。

类的确定和划分没有统一的标准和方法，基本上依赖于设计人员的经验、技巧以及在实际项目中对问题的把握。在实际设计过程中如何“寻求共性、抓住特性”比较重要，即在系统环境中，寻求事物的共性，并将这些共性的事物抽象为类进行表述。确定类的过程通常包含以下方面：

（1）确定系统的范围，如学生学籍管理系统需要确定和学生学籍与课程相关的内容。

（2）在系统内寻找对象，就是指具有相同特性事物的集合。例如，学生学籍管理系统中，信息管理与信息系统系有一个学生的姓名叫王凯，选修了“管理信息系统”课程，这里的“王凯”和“管理信息系统”分别是学生类和课程类的对象。

（3）将对象抽象成类，确定类的数据和操作。

在面向对象的程序设计中，类和对象的确定非常重要，是软件开发的第一步，软件开发中类和对象的确定将直接影响软件的质量。如果划分得当，对于软件的维护、扩充以及软件的重用性方面都有很大帮助。

7.1.4 消息和事件

在 Windows 环境中运行一个系统时，单击某个按钮后会有一定的反应。这就是一个触发事件、发送消息的过程。消息描述事件发生的信息，实现对象间的相互作用。消息包括：消息的发送对象、消息的接收对象、消息的传递方式、消息的内容（参数）、消息的返回。传入消息内容的目的有两个，一是让接受请求的对象获取执行任务的相关信息，二是行为指令。

事件通常是指系统预先定义并由用户或系统发出的动作。事件作用于对象，对象识别事件并作出相应反应。事件的集合通常是固定的，用户不能随便定义新的事件。对象通过对外提供的方法在系统中发挥自己的作用，当系统中的其他对象请求一个对象执行某个操作时，就向该对象发送一个消息，对象响应这个请求，并完成指定的操作。程序的执行取决于事件发生的顺序，并由顺序产生的消息来驱动程序的执行，不必预先确定消息产生的顺序。

7.2　面向对象的基本特征

面向对象技术的基本特征是抽象、封装、继承、多态。这些特征是系统安全性、可靠性、可重用性和易维护性的重要保证。面向对象的思想已经被应用于硬件、数据库、人工智能技术、分布式计算等领域，成为信息技术与信息系统领域的基本思想。

7.2.1　抽象

现实世界的信息种类繁多、千变万化，如果茫无目标地接受这些信息，人们就会陷入一片迷茫之中。对信息的细节进行抽象（abstraction），之后再进行有效管理，可以帮助人们有条不紊地选择性阅读有价值的信息。抽象的过程可以有以下几个操作：

（1）将需要的事物进行简化。通过抽象能够抓住杂乱信息中的主要特征，根据这些特征评估信息的价值，淘汰掉一些无价值或者价值低的信息，即通过抽象可以忽略事物中与当前目标无关的非本质特征。

（2）将事物特征进行概括。抽象模型越简单、展示的特征越少，模型的通用性就越强。抽象模型太复杂，就会具有一定的限制，模型的通用性就比较弱。

（3）将软件重用得以保证。面向对象的软件开发会采用模式匹配和重用技术，它避免了每做一个项目必须重新开始的麻烦，使项目实施的生产力得到很大的提升。

抽象通过忽略事物中与目标无关的非本质特性，强调与目标相关的特性，并将事物正确地归类，得出事物的抽象模型。

7.2.2　封装

封装（encapsulation）就是描述对象的状态和行为的机制，使对象形成一个独立的整体，能够有效地隐藏对象的内部细节。封装有两个含义：一是把对象的状态和行为结合在一起，形成一个不可分割的整体。对象的私有属性只能由对象的行为处理。二是尽可能隐藏对象的内部细节，与外界的联系只通过外部接口实现。

封装的结果使得对象以外不能更改对象的内部属性或状态，如要更改对象内部的属性或状态，就要通过公共访问控制器来进行。通过公共访问控制器限制访问对象的私有属性具有以下的好处。

（1）避免对封装数据的未授权访问。

（2）帮助保护数据的完整性。

（3）当类的私有方法必须修改时，不会对整个应用程序造成影响。

7.2.3 继承

通过抽象原则舍弃对象的一些特性，得到抽象类。在这个类的基础上，可以重新考虑将抽象过程中被舍弃的那一部分特性，形成新的类，这个类具有上一个类的全部特征，形成一种层次结构，即继承结构。

继承是连接类与类之间的一种层次模型，是指特殊类的对象拥有其一般类的属性和行为。继承意味着“自动地拥有”，即在特殊类中不必对已经在一般类中定义过的属性和行为进行定义。继承体现了类的重用性，一个特殊类可以有自己定义的属性和行为，又有继承下来的属性和行为。继承是传递的，一般类称为基类，特殊类称为派生类。

在软件开发过程中，继承实现了软件模块的可重用性、独立性，缩短了开发的周期，提高了软件的开发效率。继承是对客观世界的直接反映，通过类的继承，能够实现对问题的深入抽象描述，也反映出人类认知问题的发展过程。

7.2.4 多态

多态是指两个或多个属于不同类的对象，对同一消息作出不同响应的能力。在面向对象程序设计时，多态性（polymorphism）是指在两个或多个属于不同类的同一函数名对应多个具有相似功能的不同函数，可以使用相同的调用方式来调用这些具有不同功能的同名函数。

继承性和多态性的结合，可以生成一系列虽类似但独一无二的对象。由于继承性，这些对象可共享许多相似的特征；由于多态性，针对相同的消息，不同对象可以拥有独特的表现方式，实现个性化的设计。

上述面向对象技术的4个特征的运用，可为提高软件的开发效率起到非常重要的作用，可通过编写可重用代码、编写可维护代码、修改代码模块、共享代码等方法充分发挥其优势。

7.3 面向对象的系统开发

面向对象的系统开发主要包括面向对象分析（OOA）和面向对象设计（OOD），并强调在其开发过程中使用标准的图形化建模语言。

7.3.1　面向对象分析

面向对象分析是对客观世界具体实例的分析与抽象，在此基础上构建抽象模型。系统分析员通过与用户的交流，不断地提炼和确认用户的需求，标识出相关对象类，明确所有类的名称以及类与类之间的关联。

关联是指类之间的相互依赖关系，通常用描述性动词或动词词组表示。属性是对象的特征，通常利用名词表示，要为各个属性取有意义的名字。

软件开发的过程是一个不断完善的过程。随着对系统功能分析的不断深入，面向对象模型也将不断完善并更细节化，甚至有些细化工作要在动态模型和功能模型完成之后才开始。

建立对象的动态模型时，首先从寻找事件开始，然后确定各对象可能的事件顺序。事件包括与用户的交互信息、与外部设备交互的信号、输入、转换和动作。为复杂对象类建立状态图，精细化表达对象的状态以及状态之间的转换关系。

7.3.2　面向对象设计

面向对象设计是在面向对象分析的基础上，模型逐渐扩充和细化的过程，包括对于系统技术架构的设计，确定实现系统的策略和技术细节。面向对象设计要做到信息隐藏、模块间的低耦合和高内聚。信息隐藏通过对象封装实现，暴露的接口不宜过多。耦合主要指不同对象之间关联的紧密程度，低耦合就能将对象之间的相互影响降到最低。如果一个模块只负责一件事情，就说明这个模块有很高的内聚度；如果一个模块负责了很多毫不相关的事情，则说明这个模块的内聚度很低。内聚度高的模块通常很容易理解，很容易被复用、扩展和维护。

7.4　UML 概述

统一建模语言（unified modeling language，UML）是一种标准的图形化建模语言，是面向对象分析与设计的标准建模语言，具有广泛的建模能力，是软件建模语言的集大成者。UML 广泛吸收了其他领域的建模方法，根据建模的一般原理，结合了软件的特点，因此具有坚实的理论基础和广泛性。UML 不仅可以用于软件建模，还可以用于其他领域的建模工作。

UML 是面向对象方法建模领域的三位巨头 James Rumbaugh、Grady Booch 和 Ivar Jacobson 共同合作的结果，事实上，UML 语言已经成为工业标准的对象建模语言。UML 立足于对事物的实体、性质、关系、结构、状态和动态变化过程的全程描述和反映，可以从不同角度描述人们所观察到的软件视图，也可以描述在不同开发阶段中的软件的形态。

UML 的优越之处表现为以下几点：

（1）UML 是人类与计算机世界的连接桥梁。计算机的发展从最早的二进制 CPU 指令，到汇编语言，再到后来不断发展起来的各种语言，是一个不断解决计算机语言和人类语句差异性的过程。UML 直观的表示方式很好地起到了桥梁的作用。

（2）UML 中定义的概念和符号可用于软件开发的分析、设计、实现和测试的全过程，软件开发人员不必在开发过程的不同阶段进行概念和符号的转换。

（3）UML 使用的图形化元素，便于开发人员之间以及客户和开发人员之间进行有效沟通。

UML 与程序设计语言无关，但是有一些 UML 建模工具可以支持多种程序设计语言。UML 严格定义了各种模型元素的符号，以及这些模型与元素符号的抽象语法和语义。这些图形化模型包括：用例图、类图、序列图、协作图、状态图、活动图、构件图和部署图等。

7.5　UML 的模型

7.5.1　用例图

用例图（use case diagram）的目的就是可视化地表示系统的功能需求。由参与者（actor）、用例（use case）以及它们之间关系构成的用于描述系统功能的动态视图被称为用例图。用例图可以表示用例的关系，构建用例图常常是面向对象系统分析与设计的第一步工作。

用例图一般用一个椭圆表示，在椭圆的中间或者下面的中间位置写上用例的名称。每一个用例描述一个相对完整的系统功能。参与者一般用一个人形的符号表示，在符号的下面居中显示参与者的名称。参与者是存在于系统外部并与系统进行交互的人、外部实体或外部系统。参与者和用例之间的关系使用带箭头或不带箭头的线段连接，箭头指向的一方是对话的接受者（见图 7－1）。

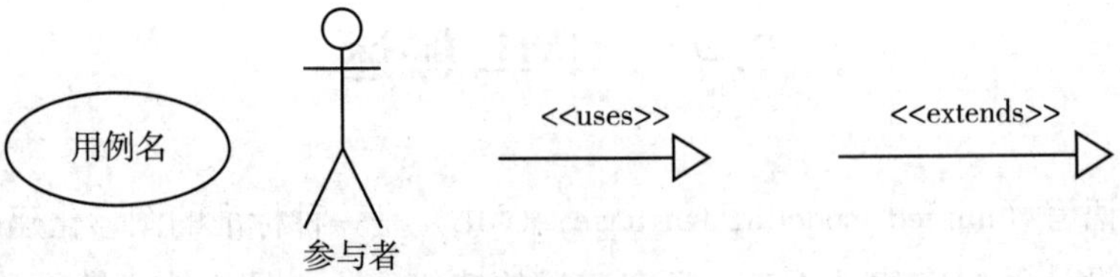

图 7－1　用例图图标

参与者和参与者、参与者和用例、用例和用例之间都可以存在关联。这些关联包括：包含关系，即一个用例包含其他用例具有的行为，并将被包含用例的行为作为自身行为的一部分，一般采用带箭头的线段或虚线表示，线段上面一般会写 << include >> 或者 << uses >>；扩展关系；就是将一个或多个用例加入一个基础用例中，基础用例可以在一定条件下调用这些扩展用例，也是采用带箭头的线段或虚线表示，线段上面一般会写 << extend >> 或者 <<extends >>；泛化关系，就是一个父用例可以特化出多个子用例，父用例与子用例之间的关系就是泛化关系，或者说子用例继承了父用例所有的结构、行为和关系，同时子用例还可以添加、覆盖或改变继承的行为，泛化关系通过一个从子用例指向父用例的三角箭头加线段表示。

用例图中用例太多时可以分成若干张用例图表达。用例的多少决定了系统的规模和复杂程度。如果用例图过多，还可以使用包（package）将用例图分解成两层甚至三层。

图7－2所示的用例图表达的是学生学籍管理系统中学生成绩管理的主要功能。教师在批阅完试卷之后，可以“登录”系统，如果忘记密码，可以调用“重置密码”功能；进入系统后可以“输入成绩”，一次输入不完可以先保存，下次继续输入，或者“修改成绩”，输入完成之后“提交成绩”，但是提交成绩之后就不允许修改了；提交之后教师可以“打印成绩单”，并可以通过“查询成绩”，查看自己输入的成绩。学生则是在“登录”系统之后，通过“查看成绩”查看自己的成绩。

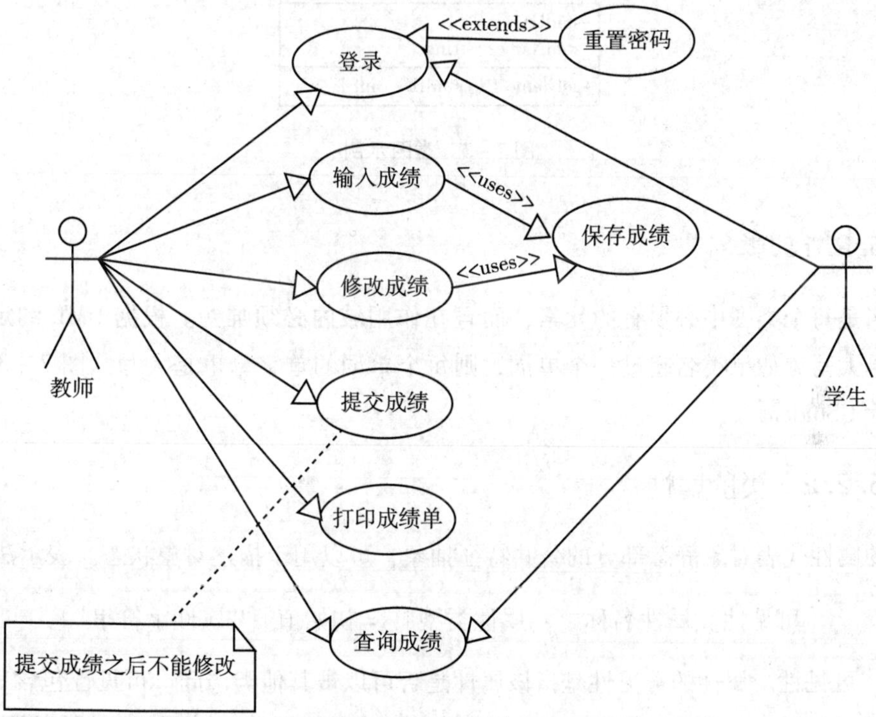

图7－2 用例图示例

7.5.2 类图

类图（class diagram）的目的是可视化地表达系统的各种概念，以及这些概念之间的关系，显示了系统的静态结构。类图中包含的模型元素包括类（class）、接口（interface）、依赖关系（dependency）、泛化关系等。

类图的建模伴随着系统分析设计与实施的整个过程，是一个从具体到抽象到再抽象的过程。在系统分析阶段，更注重的是系统的概念建模，建立起系统的基础词汇库，描述系统的边界，对这些抽象的词汇进行归类，在此基础上探索这些概念类之间的关系，研究它们之间的协作情况，画出类之间的各种关系。类图也可以创建约束、注释和包等。在 UML 中，数据库模型是类图的一个特例，因此常常用类图表达数据库模型。

在某些 UML 建模工具中，类可以被转换成为某种面向对象编程语言代码。类用一个矩形表示，这个矩形由三个部分构成，分别是类的名称（name）、属性（attribute）和操作（operation）。类名位于矩形顶端；类的属性位于矩形中间部位；矩形底部显示类的操作。在画一个类元素时，必须要有类名，在系统分析阶段，对类的细节还不够清楚时，属性和操作可以空缺（见图 7-3）。

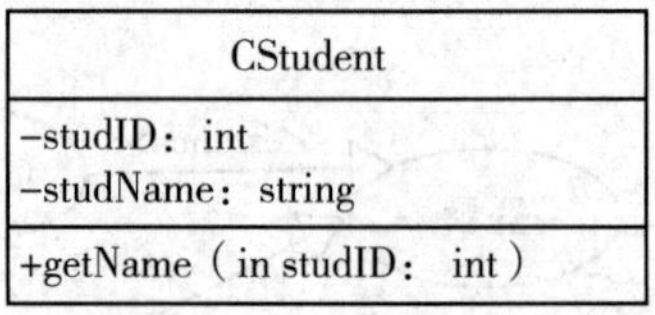

图 7-3 类图示例

7.5.2.1 类名

类名是每个类图中必须有的元素，而且在作用域内必须唯一。根据 UML 约定，类名的首字母大写，如果类名超过一个单词，则每个单词的首字母也是大写。图 7-3 中的类中类名为 CStudent。

7.5.2.2 类的属性

类的属性代表对象静态部分的公共特征抽象，可以用于描述对象状态。表示法如下：

［可见性］属性名称［：属性类型］［=初始值］［{属性字符串}］

（1）可见性。属性的可见性是指该属性是否可以被其他类访问。可见性包含三种，分别是公有（public）、受保护（protected）和私有（private）。公有属性类的外部可以访问，受保护属性允许了类及子类的子类访问，私有属性只有类内部才能操作。

（2）属性名称与类型。属性名一般由特定的英文单词或若干单词的组合构成。属性名的第一个字母小写，除了第一个英文单词外，其余单词的首字母要大写。典型的属性的类型包括 Integer、String、Boolean、Date、Byte 等任意的类型。

（3）初始值与属性字符串。初始值用于保护系统的完整性，防止漏掉对类中某个属性的取值，以及为用户提供易用性。属性字符串是关于属性的一些附加信息。

图 7-3 的类中属性包括：studID 类型为 int，可见性为 private；studName 类型为

string，可见性为 private。

7.5.2.3　类的操作

操作是类所能执行的动作，描述了对象动态部分的公共特征抽象。操作有时被称为函数或方法，位于类的底部。操作由名称、一个返回类型和参数表组成，表示法如下：

［可见性］操作名称［(参数表)］［：返回类型］［{属性字符串}］

（1）可见性。操作的可见性是指该操作是否可以被其他类调用。可见性包含 3 种，分别是公有（public）、受保护（protected）和私有（private）。公有操作类的外部可以调用，受保护操作允许子类及子类的子类调用，私有操作只有类内部才能调用。

（2）操作名称和参数表。每个操作都要有一个类内唯一的名称，一般由操作的英文单词或若干单词的组合构成。操作名的第一个字母小写，除了第一个英文单词外，其余单词的首字母大写。参数表是由参数名和类型对组成的序列，参数名就是操作被调用时接受传递过来参数值的变量，参数可以有默认值。

（3）返回类型与属性字符串。返回类型就是操作完成之后返回的数据类型。一般可以为任意的有效数据类型，返回类型只能是一个，如果没有返回值，一般要以 void 为返回类型。属性字符串用于对操作进行一些说明。

图 7－3 的类中操作包括 getName，无返回值，传入参数为 studID，参数类型为 int，可见性为 public。

7.5.2.4　接口

接口是类的特例，是只有操作没有属性的类。接口一般用一个带名称的小圆圈表示，可以通过一条线与实现它的类连接。

7.5.2.5　依赖关系

依赖是指两个或多个模型元素之间语义上的连接关系。依赖关系将行为和实现与被影响的类联系起来。图 7－4 表示在给雇员“Employee”计算薪水时需要用到计算器“Calculator”类。

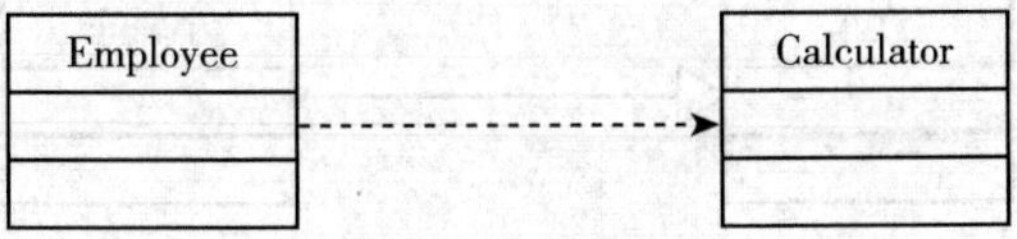

图 7－4　依赖关系

7.5.2.6　关联关系

关联关系反映了对象之间相互作用的关系，图 7－5 表示 CTeacher 类与 CStudent 类之间存在双向关联关系。

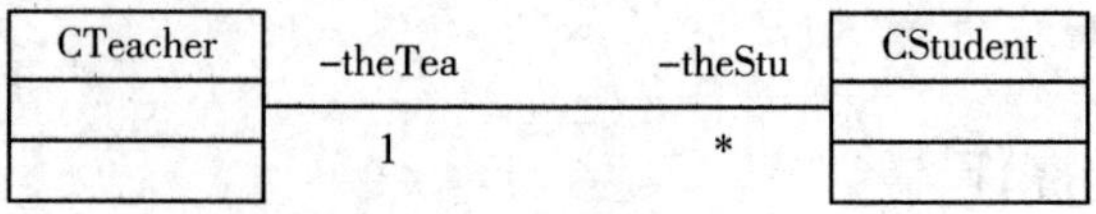

图7-5 双向关联关系

关联关系存在的多重性包含以下五种：

（1）0..1 表示0至1个对象。

（2）0..*或*表示0至多个对象。

（3）1..*表示1至多个对象。

（4）1..n 表示1至n个对象。

（5）N 表示n个对象。

单向关联关系是指在两个关联类中，只有一个类知道这种联系的存在。图7-6是用户组与用户角色之间的单向关联。

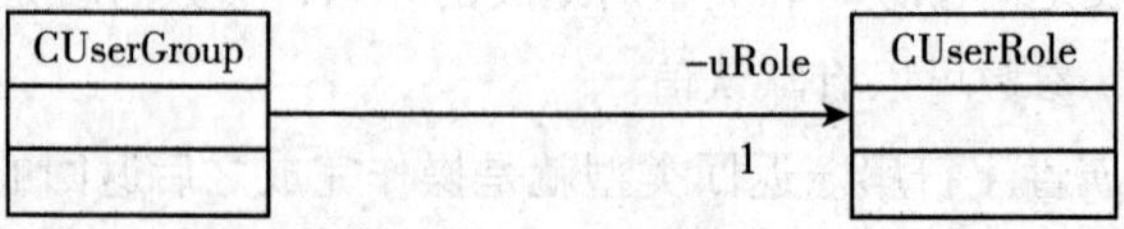

图7-6 单向关联关系

聚集关联关系，代表两个类之间存在整体与局部的关系。图7-7所示为汽车与轮胎的关联关系。

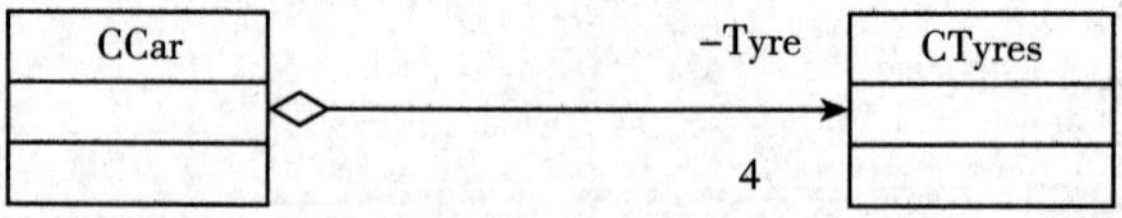

图7-7 聚集关联关系

7.5.2.7 泛化关系

泛化关系用于表示类与类之间、接口与接口之间的继承关系，指的是一个类（子类）继承另一个类（父类）的特征和操作，子类还可拥有自己的特征和操作。泛化关系用从子类指向父类的一个带有实线的箭头表示，指向父类的箭头是一个空三角形，如图7-8所示。

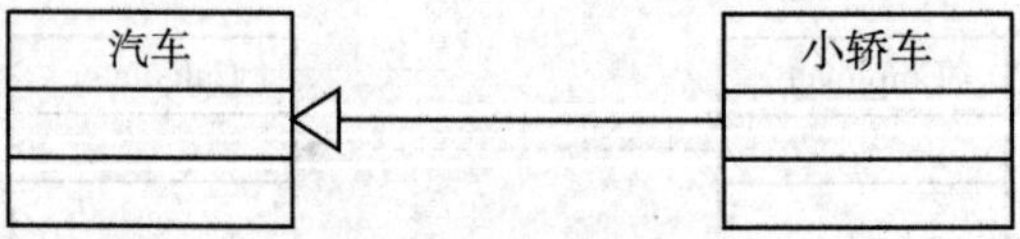

图7-8 泛化关联关系

7.5.2.8 类图实例

图7-9表达了图书借书系统的核心类及相互关系。这些类包括借书界面类“BorrowUI”、借书控制类“BorrowControl”、借书信息类“BorrowInfo”、借书卡类“BorrowCard”、借书报表类“BorrowReport”和图书类“Book”。

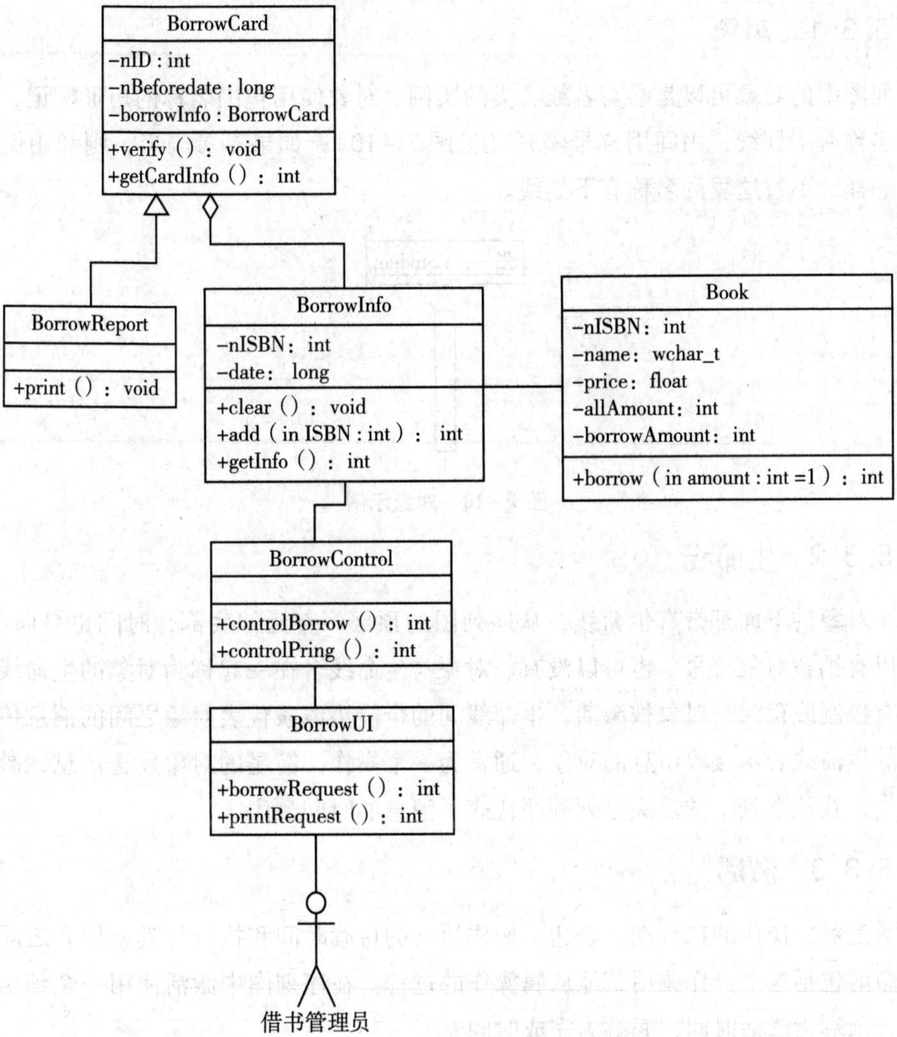

图7-9 类图示例

7.5.3 序列图

序列图（sequence diagram）的目的是描述系统中各个对象之间按照发生时间顺序的交互过程，其主要用途之一是把用类表达的需求转化为进一步、更加正式层次的精细表达。序列图是一个二维图，其中纵向的是时间轴，时间从上往下延伸，横向表示在交互中的独立对象或参与者。时间轴又叫生命线，生命线为虚线时对象处于休眠状态，为双道线时对象处于激活状态。消息从一个对象的生命线到另一个对象的生命线用带箭头的线段表示，线段的上面显示消息的名称。消息也可以表示为触发事件后所对应的操作，或者表达对象之间操作的调用关系。

序列图由对象（object）、生命线（lifeline）、激活（activation）和消息（messages）等元素构成。

7.5.3.1 对象

序列图中的对象可以是参与者或者类的实例。对象使用包围名称的矩形标记，对象及其类的名称有下划线，中间用冒号隔开（见图 7-10）；如果是参与者，则和用例图中的参与者一样，不过这里的名称有下划线。

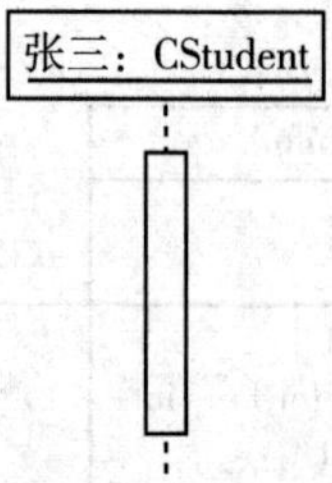

图 7-10　对象示例

7.5.3.2 生命线

每个对象的下面都带有生命线，从序列图的顶部一直延伸底部，时间也是向下延伸。底部可以有销毁对象符号，也可以没有。对象与生命线合在一起称为对象的生命线。当对象在拥有控制线程时，对象被激活。生命线间的带箭头线段代表对象之间的消息传递，箭头指向的生命线表示接收信息的对象，通常为一个操作，箭尾的对象发送消息，激活一个操作。生命线从上到下的箭头排列顺序代表了消息的时间顺序。

7.5.3.3 激活

激活是对象操作的执行期，表达了操作执行的持续时间和执行与其调用者之间的控制关系。激活包括这个操作调用其他从属操作的过程。在序列图中激活使用一个细长的矩形框表示，顶端为激活时间，底端为完成时间。

7.5.3.4 消息

消息是一个对象发往其他对象的信号，或是一个对象调用另一个对象的操作。可以有不同的实现方式，如过程调用、线程间的内部通信、事件的发生等。消息包括发送者、接收者和活动。消息的种类与符号如图 7-11 所示。

图 7-11　消息的种类与符号

注：①表示两个对象之间的普通消息，消息在单个控制线程中运行；②表示两个对象之间的过程调用；③表示对象的自身消息；④表示返回消息；⑤表示两个对象之间的异步消息。

7.5.3.5 序列图示例

图 7-12 序列图表达了借书过程中对象之间的交互过程。

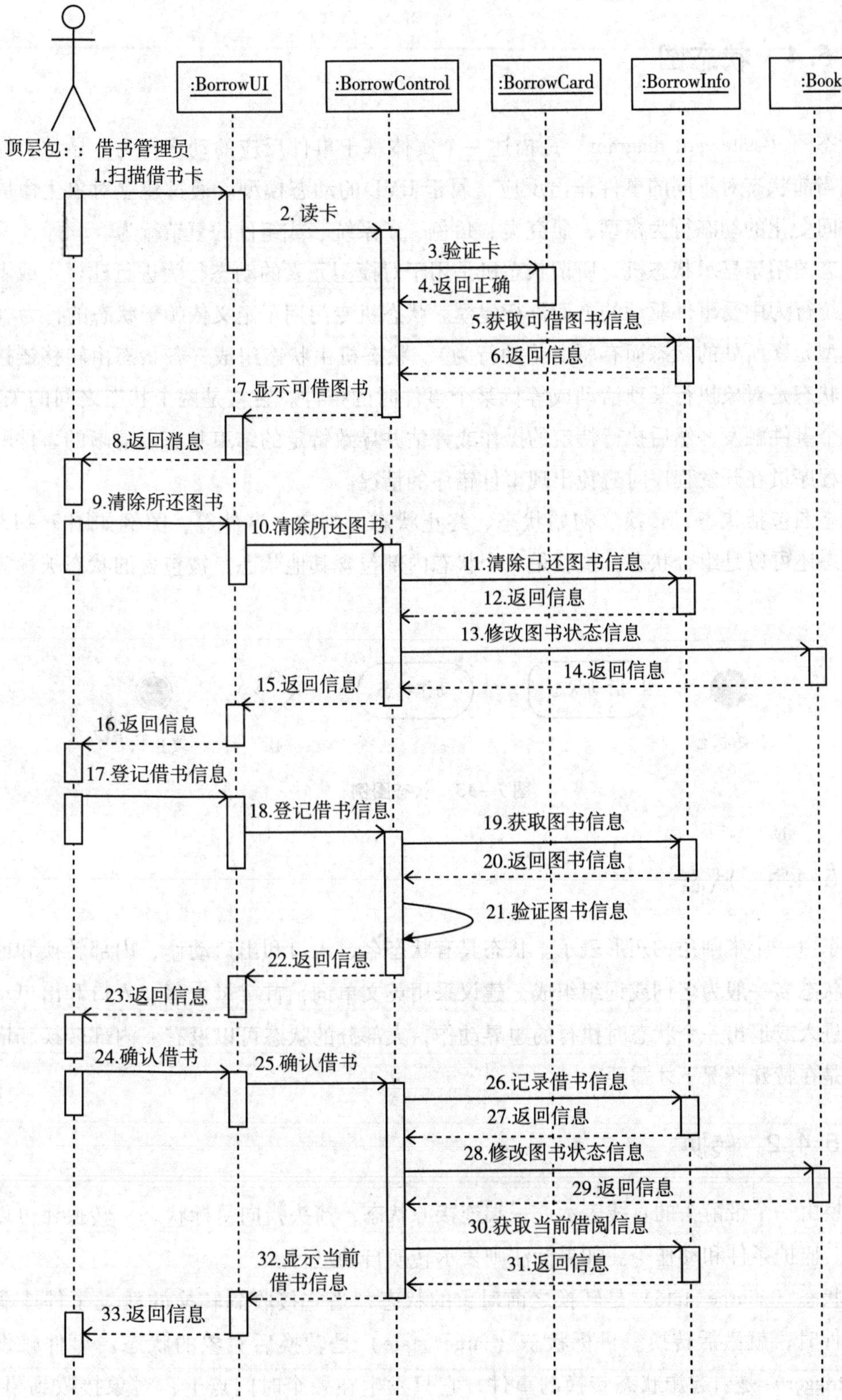
:BorrowUI
:BorrowControl
:BorrowCard
:BorrowInfo
:Book
顶层包：：借书管理员
1.扫描借书卡
2. 读卡
3.验证卡
4.返回正确
5.获取可借图书信息
6.返回信息
7.显示可借图书
8.返回消息
9.清除所还图书
10.清除所还图书
11.清除已还图书信息
12.返回信息
13.修改图书状态信息
14.返回信息
15.返回信息
16.返回信息
17.登记借书信息
18.登记借书信息
19.获取图书信息
20.返回图书信息
21.验证图书信息
22.返回信息
23.返回信息
24.确认借书
25.确认借书
26.记录借书信息
27.返回信息
28.修改图书状态信息
29.返回信息
30.获取当前借阅信息
31.返回信息
32.显示当前
借书信息
33.返回信息

图 7－12　序列图

7.5.4 状态图

状态图（statechart diagram）是描述一个实体基于事件反应的动态行为，显示实体如何根据当前状态对不同的事件作出反应，属于 UML 的动态模型。通过建立对象生命周期中随时间变化的动态行为模型，研究类、角色、子系统、或组件的复杂行为。

状态图用于显示状态机。所谓状态机是用于对模型元素的动态行为进行建模，或者说是对系统行为中受事件驱动的方面进行建模。状态机专门用于定义依赖于状态的行为（即根据模型元素所处的状态而有所变化的行为）。状态机由状态组成，各状态由转移链接在一起。状态是对象执行某项活动或等待某个事件时的条件。转移是两个状态之间的关系，它由某个事件触发，然后执行特定的操作或评估并导致特定的结束状态。清晰的事件顺序有利于程序员在开发程序时避免出现事件错序的情况。

状态图包括状态、转换、初始状态、终止状态、判定、事件等，图例如图 7－13 所示。状态还可以是组合状态，也就是一个状态内部包含其他状态，被包含的状态被称为子状态。

图 7－13 状态图例

7.5.4.1 状态

状态由一个带圆角的矩形表示。状态具有状态名、入口和出口动作、内部转换和嵌套转换。状态名一般为名词或词组组成，建议采用英文单词，首字母大写。入口和出口动作一般指进入或退出一个状态时执行的边界动作，大部分的状态可以没有。内部转换和嵌套转换也是在特殊情况下才需要。

7.5.4.2 转换

转换由一个带箭头的直线表示，一端连接源状态，箭头指向目标状态。转换还可以标注事件、监护条件和动作等。如果标注则表示转换自动进行。

源状态（source state）是转换之前对象的状态，当它接收到转换的触发事件或满足监护条件时，就激活转换。目标状态（target state）是转换后对象的状态。事件触发器（event trigger）是引起源状态转换的事件，它只发生在一个时间点上，对象接收到事件，导致源状态激活转换并使监护条件得到满足。监护条件（guard condition）是一个布尔表达式。触发转换时，对该表达式求值，如果表达式为真，则激活转换；否则不激活转换。动作（action）是一个可执行的原子计算。

7.5.4.3　初始状态

初始状态由一个实心圆表示。一个状态图有且仅有一个初始状态。初始状态是一个伪状态，输出无触发转换，也无监护条件，只能作为转换的源。

7.5.4.4　终止状态

终止状态由一个含有实心圆的空心圆表示。一个状态图可以有一个或多个终止状态。终止状态没有触发转换，只能作为转换的目标。对于一些特殊的状态图，可以没有终止状态。

7.5.4.5　判定

判定由一个空心菱形表示，一般为一个入口、两个出口组成。状态图中有时需要根据给定条件的判断结果，进行不同的转换，也就是工作流在此处按监护条件的取值发生分支。

7.5.4.6　事件

所谓事件就是使状态发生变化的某时刻发生的动作，或者活动，是状态发生转化的条件。事件可以分为几种，主要有信号事件、调用事件、改变事件和时间事件等。

（1）信号事件（signal event）。信号事件是一个对象收到信号后的接收事件。

（2）调用事件（call event）。调用在一个执行点上激发一个操作。调用事件是指对象利用状态的转换实现操作。调用事件分为同步调用和异步调用，如果调用者需要等待操作的完成，则是同步调用，反之则是异步调用。

（3）改变事件（change event）。改变事件是指依赖于布尔表达式的条件满足时，事件发生改变。这种事件隐含一个对条件的连续测试。当布尔表达式的值从 false 变到 true 时，事件就发生。

（4）时间事件（time event）。时间事件表示时间表达式被满足的事件，它是依赖于时钟存在的事件。时间事件既可以被指定为绝对形式，也可以被指定为相对形式。

7.5.4.7　状态图示例

图 7－14 所示为一个图书借书卡状态图。

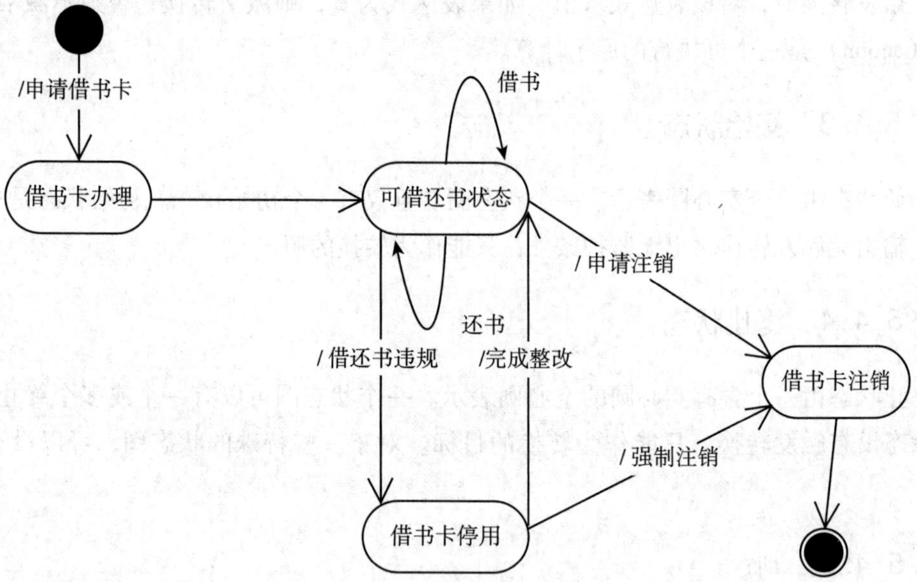

图 7－14　状态图示例

7.5.5　活动图

活动图（activity diagram）是在用例图的基础上细化工作流程的图形化模型。工作流程通常包括一个基本工作流程和一个或多个备选工作流程。活动图是状态图的一种特殊形式。其中包括活动状态和动作状态。描述了从一个状态到另一个状态的详细处理过程。活动图与状态图的区别在于它们的目的不同。状态图着重描述对象的状态变化以及触发状态变化的事件；活动图则是从活动的角度描述系统任务，并且可以描述系统任务中的并发活动。

活动图描述了系统中各种活动的执行顺序，刻画一个方法中所要进行的各项活动的执行流程。活动图显示动作及其结果，着重描述操作实现中完成的工作以及用例或对象内部的活动。此外，在状态图中状态的变迁通常需要事件的触发，而活动图中一个活动结束后将立即进入下一个活动。

转移表示各种活动状态的先后顺序。这种转移可称为完成转移。它不同于一般的转移，因为它不需要明显的触发器事件，而是通过完成活动（用活动状态表示）来触发。

活动图所采用的符号与状态图基本一致。但是在活动图中经常会用到泳道，通过泳道对活动进行分组，每一个区域代表特定的类，或者是人，或者是部门责任区。

在含有泳道的活动图中，清晰地表明了每个活动的执行对象。在活动图中每个活动只可以属于一个泳道。图 7－15 所示为一个活动图示例。

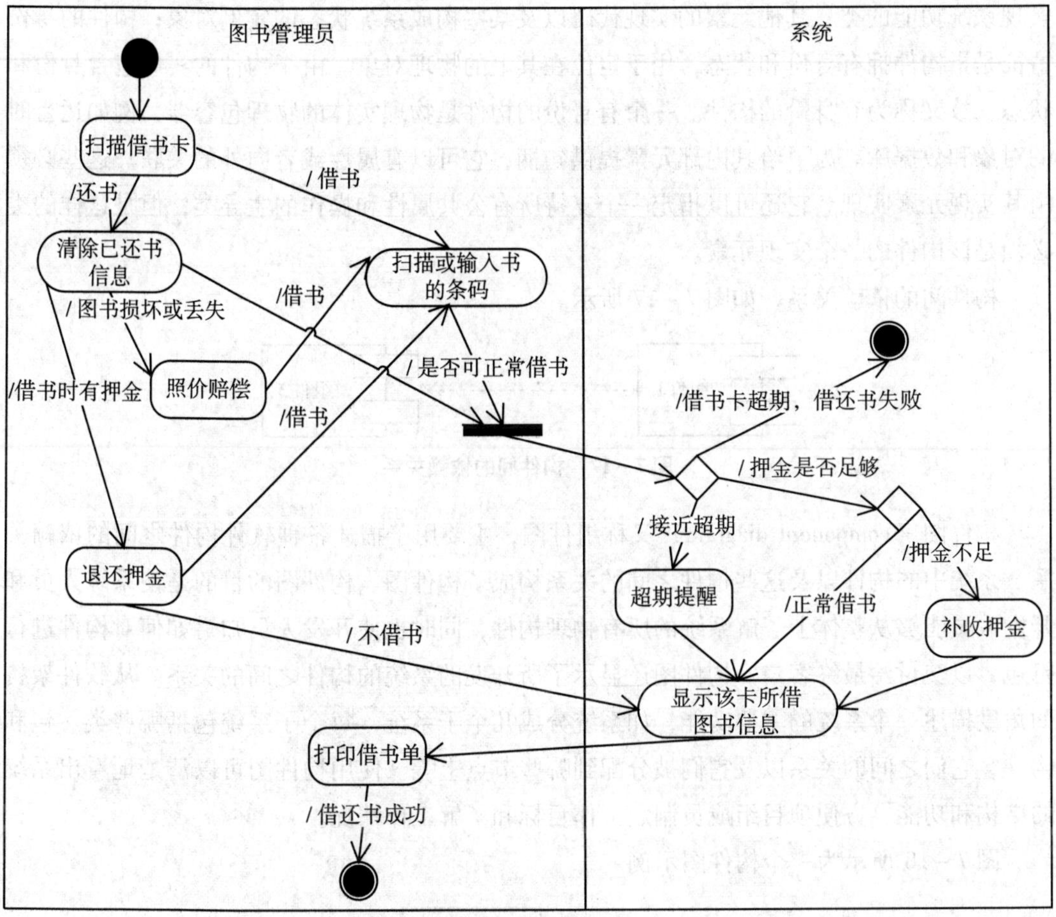

图 7－15　活动图示例

7.5.6　构件图

构件（组件）是系统中实际的事物，是定义了良好接口的物理单元，是系统中遵从一组接口且提供其实现的物理的、可替换的部分（见图 7－16）。构件能够完成独立功能，它是软件系统的组成部分。每个构件体现了系统设计中的特定类集合的实现。良好定义的构件之间不应该存在直接的依赖关系，而是通过构件所支持的接口进行关联。系统中的一个构件可以被支持相同接口的其他构件所替代，接口是被软件或硬件支持的操作集。通过接口，可以避免系统对构件发生直接依赖关系，有利于用新的构件替换原先的构件。

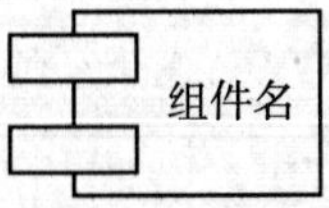

图 7－16　构件（组件）

构件有两个特征，分别是代码特征和身份特征：构件的代码特征是指它包含和封装了实现系统功能的类、其他元素的实现代码以及某些构成系统状态的实例对象；构件的身份特征是指构件拥有身份和状态，用于定位在其上的物理对象。由于构件的实例包含身份和状态，故又称为有身份的构件。一个有身份的构件是物理实体的物理包容器，例如运行时的对象和数据库。为了给其内部元素提供句柄，它可以有属性或者向外的关联，这些必须由其实现元素实现。它还可以指定一个支持所有公共属性和操作的主导类，但是这样的类必须是该构件的一个实现元素。

构件间的依赖关系，如图 7－17 所示。

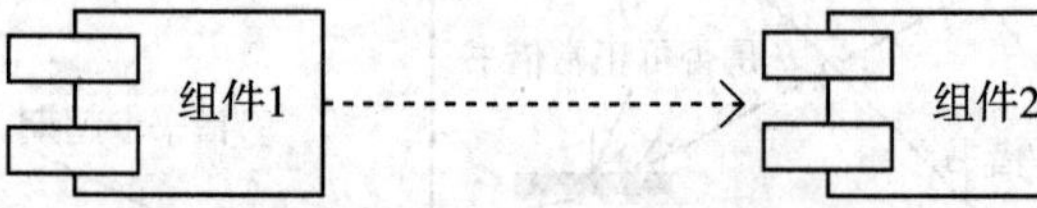

图 7－17　构件间的依赖关系

构件图（component diagram）又称组件图，主要用于描述各种软件构件之间的依赖关系。系统中的构件以及这些构件之间的关系构成了构件图。构件图的目的是使系统人员和开发人员能够从整体上了解系统的所有物理构件，同时也使开发人员知道如何对构件进行打包，以交付给最终客户。构件图还显示了所开发的系统的构件之间的关系。从软件架构的角度描述一个系统的主要功能，如系统分成几个子系统，每个子系统包括哪些类、包和构件，它们之间的关系以及它们被分配到哪些节点上等。使用构件图可以清楚地看出系统的结构和功能，方便项目组成员制定工作目标和了解工作情况。

图 7－18 所示为一个构件图示例。

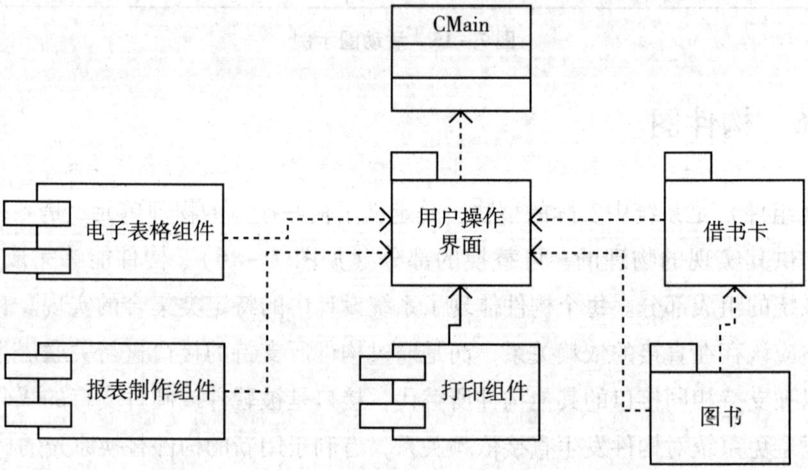

图 7－18　构件图示例

7.5.7　部署图

部署图（deployment diagram）是一个系统运行时的硬件节点以及运行的软件物理设备之间如何彼此连接和通信的静态视图。在一个部署图中包含了两种基本的模型元素：节点

（node）和节点之间的连接（connection）。

图7－19所示的部署图表达了一个系统的运行物理环境，分别由数据库服务器、应用服务器、Web服务器以及前端基于浏览器的应用和基于智能手机的App。手机App可以包括苹果iOS端的App、安卓端的App以及鸿蒙端的App。

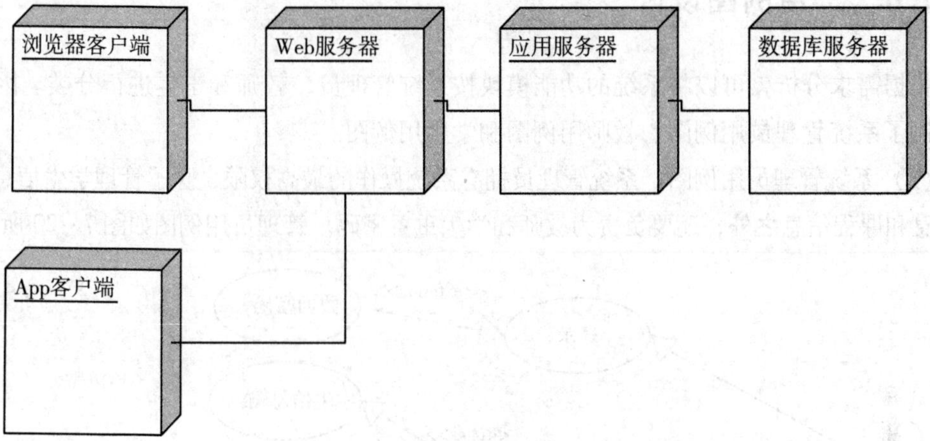

图7－19　部署图

7.6　基于UML的开发实例

7.6.1　需求分析

本案例是一个面向高校的学生学籍管理系统，在此对系统的功能进行了一些简化。该系统是为了进行学生的信息管理、课程管理、学生成绩管理，以及用于相关教师的成绩录入等操作的简易型管理系统。

（1）学生信息由系统管理员输入系统，或者可以通过Excel表将学生信息导入系统，学生信息主要包括：学号、姓名、性别、出生日期、联系电话、身份证号、所在班级等信息，系统管理员具有修改、查询学生信息的功能。

（2）课程信息由系统管理员输入系统，课程信息主要包括：课程号、课程名称、学时、学分、开课专业、开课学期、使用教材、上课教师，人数上限等，管理员可以修改、查询和删除相关课程。

（3）学生选课是由学生根据自己的专业和年级选择对口的课程，选课时会受到课程人数上限以及所选课程数量的限制。

（4）教师在阅卷结束后需要在系统中输入学生的成绩，可以临时保存，但是提交之后不能修改。教师只能输入自己上课课程的成绩。

（5）学校相关领导以及教务管理人员能够查询相关专业的学生信息、课程信息以及学生的课程成绩。

(6) 任何身份的用户都必须输入账号密码登录，系统根据用户的身份所对应的权限设置系统菜单与功能。

7.6.2 用例图设计

根据需求分析，可以将系统的功能模块按系统管理员、教师和学生进行分类。因此分别绘制了系统管理员用例图、教师用例图和学生用例图。

(1) 系统管理员用例图。系统管理员拥有系统操作的最高权限，除了管理学生信息、教师信息和课程信息之外，还要负责为教师和学生重置密码。管理员用例图如图 7－20 所示。

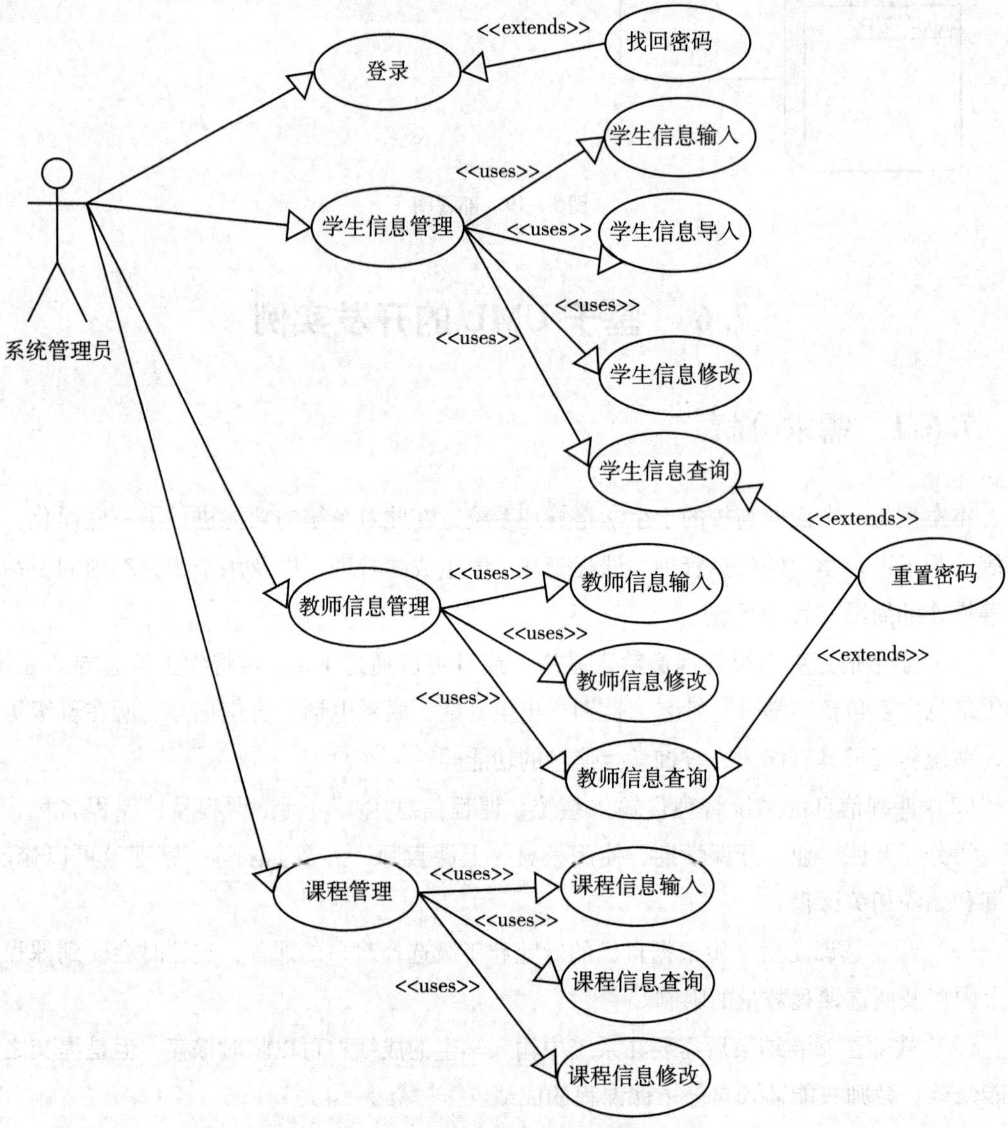

图 7－20　系统管理员用例图

（2）教师用例图。教师在登录系统后可以输入或修改学生成绩，输入和修改之后可以保存，输完之后或者保存之后可以提交，提交成绩之后不允许修改成绩。教师可以查询自己输入的学科和学生成绩。教师用例图如图 7－21 所示。

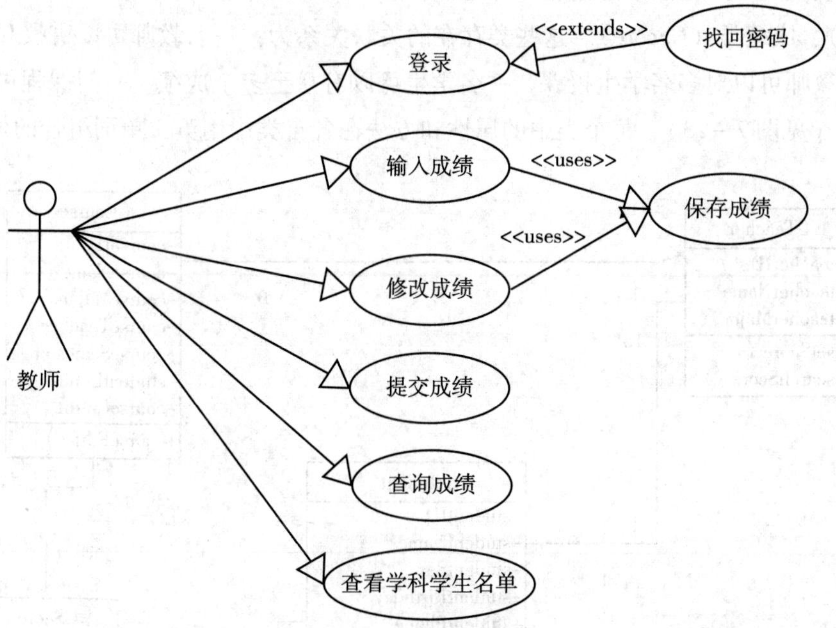

图 7－21　教师用例图

（3）学生用例图。学生在登录系统之后，可以查看自己考试的课程成绩，在选课期间可以选择自己想修的选修课。在选课期限范围内也可以删除所选的课程。学生用例图如图 7－22 所示。

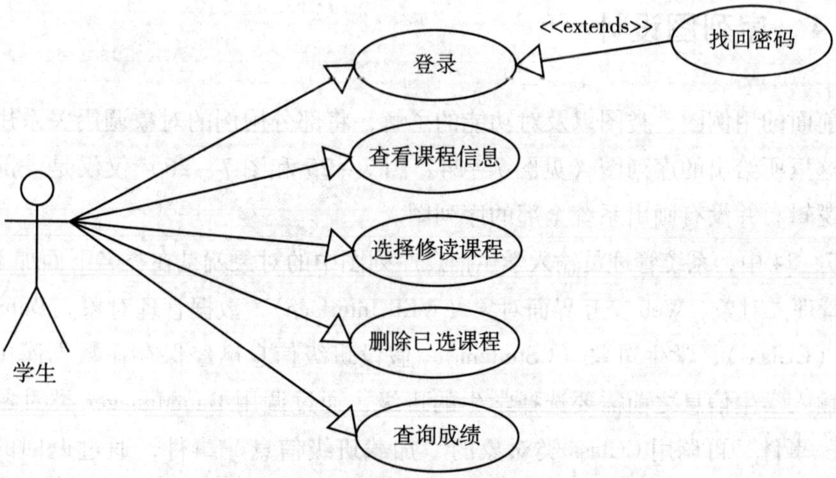

图 7－22　学生用例图

7.6.3 类图设计

本系统确定要用到的类包括：学生类（CStudent）、教师类（CTeacher）、课程类（CCourse）、成绩类（CScore）。这些类存在的关联关系为：一名教师可以讲授0至多门课程，一名教师可以对多名学生授课，一名学生可以有0至多个成绩，一门课程可以有1至多个成绩（见图7-23）。每个类中的属性和方法在各自类中用英文单词组合的形式表达。

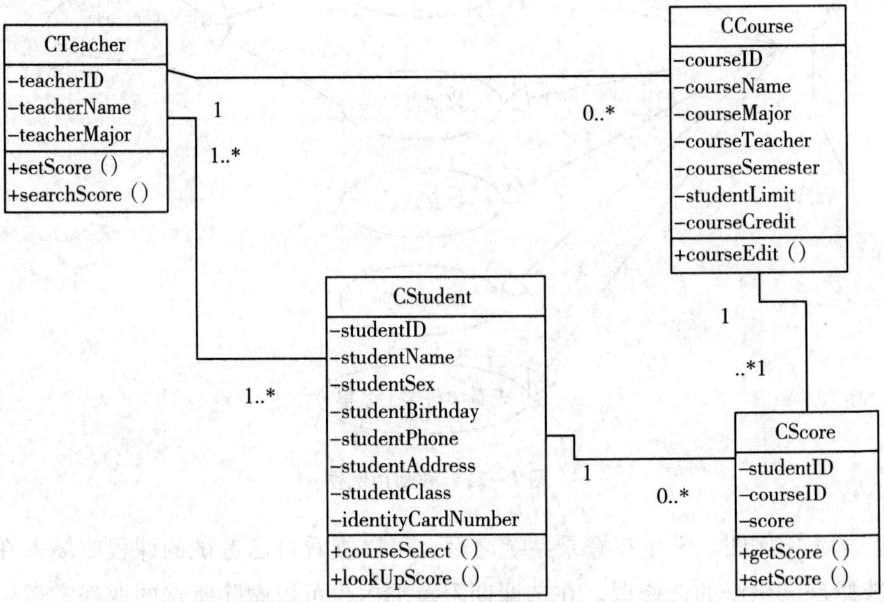

图7-23 类图

7.6.4 序列图设计

根据前面的用例图、类图以及对功能的了解，将部分用例的对象调用关系用序列图表达出来。这里所给出的序列图（见图7-24、图7-25和图7-26）仅仅是一部分相对复杂的业务逻辑，并没有画出系统全部的序列图。

在图7-24中，系统管理员输入学生信息序列图中的对象就是在类名下面加下划线。具体有系统管理员对象、Web交互界面对象（WEB Interface），数据管理对象（DataManager），班级对象（CClass），学生对象（CStudent）。假设班级信息已经保存在数据库中了，系统管理员在输入学生信息之前需要选择学生的班级，通过调用DataManager类对象的“获取班级信息”事件、再调用CClass类对象的“加载班级信息”事件，通过返回的班级信息选择一个班级。之后在WEB Interface类对象的页面上输入学生信息，并通过DataManager和CStudent类对象将学生信息保存在数据库的学生信息表中。

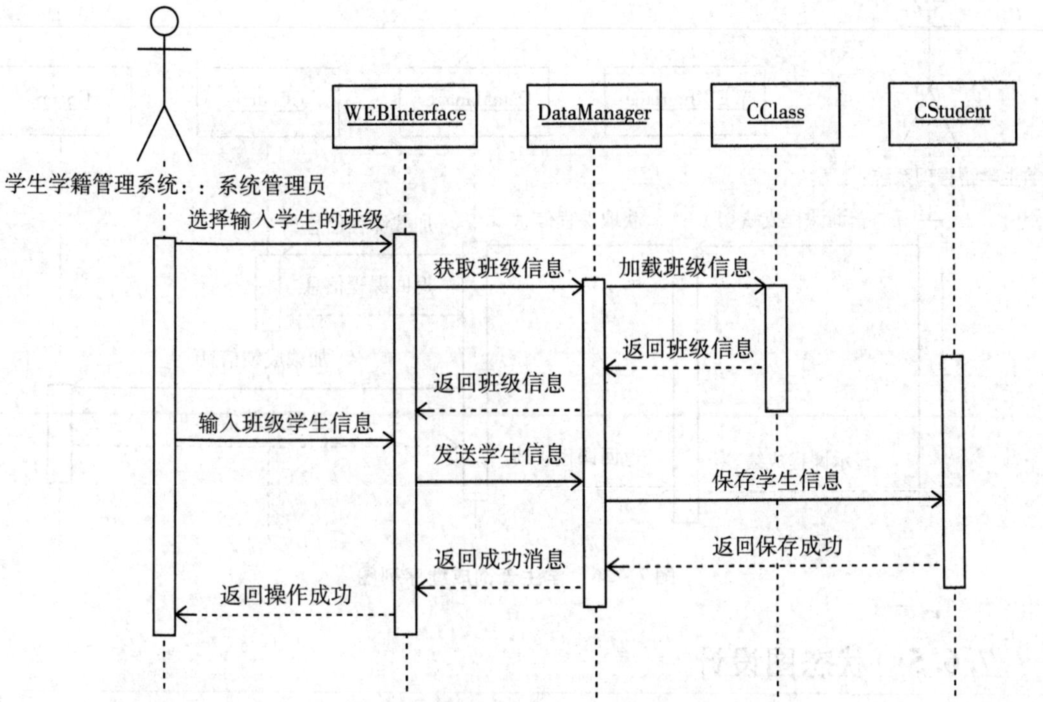

图 7－24　系统管理员输入学生信息序列图

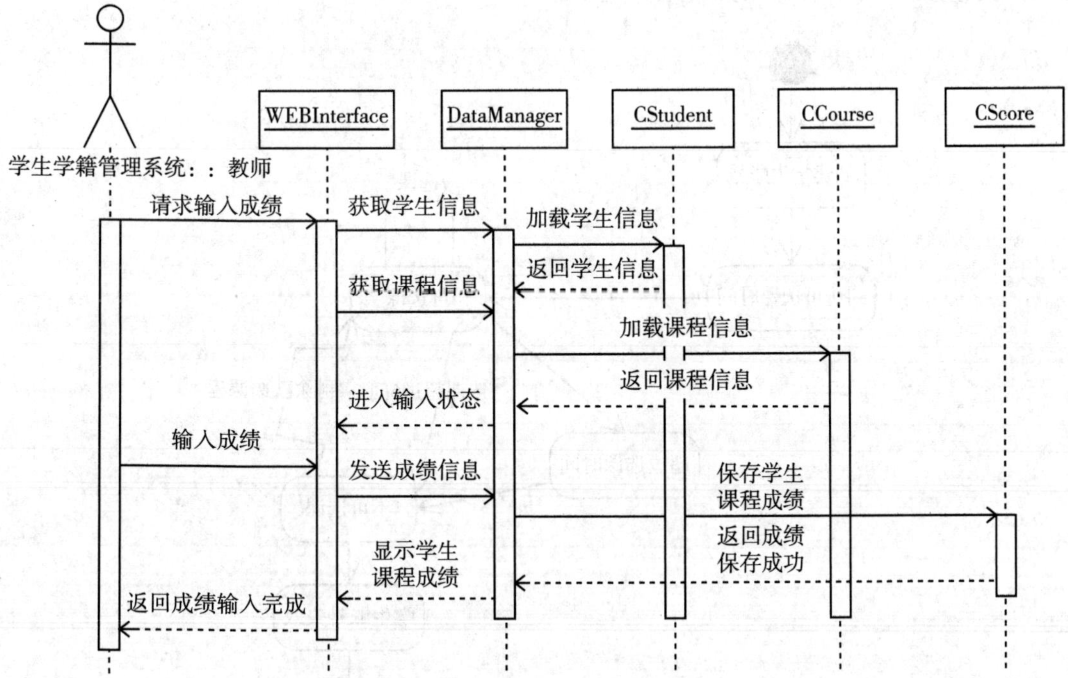

图 7－25　教师输入成绩序列图

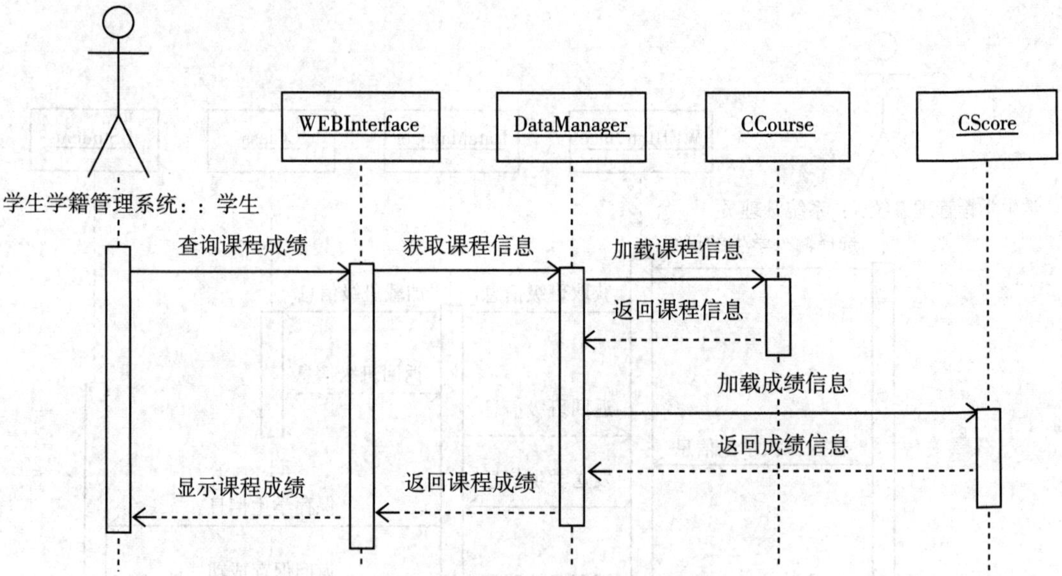

图 7－26　学生查询成绩序列图

7.6.5　状态图设计

为了更加清晰地表达某些复杂类的状态变化，可以画出这些类的状态图。图 7－27 给出的是学生类（CStudent）的状态图。

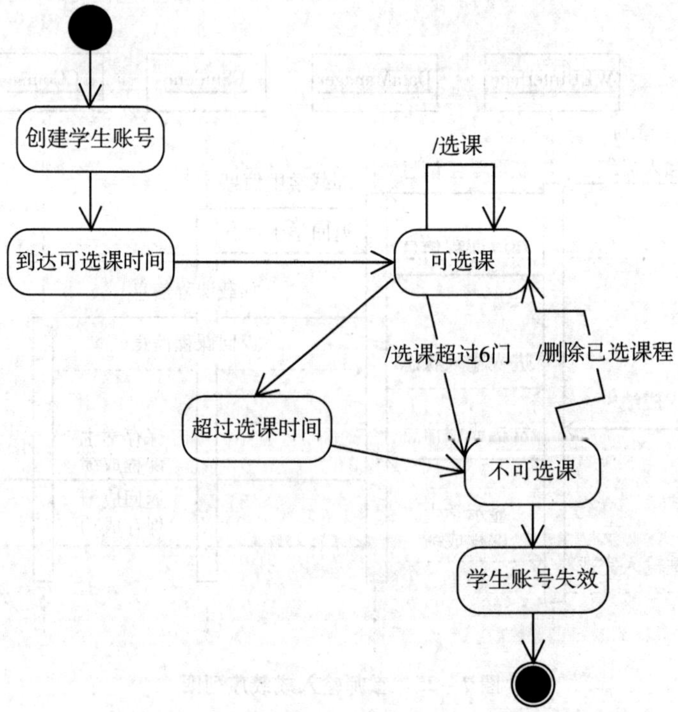

图 7－27　学生类状态图

7.6.6　活动图设计

针对系统中一些复杂的流程，可以绘制相关的活动图，图 7－28 给出的是教师登录学生学籍管理系统之后主要的流程。

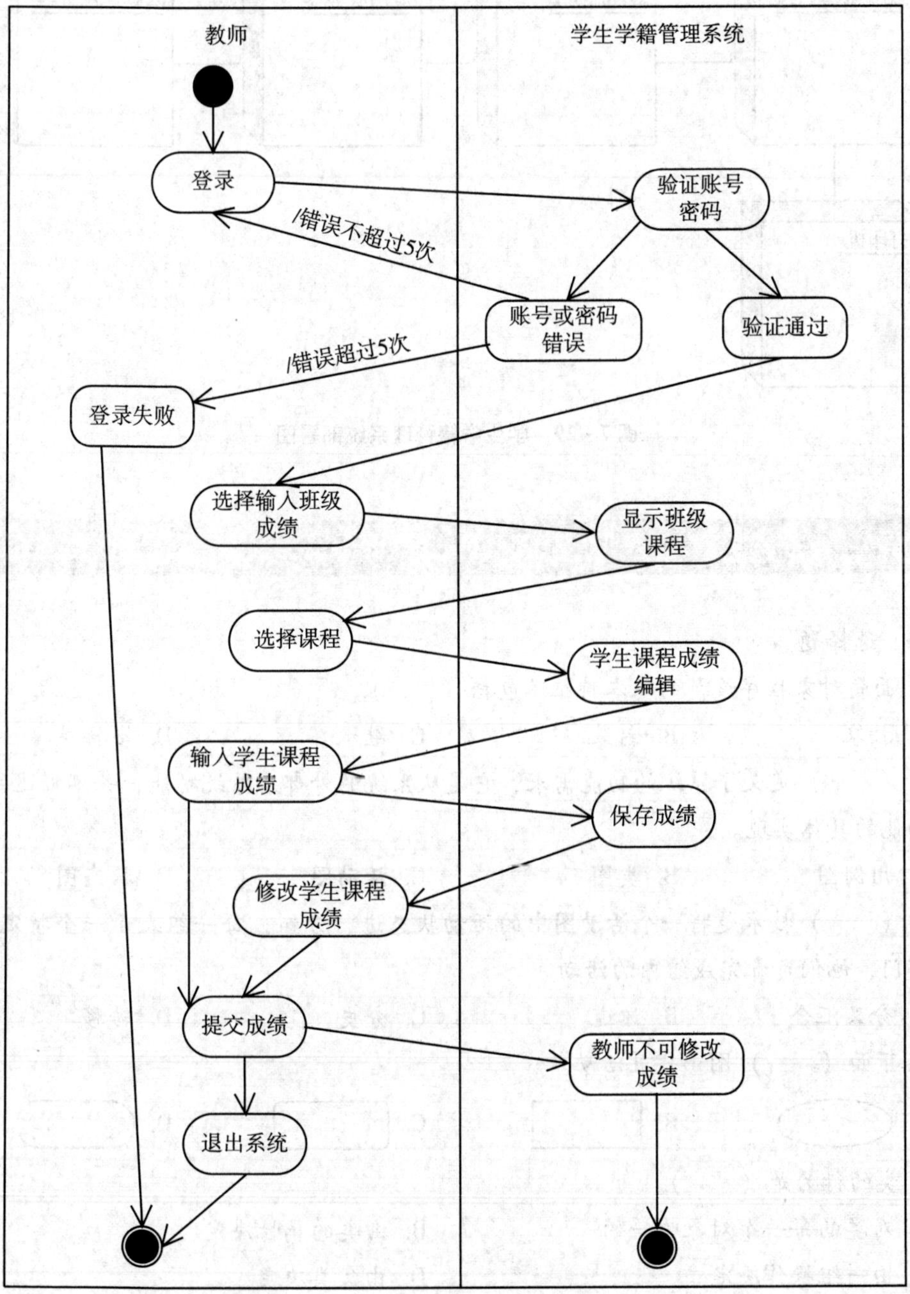

图 7－28　教师操作活动图

7.6.7　部署图设计

学生学籍管理系统的部署图如图 7－29 所示。

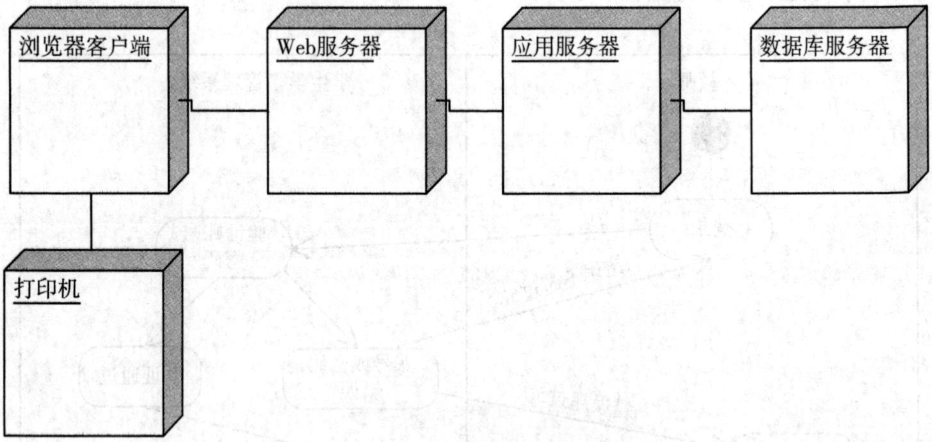

图 7－29　学生学籍管理系统部署图

习题

一、选择题

1. 面向对象程序设计的基本特征不包括（　　）。

A. 抽象　　B. 封装　　C. 继承　　D. 多样性

2.（　　）定义了系统的功能需求，它是从系统的外部看系统功能，并不描述系统内部对功能的具体实现。

A. 用例图　　B. 类图　　C. 活动图　　D. 状态图

3.（　　）技术是将一个活动图中的活动状态进行分组，每一组表示一个特定的类、人或部门，他们负责完成组内的活动。

A. 分叉汇合　　B. 泳道　　C. 分支　　D. 转移

4. 下面（　　）图形代表活动。

A. 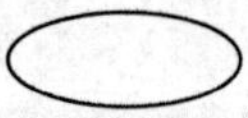　　B. 　　C. 　　D. 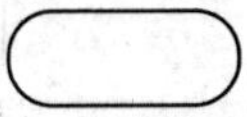

5. 类的行为是（　　）。

A. 对类的每一个对象唯一的　　B. 由类的属性决定

C. 由一组操作决定　　D. 由父类决定

6. 动作状态（　　）。

A. 是非原子性的动作或操作的执行状态

B. 是原子性的动作或操作的执行状态，他不能被外部事件的转换中断

C. 通常用于对工作流执行过程中的步骤进行建模

D. 从理论上讲，所占用的处理时间极长

7. 为了使构件系统更切合实际、更有效地被复用，构件应当具备（　　），以提高其通用性。

A. 可继承性　　B. 可变性　　C. 可封装性　　D. 可伸缩性

8. 用于对面向对象系统的物理方面建模进行描述的图形是（　　）。

A. 对象图　　B. 部署图　　C. 类图　　D. 包图

9. 下列关于创建包的说法不正确的是（　　）。

A. 在序列图和协作图中可以创建包

B. 在类图中可以创建包

C. 如果将包从模型中永久删除，包及其包中的内容都将被删除

D. 在创建包的依赖关系时，尽量避免循环依赖

10. 关于类与对象的关系的说法不正确的是（　　）。

A. 有些对象是不能被抽象成类的

B. 类给出了属于该类的全部对象的抽象定义

C. 类是对象集合的再抽象

D. 类用来在内存中开辟一个数据区，并存储新对象的属性

11. 面向对象程序设计的基本特征不包括（　　）。

A. 抽象　　B. 封装　　C. 继承　　D. 多样性

12. 协作图描述了协作的（　　）之间的交互和链接。

A. 对象　　B. 类　　C. 用例　　D. 状态

13. UML图不包括（　　）。

A. 用例图　　B. 类图　　C. 流程图　　D. 状态图

14. 识别用例不需要注意（　　）。

A. 参与者希望提供什么功能

B. 参与者是否会将外部的某些事件通知给系统

C. 系统将会由哪些人来使用

D. 参与者是否会读取、创建、修改、删除、存储系统的某种信息；如果是的话，参与者又是如何完成这些操作的

15. 下列对用例的泛化关系描述不正确的是（　　）。

A. 用例的泛化关系中，所有子用例都有相似的目的和结构，注意它们是整体上的相似

B. 用例的泛化关系中，基础用例在目的上可以完全不同，但是它们都有一段相似的行为，它们的相似性是部分的相似不是整体的相似

C. 用例的泛化关系类似于面向对象中的继承，它把多个子用例中的共性抽象成一个父用例，子用例在继承父用例的基础上可以进行修改

D. 用例的泛化指的是一个父用例可以被特化形成多个子用例，而父用例和子用例之间的关系就是泛化关系

16. 状态用于（　　）。

A. 对实体在其生命周期中的各种状况进行建模，一个实体总是在有限的一段时间内保持一个状态

B. 将系统的需求先转化为图形表示，再转化为程序的代码

C. 表示两个或多个对象之间的独立连接，是不同对象在不同时期的图形描述

D. 描述对象与对象之间的定时交互，显示了对象之间消息发送成功或者失败的状态

17. 构件图的组成不包括（　　）。

A. 接口　　B. 构件　　C. 依赖关系　　D. 发送者

18. 已知 3 个类 A、B 和 C，其中类 A 由类 B 的一个实例和类 C 的一个或多个实例构成。能够正确表示类 A、B 和 C 之间关系的 UML 类图是（　　）。

A.
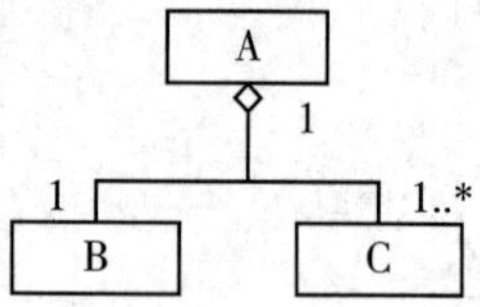

B.
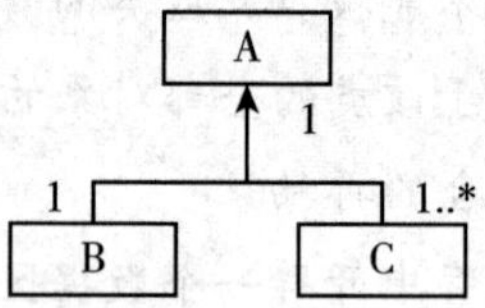

C.
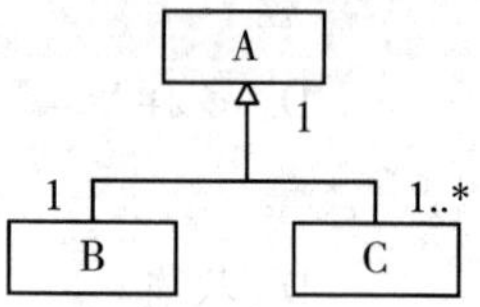

D.
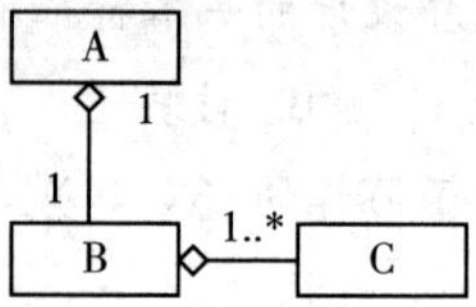

二、简答题

1. 什么是用例图？用例图有哪些作用？

2. 什么是类图？类图有哪些组成部分？

3. 比较活动图和状态图，它们有什么不同之处？

4. Rational 统一过程作为一种软件产品有什么好处？

5. 序列图中的消息有哪些？分别用什么符号表示？

三、某企业为了方便员工用餐，为餐厅开发了一个订餐系统，企业员工可通过企业内联网使用该系统。通过该系统，企业的任何员工都可以查看菜单和今日特价。系统的顾客是注册到系统的员工，可以订餐（如果未登录，需先登录）、预约订餐。餐厅员工是特殊顾客，可以进行备餐、生成付费请求和请求送餐。菜单管理员是餐厅特定员工，可以管理菜单。送餐员可以打印送餐说明，记录送餐信息（如送餐时间）以及记录收费。顾客订餐

过程如下：

（1）顾客请求查看菜单；

（2）系统显示菜单和今日特价；

（3）顾客选菜；

（4）系统显示订单和价格；

（5）顾客确认订单；

（6）系统显示可送餐时间；

（7）顾客指定送餐时间、地点和支付方式；

（8）系统确认接受订单，然后发送 E－mail 给顾客以确认订餐，同时发送相关订餐信息通知给餐厅员工。

要求：（1）画出顾客订餐过程的活动图。

（2）绘制 ATM 取钱的序列图。具体流程为：客户（张三）将卡插入读卡机，读卡机读取卡号，打开张三的账目对象，并初始化读卡机屏幕；屏幕提示输入密码，然后屏幕验证密码与账户对象，发出相符的信息；屏幕向张三提供选项，张三选择取钱；然后屏幕提示张三输入金额，张三选择 200RMB；然后从账户中取钱，启动一系列账户对象要完成的过程；包括验证张三账户中至少有 200RMB，然后从中扣掉 200RMB，再让吐钱机提供 200RMB 现金；另外还需要吐钱机提供收据，最后让读卡机退卡。

第8章　管理信息系统实施

8.1　系统实施的目标与任务

系统实施是指系统概要设计和详细设计以后的系统实现与交付过程，目的是把系统分析与设计的成果付诸实践，转化为可实际运行的管理信息系统。从管理信息系统的生命周期来看，系统实施阶段是系统开发的后期阶段，它是前面各阶段工作的延伸和最终目的，是测试系统质量、可靠性和实践性的重要阶段。

系统实施可分为两个阶段。第一个阶段是系统技术实现过程和对这个过程的管理，包括开发与运行平台的建立、程序设计、测试、建构和运行。该阶段由开发团队完成，着重于从技术角度实现系统，满足用户需要。第二个阶段是用户转换阶段，即系统发行后交付用户使用的过程，包括系统转换、运行和维护，这主要是系统实施的用户化过程，着重于管理，在用户端完成。系统实施的具体步骤为：

（1）系统开发与运行平台的实施。IT基础设施的安装需要依据系统设计中所需要的产品数据、参数与可行性报告中的财力资源约束来购置相应的硬件设备、系统软件和互联网平台等。开发过程中，采用合适的开发方式，借鉴部分开发模型，选用恰当的开发方法，将达到事半功倍的效果。

（2）程序设计。制定编程的规范，选择合适的程序设计语言进行编程，目的是实现系统分析和设计中提出的逻辑模型和物理模型。

（3）系统测试。在进行计算机程序设计之后，需要进行系统的测试。通过系统测试可以发现并改正隐藏在程序内部的各种错误以及模块之间协同工作存在的问题。

（4）系统转换。管理信息系统实施的最后一项任务是进行系统的转换，它包括进行基本数据的准备、数据的编码、系统的参数设置、初始数据的录入等多项工作。

（5）系统维护。系统投入使用后，可能会出现各种原因导致要对系统进行一定的变更。为了保证系统的持续性、功能性，需要在运行中不断地改正隐藏错误，扩充使用单位提出的新的要求与功能，这就是系统维护的作用。

以上几项工作在系统实施过程中是相对独立的，但又是互相联系、互相促进的，必须进行统一协调和配合，以保证系统的开发成功。

8.2　系统开发与运行平台

8.2.1　开发与运行平台的实施

系统的实施是将系统设计阶段的结果在计算机上实现的过程，构建系统的开发与运行平台需要相关硬件和软件的支持。图 8－1 展示了系统开发与运行平台的总体框架。

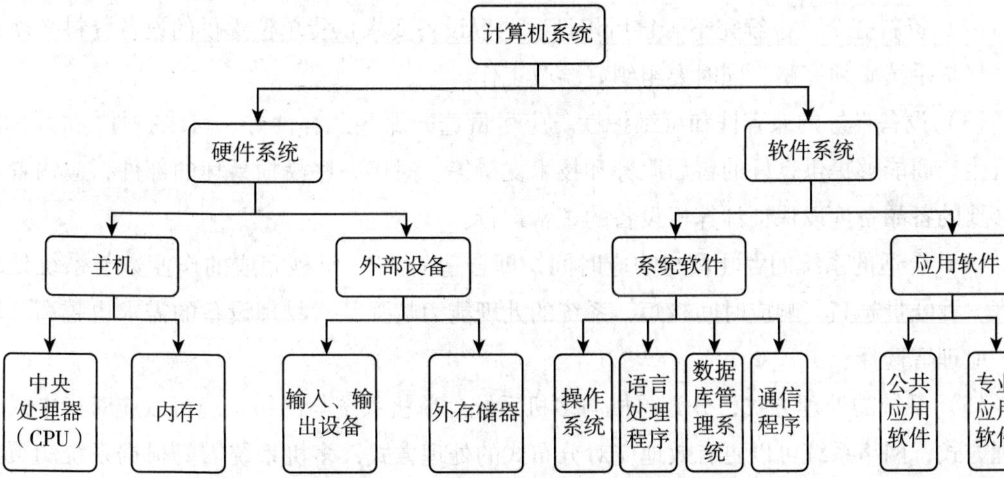

图 8－1　系统开发与运营平台

（1）计算机硬件平台：信息系统应用的基础平台，由主机、服务器、计算机、平板电脑和移动智能等设备构成。

（2）计算机操作系统：用于连接计算机硬件平台和应用软件的桥梁，分为服务器操作系统与客户机操作系统。客户机操作系统有 Windows 系列、Mac OS 操作系统，还有 Android、IOS。服务器操作系统包括 Microsoft Windows Server、Unix 和 Linux。

（3）语言处理程序：将各种程序设计语言“翻译”成计算机的语言，包括各种语言解释器、编译器、程序设计工具及计算机辅助软件工程包。

（4）通信程序：进行信息传输，负责广域网、无线网和互联网的接入服务，如我国的中国移动、中国联通与中国电信。

（5）数据库管理系统：负责帮助使用单位进行数据的使用、管理和维护，可进行数据的编辑、查询、排序和统计，如 MySQL、SQL Server。

（6）应用软件：公共应用软件与专用应用软件。公共应用软件指进行数据分析、统计分析的数据处理软件，例如 SPSS、R Studio、计算机辅助设计 CAD、计算机辅助制造 CAM 等。专业应用软件只可应用于一个行业，优化和扩充后可以供多个行业使用，例如财会核算软件。

（7）除计算机系统之外，还需要互联网平台提供网站的服务，维护网站安全与存储空间；还有咨询与集成服务，进行系统的转换，维护等工作。

8.2.2 开发与运行平台的选择

在选择系统开发与运行的平台时，应考虑以下几方面内容：

（1）质量可靠、价格合理。购置设备首先要考虑的应该是质量，并要在保证质量的前提下，尽可能地降低购置成本。

（2）资料齐全、手续完整、售后培训。购置设备要求供货单位提供的设备资料必须齐全、售货手续必须完整，同时要组织好验收工作。

（3）设备良好的兼容性和可维护性。应尽量选购那些兼容性好、可维护性好的设备，并且生产商能够提供良好的售后服务和技术支持等。对于一些易损易坏的部件，应购置一些必要的备品备件以保证计算机设备的正常运行。

（4）合适的系统的吞吐量与响应时间，即合适的 CPU 每秒完成的作业数与系统处理速度，吞吐量越高，响应时间越短，系统的处理能力越强，对物理设备的需求也越高。所以，应理智选择。

（5）系统的处理方式，分为单机与多机系统。单机系统与网络系统可以应对集中式的处理方式，网络系统可以更有效地应对分布式的处理方式，多机系统需要根据系统的覆盖范围选择局域网或广域网。

（6）容量大小。根据使用单位的要求与系统规划时可能的数据需求，选择计算机的内存与外存容量大小。

（7）I/O 通道数量。根据外部设备的数量，选择合适的输入、输出通道数，如 USB 接口数量等。

（8）输入、输出方式。由于使用单位的不同需求，设计目标也会不同。如超市收银系统，输入通过条形码扫描和键盘完成输入，输出不能只通过显示器显示，还需要提供客户购买凭证，所以需要专用的打印机。

（9）开发工具。根据系统的 B/S 与 C/S 模式，选择合适的开发工具。B/S（浏览器/服务器）模式一般选用 C#、ASP、IDEA、Java 等，C/S（客户端/服务器）模式则选用、VC ++ 、Delphi、VB 等。

8.2.3 系统开发工具

利用软件开发工具可以弥补应用程序由程序设计人员逐行编写的弊端，从而避免了手工方式下的编程错误，提高了系统的开发效率。目前常用的软件开发工具大致分为一般编程语言、数据库系统、程序生成工具、专用系统开发工具、客户/服务器工具和面向对象的编程工具等。这些工具划分在许多具体的工具软件上又是有交叉的。

(1) 一般编程语言类软件工具指由传统编程工具发展而来的一类程序设计语言。管理领域中常用的有C语言、BASIC语言、COBOL语言、PROLOG语言等。这类工具一般不具备很强的针对性，只是提供一般程序设计命令的基本集合，因而适用范围广，原则上任何功能模块都可以用它们来编写。不足之处是，这种适应范围广是以用户编程的复杂程度为代价的，程序设计的工作量较大。

(2) 数据库系统包括桌面数据库系统和大型数据库系统。桌面数据库系统主要指Access、FoxPro、FoxBase等基于数据文件的桌面型数据库，它们的数据容量比较小，但操作简单，容易掌握。大型数据库系统是指能够完成多用户请求，并运行在专用的服务器上的数据库系统，目前，流行的大型数据库主要有Oracle、DB2、SQL Server、My SQL等。数据库的选择一方面要考虑到系统本身的安全性控制、完整性控制、可移植性、可兼容性以及事务处理能力，另一方面还要考虑成本和可操作性方面的要求。

(3) 程序生成工具类，也称第四代程序生成语言（4GL），是一种基于常用数据处理功能的程序之间对应关系的自动编程工具。例如，20世纪80年代中期较为流行的应用系统构造工具、屏幕生成工具、报表生成工具以及综合程序生成工具等。这类工具早期的特点是它必须针对几类常见的程序设计语言。目前这类工具发展的一个趋势就是朝着功能的大型综合化、生成程序模块语言的专一化方向发展。

(4) 系统开发工具类是以程序生成工具的进一步发展为依托，在4GL的各种功能基础上，加强了综合化、图形化，因此使用起来也更加方便。目前系统开发工具主要有两类，即专用开发工具类和综合开发工具类。

专用开发工具类常见的有：专门用于开发查询模块的SQL；专门用于开发数据处理模块的SDK（structured development kits）；专门用于人工智能和符号处理的Prolog for Windows；专门用于开发产生式规则知识处理系统的OPS（operation process system）等。这类工具最显著的特点是针对性较强，可以帮助用户开发出相对深入的处理模块。

综合开发工具类是针对一般应用系统和数据处理功能的一类系统开发工具。这类工具常见的有Visual BASIC、Visual C ++、CASE等。这类工具的特点是可以最低限度地适用于一般应用系统开发和生成。

(5) 客户/服务器工具类是软件工具发展过程中出现的一类新的系统开发工具。这类工具很新颖，其基本思想和概念继承了人类处理问题的一贯思想，即在经济学和管理学中经常提到的“专业化分工协作”的思想。这类工具常见的有FoxPro、Visual Basic、VC ++、Power Point、Delphi、Power Builder等。这些工具的特点是它们之间互相调用很随意。

(6) 面向对象编程工具主要是指与面向对象的方法相对应的编程工具。目前面向对象编程工具主要有C ++、JAVA、Smalltalk、C#、Eiffel等，这是一类针对性较强的系统开发工具。这类工具的特点是必须与整个面向对象的方法相结合。

Smalltalk 源于20世纪60年代，它不仅仅是一种语言，它拥有编辑器、类层次浏览器和许多第四代语言的特征，是一个完整的编程环境。Smalltalk 确立了消息传递的思想，把消息传递作为对象之间的主要通信方式。Smalltalk 是一种强类型的语言，可以在运行时进行废料对象的收集，所有的连编都只能在运行时完成。它是人们广泛承认的真正的面向对象语言，引入了图形界面思想，引入了元类的概念。元类是类的类，由此引出了抽象的概念，一个元类可以被定义成类构造的一个模板。它的缺点是效率不高，内存开销大，不支持持久性对象，只能在运行时检测到消息错误等。

C ++是在20世纪80年代初期设计的，已有多个版本。它在C语言的基础上扩充而成，增加了数据抽象、继承机制、虚函数等，成为一个灵活、高效和易于移植的面向对象语言。其主要变化是引入了一种新的类型 class。像C那样，C ++也依赖于库来提供语言的扩充。C ++能够和现有的C代码实现互操作。因此，C ++是一种面向对象思想和实用性之间的折中，是目前使用最为广泛的一种混合型面向对象语言。C ++的主要优点是：可在操作系统的任何层次上做任何事情；是现有的面向对象语言中运行速度较快的；C ++编译器十分流行，C ++编程使用者广泛。其缺点是：缺乏自动废料回收管理；指针的大量使用难以保证软件在运行时的安全。

Eiffel 是一种目标明确的面向对象语言，其主要特点是：类是唯一的程序构造单位，类不仅是程序模块，也是类型。Eiffel 程序是类的结构化集合，没有主程序的概念。断言机制是它的一大特色。

Java 是一种 Web 语言，提供安全性和并发性支持，而且小的 Java 程序可以作为 applet 在浏览器上运行，因此，Java 语言是互联网上的主力语言。Java 语法类似于 C ++，但是却是一种纯粹的面向对象语言，具有内存自动回收管理、不允许指针等优点，使软件更安全。Java 的特点是具有 Java 虚拟机。Java 编译成为字节代码后，需要虚拟机解释执行。Java 虚拟机可在几乎所有的平台上运行，这就提供了独立于平台的可移植性，但这是以降低性能为代价的。Java 的异常处理类似于 C ++的异常机制，但是更加严密。Java 有它自己的对象请求代理技术——RMI（远程方法调用），实现跨网络访问其他 Java 应用程序。Java 被业界公认为跨平台通用语言，得到强大的后续支持。

C#是一种新的面向对象编程语言，在某些方面与 Java 类似，例如，没有指针，可做废料收集工作，什么都是对象等。C#是 microsoft. net 前锋，它使得程序员可以快速地编写各种基于 microsoft. net 平台的应用程序。C#具有许多优势，如简单性、现代性、面向对象、类型安全性和出色的版本处理技术等。

在进行程序设计时，可以根据项目的应用领域、算法和计算的复杂性、软件的运行环境、各种性能的考虑、数据结构的复杂性、程序设计人员的知识水平和经验等原则来综合考虑，选择相应的软件开发工具。其中，项目的应用领域是选择软件开发工具的关键因素。

8.3　程序设计

程序设计是系统实施阶段最主要的工作，在购置和安装完各种设备、建立起网络环境之后，需要开始进行程序的设计。程序设计是应用计算机程序设计语言来编写程序代码，实现系统功能过程，其目的是利用合适的计算机程序设计语言，编制出正确、清晰、健壮，易维护、易理解、高效率的程序。

8.3.1　程序设计的步骤

（1）分析需求。程序设计之前要仔细地阅读系统设计说明书，根据系统设计所提出的任务、功能和目标，明确自己所编程序在系统中所处的位置及与之相关的环境条件。

（2）熟悉计算机性能。在程序设计前，还要熟悉系统的开发环境，包括计算机的性能、操作系统、程序设计语言与数据库管理系统等。

（3）编写程序。根据所需的功能，厘清思路，排出完成功能的具体步骤，再将算法翻译成计算机程序设计语言，对程序进行编译、连接。

（4）调试程序。程序编制完成后，就需要对程序进行调试，检查程序的运行是否正常、程序的功能是否符合要求、模块程序的技术性如何、软件界面是否友好等，通过上机实验和排除程序中的故障，为新系统的运行初步奠定基础。

8.3.2　程序设计的基本要求

（1）可靠性。系统运行的可靠性是衡量系统质量的首要标准，主要包括两方面内容。一方面，保证系统安全，在正常情况下能正确地工作，例如数据存取、数据通信、操作权限等安全可靠。另一方面，程序应当能应对非正常情况，在意外发生时能适当地做出处理，从而避免造成严重的损失。这些都是程序可靠性的范畴，其可靠性通过高质量的程序设计、仔细周到的程序调试、详尽严格的系统测试等工作过程来把关。

（2）规范性。程序设计要求具有规范性。程序的书写格式、变量的命名和定义、系统各功能模块及每个功能模块中各子功能模块的划分，都应按照整个系统的统一规范进行，以便于今后的程序阅读、修改、维护及功能扩充等工作。

（3）可理解性。一个程序不仅要求逻辑正确，而且应当层次清楚、易读懂、易理解。在系统投入运行之后，后期还需要维护工作。编程规范、结构清晰、可读性强，它的可维护性才能较好，否则会给程序检查和维护工作带来极大困难，不利于系统持久稳定地运行。

(4) 可维护性。在系统的使用过程中，系统需求可能会随着环境的变化而变化，需要随即对系统功能进行完善和调整。此外，在其运行期间，系统会逐步暴露出某些隐藏的错误，因而需要及时排错。另外，计算机软件、硬件的更新换代，也需要程序作相应的调整。程序维护的工作量是相当大的，不容易维护的程序不会有多大的实际使用价值。

8.4 系统测试

8.4.1 系统测试概述

为了保证信息系统的可靠性，在系统投入使用前要对系统中可能存在的错误进行测试与排除，这是系统运行前最后一道质量保证工作。系统测试是对系统程序设计工作的检验。在实际运行环境中，根据开发阶段的各种文档或程序设计合适的测试用例（包括测试输入、执行条件以及预期结果），并利用测试用例来运行程序，发现系统内部的错误，检验系统的功能、性能是否达到要求，从而保证系统运行的正确性和有效性。

管理信息系统的测试包括软件测试、硬件测试、网络测试等，而管理信息系统开发工作主要是对软件进行的，因此本章节主要介绍软件测试。

8.4.2 软件测试

8.4.2.1 软件测试的目的

测试有两个基本的职责，即验证和确认。验证是查明系统是否恰当地反映了规定的要求，保证“做得正确”；确认是证明系统达到用户的使用要求，保证“做正确的东西”。系统测试的目的是找出程序中的错误，检验系统是否满足规定的需求或弄清实际结果与预期结果之间的差距。成功的测试是发现了目前为止尚未发现的错误的测试，但仅仅发现错误还不够，测试的最终目的是开发出高质量、完全符合用户需要的软件。

8.4.2.2 软件测试的原则

为了保证测试的有效性，应注意和遵循以下原则：

(1) 所有的测试标准都建立在用户需求之上。

(2) 制定良好的、切实可行的测试计划并严格执行，切忌测试的随意性。

(3) 测试数据的选取应考虑各种不同的情况。

(4) 测试用例需要根据特定的测试目的而设计，除了检查程序是否做了它应该做的事，还要检查程序是否执行了规定以外的操作。

（5）注意保留测试用例。

（6）测试人员避免测试自己的程序，交给第三方进行会更客观有效。

（7）尽早测试，并将软件测试贯穿于软件开发的整个过程。

8.4.2.3　软件测试的方法

软件测试方法包括动态测试和静态测试两大类，两者主要区别是是否实际执行程序。

1. 动态测试方法

动态测试是指实际运行被测程序，输入相应的测试数据、检查实际输出结果与预期结果是否相符的过程，同时观察程序的行为和性能等特性。根据对被测对象内部情况是否了解，分为黑盒测试和白盒测试。

（1）黑盒测试方法。黑盒测试称为功能测试或数据驱动测试，着眼于程序外部结构。在测试中将程序看作一个不能打开的黑盒，测试人员在完全不考虑程序的内部逻辑结构和内部特性的情况下，在程序接口进行测试。它只依靠需求规格说明书中的功能来设计测试用例，检查程序的功能是否符合说明书要求，是否能适当地接收输入数据而产生正确的输出信息。

黑盒测试方法着重测试程序的功能需求，主要目的是发现以下错误：是否有功能错误，功能是否有遗漏；是否能够正确地接收输入数据，并产生正确的输出结果；是否有数据结构错误或外部信息访问错误；是否有程序初始化和终止方面的错误。

（2）白盒测试方法。白盒测试又称结构测试或逻辑驱动测试，它把程序看作一个透明的盒子，针对系统的内部逻辑结构进行测试。在进行白盒测试时，需要测试人员对系统内部结构和处理过程有全面的了解，根据内部构造设计测试用例，对所有逻辑路径进行测试。

白盒测试方法的原则是：被测程序中每个语句至少被执行一次；被测程序中每个判定（逻辑真与假）至少被执行一次；被测程序中所有判断语句中每个条件的可能取值至少被执行一次；被测程序中所有的路径至少被执行一次。

2. 静态测试方法

静态测试是指基于需求说明书、软件设计说明书以及源代码等文档，静态地检查程序代码、界面或文档中可能存在的错误，不涉及对程序的实际执行。一般由人工进行，检查代码的可读性、代码逻辑表达的正确性、代码结构的合理性等方面问题。在实际使用中，静态测试比动态测试更有效率，覆盖重点和发现缺陷的效率高，缺点是耗时长、对技术要求高。静态测试方法主要包括程序审查会和桌前检查。

程序审查会一般包括组长、程序编写者、程序测试者等。先由程序编写者阅读讲解程序，再由程序测试者逐个审查、提问，然后展开讨论，对程序进行静态分析。需要的材料包括待审程序文档、控制流程图、有关要求规范以及常见错误清单。

桌前检查是由一个人来进行的，是指程序员在完成编译后，在进行模块测试之前，反复阅读代码和流程图，对照模块功能的说明、算法、语法规定来检查程序的语法和逻辑。可用人工方式将数据输入被测程序，由人代替计算机沿着程序逻辑把这些测试数据走一遍。

8.4.3 系统测试的步骤

系统测试主要包括模块测试、集成测试、系统测试和验收测试四步，每一步都是在上一步的基础上进行的。

（1）模块测试。模块测试是对系统的各程序模块进行测试，测试时要满足：所有的语句至少被测试一次，测试每个模块的所有入口和出口。模块测试目的是检测软件设计的最小单元在语法、格式、逻辑等方面可能存在的问题。

（2）集成测试。集成测试是在模块设计的基础上，把各模块组合到一起形成一个子系统来测试的过程。目的是解决各模块间相互调用的协调和通信问题，即重点测试子系统内各模块的接口。集成测试策略包括非增量式和增量式。非增量式集成测试策略是在短时间内把所有模块一次性集成到被测系统中；增量式是把下一个要测试的模块和已经测试过的模块集成起来进行测试。

（3）系统测试。系统测试也称为总调，将经过测试的子系统装配成一个完整的系统进行测试，注意要尽可能在实际环境下来进行测试。系统测试主要解决各子系统之间的数据通信和数据共享等问题。系统测试的目的是验证系统是否满足了需求规格说明书的要求，找出与其不符或矛盾的地方进行完善。

（4）验收测试。验收测试是以用户为主的测试，通过用户界面输入测试数据，并分析测试的输出结果，一般使用生产实践中的实际数据进行测试，测试内容与系统测试基本一样。在测试过程中，除了考虑系统的功能和性能外，还要对兼容性、可维护性、可恢复性以及法律法规、行业标准等进行测试。验收测试的目的是验证系统确实能满足用户需求。

经过上述测试过程，软件基本满足开发的需求，测试结束。

8.5 系统转换

系统转换是指新系统替换旧系统投入使用的过程，从旧系统到新系统应力求平稳、安全。系统转换工作包括新旧系统数据文件转换，人员、设备以及组织机构的调整，系统文件资料的移交等。

8.5.1 系统转换前的准备

（1）数据的整理与录入。数据整理就是按照新系统对数据的格式和内容要求统一进行收集、分类和编码。数据录入是将整理好的数据输入计算机内，并存入相应的文件中，作为新系统的操作文件。新系统的数据整理与录入工作量特别庞大，而给定的完成时间有限，所以要集中一定的人力和设备，争取在尽可能短的时间内完成这项任务。为了保证录入数据的正确，首先数据整理要正确，其次尽量利用各种输入检验措施，保证录入数据的质量。

（2）文档的准备。在总体规划、系统分析、系统设计、系统实施、系统测试等各项工作完成后，应有一套完整的开发文档资料。这套资料记录了开发过程中的开发轨迹，是开发人员工作的依据，也是用户运行系统、维护系统的依据。在系统运行之前要将这套文档资料准备齐全，形成正规的文件。

（3）人员培训。管理信息系统的正常运行需要许多人参与，有的承担数据的输入工作，有的承担系统的操作等。为了使新系统能够按预期目标正常运行，对用户人员进行必要的培训是在系统转换之前不可忽视的一项工作。培训人员主要有3类，包括事务管理人员、系统操作人员和系统维护人员。具体的培训内容包括：信息系统常识；计算机基础知识和新系统操作方法；与信息系统有关的规章制度；管理方法与信息系统功能的结合。

8.5.2　系统转换的主要方式

通常有3种不同的转换方式：直接转换方式、并行转换方式和逐步转换方式。

（1）直接转换方式。直接转换方式采用的是一刀切的方法，在某一个特定的时刻，旧系统停止使用，同时新系统立即投入使用。特点是转换简单，人员和设备费用节省，但预先要经过详细的测试和模拟运行，一旦新系统运行出现问题，旧系统也很难在短时间内恢复，因此风险大。适合中小型企业，或用于系统处理过程不太复杂、数据不是很重要的场合。直接转换方式示意图如图8－2所示。

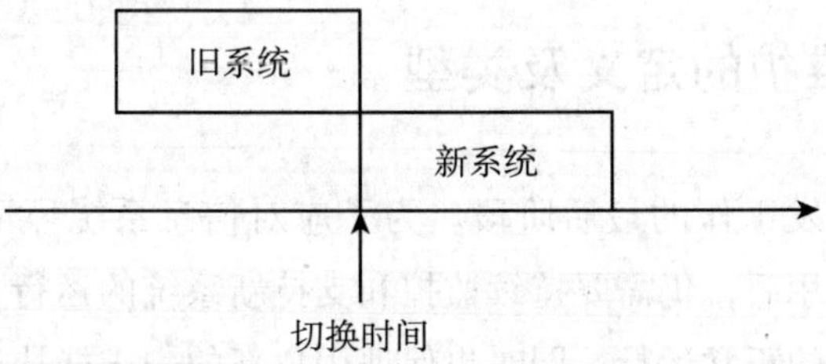

图8－2　直接转换方式示意

（2）并行转换方式。并行转换方式是指在一段时间内新旧系统并存，各自运行完成相应的工作，并相互对比、审核，利用旧系统的数据对新系统进行检验，当并行时间结束、新系统运行准确无误时，新系统替代旧系统。特点是人员和设备费用会增加，系统可靠性高，风险较小，新系统运行成功率高。适合大中型企业或是一些企业的核心系统更新。并行转换方式示意图如图8－3所示。

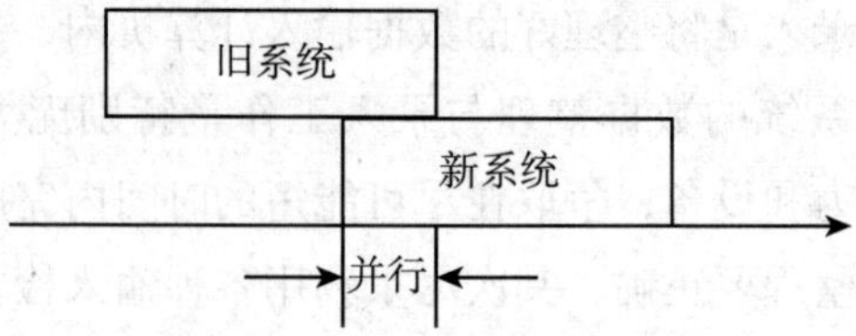

图 8-3 并行转换方式示意

（3）逐步转换方式。逐步转换方式是指分阶段、按部分地完成新旧系统的交替过程。与前两种转换方式不同，逐步转换方式中新系统是旧系统的一部分，先对旧系统中的某些模块进行更新，最后完全替代旧系统。其优点是可靠、切换平稳、易于管理，避免直接转换的风险和并行转换的双倍费用，但是涉及接口多且又十分复杂。前期要做相应的整体规划，前期规划非常重要。逐步转换方式示意图如图 8-4 所示。

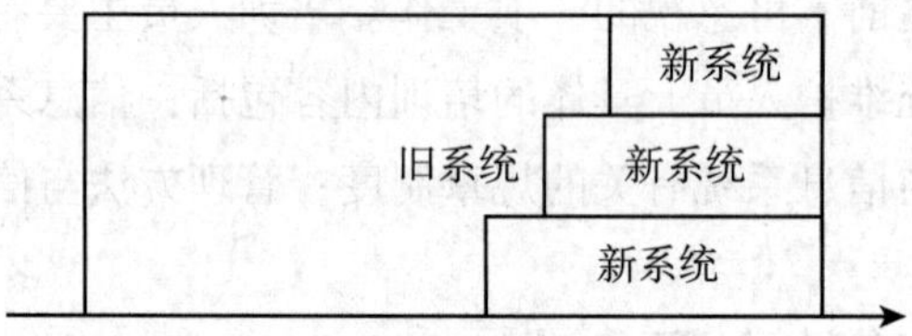

图 8-4 逐步转换方式示意

在实际工作中，这几种方式通常是混合使用的。企业要根据自身的特点和管理信息系统的具体情况来选择。一般系统转换时机包括一个新的业务周期的来临、企业业务的忙闲周期和企业改制时。

8.6 系统维护

8.6.1 系统维护的定义及类型

系统维护是系统开发工作的最后阶段。为了应对信息系统环境和其他各种因素的变化，在系统已经交付使用后，仍需要持续监控和支持新系统的运行，对系统进行必要的修改和调整，以保证系统的正常运行，同时也保证用户新的需求能快速得到满足。系统维护的目的是使系统不断得到改善和提高，始终处于最佳运行状态。

根据系统维护的不同原因，可以将维护工作分为四类：

（1）更正性维护。在系统测试时不可能发现系统中所有的错误，因此在系统使用过程中，不断地出现错误是可以理解的。诊断和改正错误的过程称为更正性维护。通常包括纠正代码错误、改正软件功能上的缺陷等。随着使用时间的推移，这类维护的工作量会逐渐减少。

（2）完善性维护。在系统投入使用之后，由于人们对信息系统功能需求的提高，用户会提出增加新的功能或修改现有功能的要求。为了满足用户新的需求而进行修改或增加系统功能的活动称为完善性维护。随着系统使用时间的推移，这类维护工作量会不断增加。

（3）适应性维护。为适应外界环境、硬件及软件的变化，为使软件能适应新的环境而进行的程序修改和扩充为适应性维护。引起适应性维护的原因有多种，例如操作系统升级、计算机更新换代、企业所处环境发生重大变化、新的信息技术产品出现等。

（4）预防性维护。从预防的角度出发，为了适应未来可能发生的环境变化，主动增加新的预防性功能，或在产品中的潜在错误成为实际错误之前，检测更正它们，确保新系统有较长的使用寿命。

8.6.2　系统维护的主要内容

（1）软件维护。在系统维护中，软件维护是最重要也是工作量最大的。软件维护主要在业务发生变化、系统出现运行错误或程序运行效率低等问题时进行，是指改写部分或全部程序。在程序修改后要进行正确性验证，并填写程序修改登记表，为后期维护工作提供参考依据。

（2）代码维护。如果原代码已经不能继续适应新的要求，就需要对代码进行变更。当需要变更代码时，应由代码管理部门组织进行，以书面形式描述变更内容，并提前组织有关使用者学习，然后输入计算机开始实施新的代码体系。代码维护不仅需要知道如何正确地维护代码，还要学会编写容易维护的良好代码，便于后面其他程序员维护。

（3）数据维护。数据维护的主要内容是对文件或数据库中的记录进行增加、修改、删除等工作，对某些重要数据文件要定期备份，确保数据库的安全性、完整性、正确性，避免数据被破坏、泄露、修改，做好数据库的维护、备份、转储与恢复工作。

（4）设备维护。设备维护主要是对计算机及外部设备的日常维护和管理、故障检修、易损件更换安装等，保持设备的良好运行是信息系统正常运行的条件之一。设备维护的主要内容包括日常的设备保养以及故障发生后的设备维护，定期检修设备并保证设备在发生故障时能及时修复，有时，随着业务的发展，还需要对原有的硬件配置进行增加和调整。

8.6.3　系统维护的步骤

系统维护工作并不比系统开发容易，也需要预先拟订方案，成立专门组织，有计划、有步骤地进行。

（1）明确维护目标。确定进行维护工作应该遵循的原则和规范。对系统功能模块进行划分，分别配备维护人员，还应设置维护主管来负责整个系统维护工作。维护人员的任务是熟悉并认真研究系统负责部分的实施过程。每一个维护申请都要经过系统维护部门和相关业务部门的审核批准后才能实施，以保证维护内容的合理性和可行性。

（2）制定维护方案。维护工作是有计划、有步骤的统筹安排。在确定了维护目标后，需要以此制定维护方案。制定维护方案时需要考虑的重要问题是修改的影响范围和波及大小，因为模块间的联系，对于某一处的修改可能会影响其他模块的正常运行。维护方案包括维护进度安排、维护人员、维护范围、所需资源、维护费用。

（3）实施维护方案。维护主管将任务分配给维护人员，维护人员根据维护方案开展维护工作，并在维护工作完成后提交整个维护过程的报告。

（4）验收维护成果。当维护任务完成后，相关人员还需对维护修改的部分进行测试，最后根据验收标准进行验收。

习题

1. 系统实施的基本任务是什么？包括哪些步骤？
2. 系统的开发与运行需要哪些硬件和软件上的准备？
3. 程序设计阶段有哪些基本要求？
4. 说明系统测试的重要性。
5. 常见的系统转换方式有哪些？请画图说明。
6. 黑盒测试法与白盒测试法有何特点？实际应用中如何选择？
7. 系统维护的重要性是什么？包括哪些内容？

第9章　信息系统的管理

9.1　信息系统运行管理的组织机构

9.1.1　信息系统的运行管理概述

信息系统不是一蹴而就的，它们必须被开发，也必须被维护，同时还需要根据商业环境的变化来改造，从而能够满足不断出现的新需求。

信息系统运行管理的目标就是对信息系统的运行进行实时控制，记录其运行状态，进行必要的修改与扩充，以便使信息系统真正符合管理决策的需要，为管理决策者服务。缺乏科学的组织与管理，信息系统不会自动地为管理工作提供高质量的信息服务，而且系统本身也会陷入混乱。例如，当使用信息系统时，需要保护系统和数据的安全，同时还需要对数据进行不断的备份。当系统发生故障时（所有系统都有可能在某个时刻发生故障）或者失效时，需要准确、迅速地帮助系统恢复。

同时，在学习本章时要牢记信息系统和信息技术的区别。信息系统是为了帮助企业实现其战略目标而存在的，而信息技术是一种技术，涉及基于计算机技术的产品、技术、处理规程和设计。

因此，系统的管理工作也不能与机器设备本身的管理工作等同起来。信息系统的任务是为管理工作服务，它的管理工作是以向企业或其他组织提供必要的信息为目标，以能够满足管理工作人员的信息需求为标准。而机器本身的管理与维护工作只是这项工作的一小部分，只是提供了硬件的保证，真正做到向管理人员提供信息还需要做许多软件操作、数据收集、成果提供等工作。因此，企业信息系统的运管与维护工作必须由了解系统功能及目标、能与企业管理人员直接接触的信息管理专业人员专职负责。

9.1.2　信息系统运行管理的组织结构

信息系统部门主管经理的头衔因不同企业的组织结构不同而存在差异，常用的一个头衔为首席信息官（chief information officer，CIO）。其他的称谓还包括信息服务副总裁、信息服务主管，以及不太常见的计算机服务主管。

信息系统部门的结构也因组织而异，如图 9 - 1 所展示的是一个典型的信息系统部门，一般由五个小组组成。

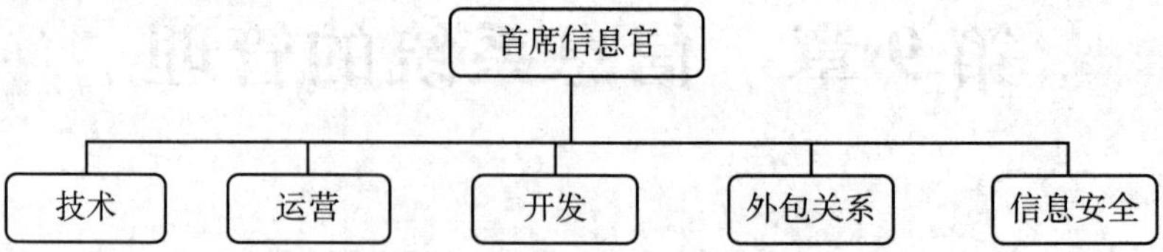

图 9 - 1　管理信息系统的组织结构

大部分信息系统部门都设有一个技术小组，技术小组的领导通常被称为首席技术官（chief technology officer，CTO）。技术小组的任务主要是根据企业的需求，密切关注领域内最新的信息技术，并且判定如何能使企业从中获益。例如，在信息安全受到极大挑战的背景下，许多企业都在积极探索如何通过结合区块链技术，能够在保证企业信息安全方面取得突破。而对于首席技术官来说，他需要对这些新技术、新想法、新变革进行综合评估，结合企业的发展需求，选出最贴合目前企业发展阶段的部分。

图 9 - 1 所示的信息系统部门的第二个小组为运营组，主要负责计算基础设施的管理，包括个人计算机、计算机中心、网络和通信媒体。它还包括了系统和网络管理员。其主要职责是在系统运行的过程中，追踪用户体验，分析存在的问题，并对用户遇到的问题予以反馈，以达到进一步完善信息系统的目的。

图 9 - 1 列出的第三个小组为开发组，其主要职能在于负责新信息系统的开发过程，并且对于现有的信息系统进行维护。开发组的具体职能组成主要取决于系统的开发是否在企业内部完成。如果在企业内部完成开发工作，那么该小组一般包括程序员、测试工程师、技术文档工程师（technical writer）和其他开发人员。反之，该小组的工作则主要交由商务和系统分析师完成，他们与用户、操作人员以及供应商完成合作。

图 9 - 1 列出的第四个小组为外包关系组。该小组并非存在于所有的企业中，只有当企业与其他企业就提供设备、应用程序和其他服务商定外包协议时才会设有。本章的 9.5 节会对外包进行更多详细的阐述。

最后一个小组为信息安全组，通过建立数据标准和数据管理方法与政策来保护数据和信息资产的安全。安全组的领导通常被称为首席信息安全官（chief information security officer，CISO），管理组织信息系统和信息的安全，直接向首席信息官汇报。首席信息安全官的职位涉及员工的管理，由于缺乏强硬的垂直管理权，并且无法强行执行安全计划，因此 CISO 要具有超高的外交技巧。CISO 只能通过教育、劝导、鼓励的方式使组织的管理符合安全项目的需求。

信息系统部门的组织结构存在许多不同的变化形式，在一些大型企业中，仅仅运营组就可能再进一步细分为不同的小组。有的情况下，企业还会有独立的数据仓库和数据集市部门。

9.1.3　信息系统运行管理的职能

根据前两部分对信息系统运行管理的定义以及组织结构的叙述，我们将信息系统部门的主要职能划分为如下几点：

（1）规划信息系统的使用以完成组织的目标和战略。

（2）保护信息资产。

（3）运营安全管理。

（4）外包关系管理。

（5）开发、运营和维护组织的计算基础设施。

（6）开发、运营和维护应用。

本章的9.2节、9.3节、9.4节、9.5节将针对前四个职能依次进行详细的阐述，最后两个职能在前面第8章中已进行了介绍。

9.2　信息系统开发的项目管理

随着科学技术的发展，信息技术水平也不断提高，各种项目规模也越来越大。在中国每年用于项目的投资多达万亿元，项目范围也拓展至许多行业和领域，信息技术也被广泛应用于各个领域，很多项目仅靠常规的人工处理已很难达到预期效果，用信息系统作为辅助手段进行项目管理已成为众多领域的发展趋势。此外，信息系统的项目失败率较高，几乎在每个组织都会或多或少出现一些问题，比如成本大于利润、信息系统不能正常运行、运行的系统不能达到预期的结果等。而这些问题大部分都能在项目管理中解决。因此，对信息系统项目进行管理，确保它们产生真正的商业价值显得尤为重要，并且越来越多的组织意识到良好的项目管理是项目成功的关键。

9.2.1　项目管理的概述

项目是为完成某个特定目标，运用各种方法，组织各种资源，所进行的一系列相关的活动。比如企业开发或运营一款产品、举办大型会议等。项目有大有小，但都有一些基本特征：项目都有某个特定目标；每个项目都是唯一的；项目实施具有一次性。

项目管理是项目管理者运用专门的知识、技能、方法、工具对项目进行管理和控制，使项目在资源约束的情况下，达到或者超过预期水平的过程。项目管理知识体系指南（project management body of knowledge，PMBOK）将项目管理定义为把各种系统、方法和人员结合在一起，在规定的时间、预算和质量目标范围内完成项目的各项工作。项目管理包括范围、时间、成本、质量、人力资源、沟通、风险等方面的管理。

9.2.2 项目管理的目标

相对于每一个信息系统项目的具体目标，其项目管理也有特定的目标，即信息系统项目管理必须处理五大核心要素——范围、时间、成本、质量、风险。从项目开始到结束的各个过程都要进行严格的把控。

9.2.2.1 项目范围管理

项目范围是指完成一项项目所必须做的工作。项目范围管理是对项目范围进行工作分解，将项目范围逐步细化，分解为各个易于管理的部分，再对各个工作范围核实、控制，保证项目能够按计划成功地完成。项目范围管理的过程包括：

（1）项目启动，即正式开始一个新项目，其中一个重要的内容就是制定项目章程，明确项目的范围以及各成员的权利和职责，以致后续工作有序进行。

（2）范围计划，即进一步生成各种书面的有关范围的文件，包括项目范围说明和范围管理计划。

（3）范围定义，即把项目工作分解为较小的更易管理的部分，即形成工作分解结构，明确项目的工作边界，它使得项目目标以及工作内容更加清晰。

（4）范围核实，即项目主要干系人正式接收项目范围的过程。

（5）范围变更控制，即对项目范围的变化进行控制，对于变化的项目范围按照规范的变更程序来管理变更。

9.2.2.2 项目时间管理

项目时间是指完成一项项目所需要的时间。项目时间管理是指按时保质地完成项目各项工作和总任务的专项管理，要明确完成各项工作的时间。在项目执行过程中，将实际时间与计划时间相对比，检查是否有偏差，若是有偏差就要找出问题、及时调整，保证能按时保质完成项目。项目时间管理的阶段包括：

（1）活动定义，即完成项目所必须进行的工作，将工作分解为更小、更容易管理的活动，这些活动能为之后的估计和进度安排提供依据。

（2）活动排序，即识别出项目活动间的依赖关系和逻辑关系，进而对项目的活动顺序安排管理工作。

（3）活动工期估算，即根据项目范围、资源条件等估算已确定的项目活动所需要完成的时间。它是进度安排的基础，会关系到整个项目完成的时间，因此估算的时间应有效，并能保证项目的质量。

（4）进度安排，即根据活动顺序、活动持续时间、资源约束条件等因素来确定项目中各项活动的开始和结束的时间。在制定进度计划表时，工作人员要仔细审查、估算各项活动的持续时间，以保证资源高效利用的同时按时完成项目。一般使用甘特图或关键路径法来制定项目进度网络图。

（5）进度控制，即掌握计划进度的实行情况，将实际进度与计划情况进行对比，找出偏差的原因，采取相应的调整措施，使得项目按计划执行。

9.2.2.3　项目成本管理

项目成本是指项目整个过程中所发生的各种资源耗用的费用总和。项目成本管理是指保证项目在规定的预算内，按时、按质、高效地完成而进行的成本管理活动。要制定项目的总预算和各项活动的预算，并监督各项活动的开支费用。成本管理的过程包括：

（1）项目资源计划，即确定完成项目所需的资源的种类、数量及质量，明确各级活动所需投入的资源及其数量和质量，制定资源供应计划的成本管理活动。项目资源计划编制的主要依据为：项目工作分解结构、历史信息、项目范围说明书、资源库描述、项目进度计划表。

（2）项目成本估计，即为完成项目目标，根据项目资源计划确定的资源以及各种资源的价格，对项目的总成本和各项活动的成本进行粗略估计。项目成本估计的主要依据为：项目资源计划、历史信息、项目工作分解结构、资源的价格信息。

（3）项目成本预算，即在成本估计的基础上，更加精确地估计项目总成本，并分配到各项活动上，确定各项工作活动的预算成本。项目成本预算的主要依据为：项目成本估计、项目工作分解结构、项目进度计划表。

（4）项目成本控制，即在项目实施过程中，将实际发生的成本尽可能地控制在预算范围内的工作。项目成本控制的主要依据为：项目成本管理计划、项目执行报告、项目变更申请。

9.2.2.4　项目质量管理

项目质量是指项目完成的最终结果满足项目相关方要求的程度。项目质量管理是为了保证交付的项目符合质量要求而开展的管理活动。质量管理的阶段包括：

（1）项目质量计划，即确定项目应该满足的质量标准，并提出达到这些质量标准所要做的工作计划。质量计划主要包括：质量决策、范围说明、产品情况、标准和准则。

（2）项目质量保证，即在项目实施过程中，定期评估项目绩效，以确保项目能满足规定的质量标准。一方面对内部管理者提供保证，另一方面对用户和供方提供质量保证，强调对组织和用户负责的思想。

（3）项目质量控制，即监控项目实施过程，确定项目执行是否满足质量标准，分析不符合质量标准的原因，提出解决办法，从而达到控制项目质量的目标。信息系统项目质量控制的主要方法包括：软件技术评审、代码检查、软件测试。

9.2.2.5 项目风险管理

风险是指收益的不确定性，对于项目的最终结果具有不确定性。项目风险管理用来应对项目中发生的各种不确定性，在项目开始前以及实施过程中，识别风险、评估风险，并采取相应的措施来处理风险，以致减少风险对项目的负面影响。项目风险管理的过程主要包括：

（1）风险计划，即确定风险管理的目标以及风险管理的活动，明确风险管理部门的权力与职责，决定风险管理计划书。

（2）风险识别，即识别可能会对项目产生影响的风险，并记录风险的特征。因为风险贯穿于整个项目的始终，所以对风险的识别也不是一次性活动，而是一个要不断重复的活动。

（3）风险分析，即对可能发生于项目中的风险事件进行分析，确定风险事件出现的概率以及可能产生的影响后果。风险分析包括定性风险分析和定量风险分析。定性风险分析指评估风险影响项目的程度以及发生的可能性，定量风险分析指量化每种风险对项目的影响和发生的概率，得出风险数量指标。

（4）风险响应计划，即应对风险的相应措施，具体分为消极风险的应对措施和积极风险的应对措施。消极风险的应对措施包括避免、转移、减缓，积极风险的应对措施包括接受、分享、利用。

（5）风险监控，即监控项目全过程的风险发生与变化情况，识别计划内的风险和新出现的风险，按照需要调整风险管理计划，保证风险管理能达到预期目标。

9.2.3 信息系统项目的选择方法

信息系统项目的选择是信息系统管理中的一个重要问题。因为，一方面对于一个问题，不同的人会有不同的想法，公司可能会提出多种项目方案，而决策者需要从中选择效益最大的项目。另一方面，信息系统项目的选择对资金、人力物力、计算机软件和硬件、信息等资源的分配和利用有着重要意义。

9.2.3.1 信息系统项目的管理组织结构

信息系统项目的管理组织结构明确了各管理层级在系统项目运行过程中的职责，能帮助公司选择合适的系统项目，并且有助于将信息系统项目按重要程度依次考虑。

系统项目管理组织结构从高层到低层依次为：高层管理、中层管理、运营管理。高层管理对系统项目进行整体控制，由公司战略规划组和信息系统指导委员会组成。公司战略规划组制定整体战略，决定是否需要开发新系统以及系统项目的选择，还会制定关键绩效指标（KPI），根据关键绩效指标来评估信息系统项目的整体效益，进而决定是否选择该系统项目。信息系统指导委员会是负责系统项目开发和研制建议的高层管理部门，由职责上受信息系统影响较大的负责人组成。他们的主要职责是审批相关部门的系统规划、监控系统项目的工作进度、为系统项目的进展提供建议、评估系统职能部门的工作绩效，偶尔也会从事信息系统项目的选择工作，因为指导委员会对项目的关键绩效指标有敏锐的意识。

中层管理是信息系统项目的管理团队，由系统项目经理和终端用户经理组成。他们的主要职责是监督具体的系统项目，并指导项目小组。运营管理层为项目小组，是指为了完成某个项目而临时组成的一个特别工作组织，由系统分析师、数据管理员、软件开发员、软件测试员、软硬件维护人员等成员构成，他们负责各自的部分。

9.2.3.2 信息系统规划

在选择信息系统项目前，需要制定信息系统规划，有助于公司评估系统项目所能带来的商业价值，进而选择商业价值最大的信息系统项目来支持总体战略规划的实现。信息系统规划明确了信息系统的总体目标、公司当前的信息系统情况、具体的实施计划、系统的维护等。

信息系统规划包括了公司的总体目标的描述，规定了系统的发展方向以及如何使用信息技术实现公司目标。它评价了现有的系统状况，包括人员、费用开支、软硬件设备、项目的进展等。信息系统规划也明确了系统项目中各项活动的进度以及具体的实施计划，便于发现实际情况与计划的偏离，分析其原因、及时采取措施调整活动。信息系统规划还会涉及系统维护的陈述，以对系统需求变化提供支持。

公司可以将所有的信息系统应用和信息技术基础设施分类总结，以便更有效地做信息系统规划，进而确定那些能给公司带来较高商业价值的系统项目。

9.2.3.3 关键绩效指标

关键绩效指标（KPI）是用于衡量系统项目绩效表现的量化指标，它是系统项目运作过程中关键成功要素的提炼和归纳。通过测量不同的信息系统项目的关键绩效指标，可以大致评估该项目是否能实现企业的目标，并对企业的长、短期信息需求有清晰的了解。

9.2.3.4 应用组合分析

应用组合分析是指将公司的所有信息系统项目和资产进行分析，有助于确定各个系统项目的属性，有利于公司做出信息系统项目选择的决策。应用组合分析主要从风险和潜在收益两个维度来分析，因为每个信息系统项目都有各自的风险和收益。不可能存在一个对于所有公司来说都是理想的系统项目组合，所以公司需要平衡系统项目的风险和收益，并且不同行业不同实力的公司会有不一样的组合选择。

通过应用组合分析，可以确定适合公司的最佳项目组合。最理想的组合是高收益、低风险，但这样的项目存在较少，需要仔细识别。若该项目真的属于高收益、低风险，则应把握，开发该系统项目。对于高收益、高风险的项目，公司应该谨慎考察。对于低收益、高风险的项目，公司应该完全规避。低收益、低风险的系统项目属于常规项目，公司应该仔细考察，看是否可以采取一些措施来改进该项目，使其成为高收益、低风险项目。

9.2.3.5 评分模型

评分模型是对系统项目的某些特征指标进行打分，再赋予这些特征指标一个权重，最后加权汇总。该评分模型的好处是可以根据公司关注的方面来提出特征指标，按照公司认为的重要程度来赋予权重。但评分模型需要一些理解相关问题和技术的专家，并且对评判的指标应达成共识。因此可以采用最后的评分，来辅助公司做出信息系统项目选择的决策。

9.2.4 信息系统项目商业价值的评估方法

了解系统项目的预期收益对公司而言具有重要意义。绝大多数公司都是营利性组织，追求利润是他们的目标，因而预期的投资回报成为了他们选择信息系统项目的决策指标之一。

9.2.4.1 系统项目的成本与收益

与信息系统相关的成本是指用于信息系统项目的费用开支，包括软硬件费用、人员开支、开发费用、安装测试费用等，能表示部分信息系统项目的投资信息。与信息系统相关的收益是指投资该系统项目所获得的收入，包括有形收益和无形收益。有形收益是指能用货币价值来表现的收益，例如降低运行成本、减少人员开支、减少软硬件费用等。无形收益是指不能用货币价值来体现的效益，例如提高资源利用率、提高用户满意度、提供服务水平等。这些收益与成本能提供一些投资信息，在某种程度上能评估信息系统项目的商业价值。

9.2.4.2 系统项目的资金预算

对于一些评估结果是收益大于成本的系统项目，还要考虑其是否为公司带来了良好的投资回报。资金预算是对公司现金流入和流出的估计。现金流出是投资信息系统项目的成本以及之后的系统维护成本，现金流入是投资收益、产品收入以及成本的减少，现金流入和流出的差额为该系统项目的商业价值。

评估资金预算的方法有净现值法、投资回报率法、内部收益法等。通过采用不同方法比较不同信息系统项目的商业价值，有助于企业做出投资决策。

9.2.5 信息系统项目管理的软件

随着科技水平和信息技术的快速发展，运用项目管理软件来辅助系统项目管理是提高信息系统项目管理水平的必然手段。一方面，先进的项目管理软件可以使项目管理过程更加方便、用户操作体验更加流畅；另一方面，项目管理软件的应用也可以反映该组织的项目管理水平，项目管理水平高的组织更能在众多竞争者中凸显优势，并且项目管理软件的运用能提高企业的系统项目管理效率，进而降低企业的项目管理成本。

单从项目管理软件的功能来看，目前的项目管理软件主要分为单功能项目管理软件和集成型项目管理软件。单功能项目管理软件的功能较为单一，主要是合同管理、文档管理、信息交流、进度计划、投资管理等某一方面或部分方面的功能。集成型项目管理软件的功能包括成本控制、资源调度、采购管理、组织管理、风险管理、质量管理等项目管理的主要工作。把这些功能都整合在一起，就构成了项目管理信息系统。

结合项目管理软件的功能和价格来看，目前的项目管理软件主要分为高档型项目管理软件和一般项目管理软件。高档型项目管理软件的功能较多，价格也相对较高，比如 Oracle 公司的 P6、Deltek 公司的 OpenPlan、Gores 公司的 Artemis、ABT 公司的 WorkBench 等。一般项目管理软件的功能较简单，价格较低，如 Micosoft 公司的 Project、IB 公司的 Rational Portfolio Manager（RPM）、Timeline 公司的 Timeline、Scitor 公司的 Project Scheduler、卓豪公司的 Zoho Projects 等。

信息系统项目管理软件能够帮助公司掌握单个项目的情况、分配资源、控制成本，而项目组合管理软件有助于公司了解多个项目之间的关系、管理多个系统项目，及时了解项目进展情况，有助于管理者发现问题、及时调整，并且能根据公司的预算和资源约束帮助管理者选择最优的系统项目组合。

9.3 信息系统的文档管理

一项计算机软件的筹划、研制及实现，构成一个软件开发项目。信息系统开发是信息系统构建过程中的一个关键环节，其中文档又是信息系统的生命线，是系统开发过程中不可或缺的一部分。

9.3.1 文档的分类

文档在信息系统中根据不同的条件可以有多种分类方法。

（1）按文档产生频率分类，可以将其分为一次性文档和非一次性文档。一次性文档是指在信息系统开发中只产生一次，且文档的信息数据无须进行保留，如系统分析说明书、系统设计说明书等。非一次性文档是指文档在系统开发过程中会不断产生并出现，如需求变更申请书、维护建议修改书、信息系统运行日志等。非一次性文档又可以分为频率固定文档和频率不固定文档。一次性文档和频率固定文档通常来说格式与内容不会发生比较大的变化，而频率不固定的文档由于产生的不确定性，一般文档的格式和内容则会随机产生变化。

（2）按文档生命周期的阶段分类，文档可以划分为：系统规划阶段的文档，如系统可行性研究报告、项目开发计划书等；系统分析阶段的文档，如系统分析说明书等；系统设计阶段文档，如系统设计说明书、需求变更申请书等；系统实现阶段的文档，如程序设计报告、系统测试报告、开发总结报告等；系统运行与维护阶段的文档，如用户手册、操作手册与维护修改建议书等（见表9－1）。

表9－1　　软件生存周期各阶段中的文件编制

文件	可行性研究与计划阶段	需求分析阶段	设计阶段	实现阶段	测试阶段	运行与维护阶段
数据需求说明书						
项目开发计划						
软件需求说明书						
数据需求说明书						
测试计划						
概要设计说明书						
详细设计说明书						
数据库设计说明书						
模块开发卷宗						
用户手册						
操作手册						
测试分析报告						
开发进度月报						
项目开发总结						

（3）按文档的不同服务目的、用户对象分类，文档可以分为用户文档、开发文档和管理文档三种类型（见图9－2）。

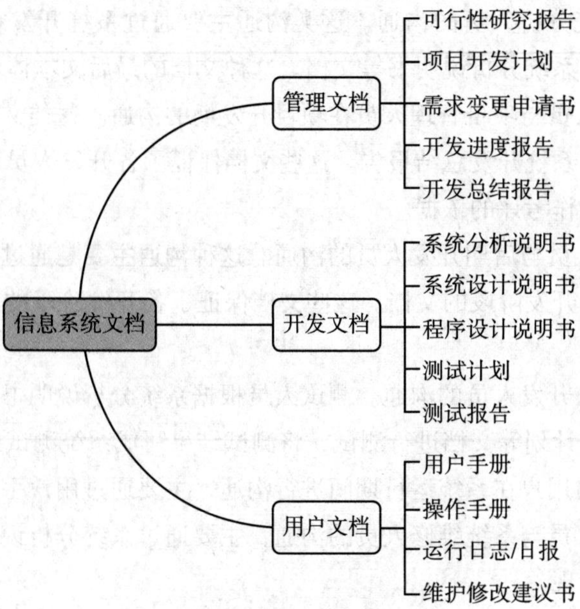

图9-2 信息系统文档及分类

9.3.2 文档的作用

在一些学科领域里，软件包含文档与程序。文档与程序的区别就在于二者的可读性，文档对开发人员及用户来说是可读的，而程序则靠机器直接执行。同样，在信息系统中，文档也是信息系统不可或缺的一部分。

9.3.2.1 七种典型沟通作用

文档是系统开发人员、项目管理人员、系统维护人员、系统评价人员以及用户等之间的桥梁（见图9-3）。

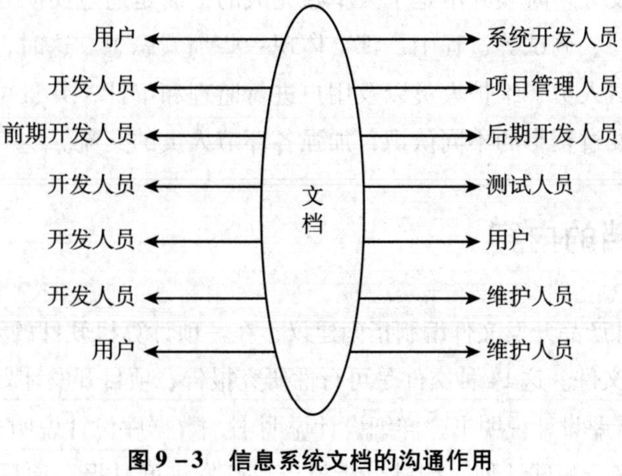

图9-3 信息系统文档的沟通作用

（1）用户与系统分析人员的沟通。这类沟通主要通过系统开发合同、可行性研究报告、总体规划报告、系统分析说明书等文档。这种文档的最后文本体现双方的共识。

（2）系统开发人员与项目管理人员在项目开发期的沟通。这类文档主要有系统开发计划、系统开发月报及系统开发总结报告。这些文档保证了各开发人员的具体目标，可用资源及约束，这也是工作考评的依据。

（3）前期开发人员与后期开发人员的沟通。这种沟通主要是通过系统分析说明书、系统设计说明书等各个开发阶段的文档。这些文档保证了各开发阶段的顺利衔接，降低人员流动带来的风险。

（4）测试人员与开发人员的沟通。测试人员根据系统分析说明书、系统开发合同、系统设计说明书、测试计划等文档进行测试，将测试结果写成系统测试报告。

（5）开发人员与用户在系统运行期间进行沟通，主要通过用户手册和操作手册实现。

（6）系统开发人员与系统维修人员的沟通，主要通过系统分析说明书、系统设计说明书和系统总结报告实现。

（7）用户与维护人员在系统运行维护期间的沟通。用户在系统运行期间通过系统运行日志，记录系统运行情况，形成运行报告，提出修改建议，维护人员根据确认的修改建议和系统开发中的文档维护系统。

9.3.2.2 体现证据作用

文档分为一次性文档和非一次性文档，通常非一次性文档都会在信息系统中留下编制的痕迹，每一份文档都是在系统开发过程中的一种特殊证明。文档的有效性加上大多数文档都需要提供签名，因此，如果在某些特定的场合发生纠纷，已经署名并留下的文档往往可以当作证据来保护自己的利益。

9.3.2.3 文档可以作为监理和审计的对象，以及作为其他信息系统的参照

信息系统的开发大多时候并不是个人单独完成的，而是通过团队合力开发出来的，所以系统的设计、编写、调试等过程中，都会体现一些个人思想。这时，可以用标准化的文档对开发人员、测试人员、维护人员以及用户进行监理和审计，并且可以使用标准化的文档统一信息系统开发过程中的不同认识，加强各环节人员的交流。

9.3.3 文档的内容

根据计算机软件产品开发文件编制指南建议，在一项计算机软件的开发过程中，一般来说，应该产生14种文件。这14种文件是可行性研究报告、项目开发计划、软件需求说明书、数据要求说明书、概要设计说明书、详细设计说明书、数据库设计说明书、用户手册、操作手册、模块开发卷宗、测试计划、测试分析报告、开发进度月报、项目开发总结报告。

9.3.3.1 可行性研究报告

可行性研究报告的文档是为了说明该软件开发项目的实现在技术、经济和社会条件方面的可行性；评述为了合理地达到开发目标而可能去选择的各种可实行方案，说明并论述所选定的方案。

可行性研究报告的编写内容包括：引言、可行性研究的前提、对现有系统的分析、预计建立所建议系统的影响、投资和收益分析、对法律和使用方面进行可行性分析等。

9.3.3.2 项目开发计划

编制项目开发计划的目的是用文件的形式，把在开发过程中各项工作的负责人员、开发进度、所需经费预算、所需软硬件条件等问题作出的安排记载下来，便于根据本计划开展和检查本项目的开发工作。

项目开发计划的编制内容有：项目开发计划引言（包括编写目的、背景、定义等）、项目内容及验收标准、项目开发实施总计划、项目开发的支持条件以及专题计划要点等。

9.3.3.3 软件需求说明书

管理文档中的软件需求说明书是为了使用户和软件开发者同时对软件使用的初始规则有一个共同的理解，使其作为信息系统整个开发过程的基础。

软件需求说明书的内容有引言（包括编写目的、背景、定义等）、任务概述、需求规定（包括对功能、性能、输入输出、数据管理能力、故障处理等提出要求）、运行环境规定（包括设备、接口、支持软件、控制）。

9.3.3.4 数据要求说明书

编制数据要求说明书的目的是向信息系统的整个开发过程提供关于被处理数据的描述和数据采集要求的技术信息。

数据要求说明书的内容包括引言（含编写目的、背景、定义等）、数据的逻辑描述（其中包括静态数据、动态输入及输出数据、内部生成数据、数据约定）以及数据采集等内容。

9.3.3.5 概要设计说明书

概要设计说明书又可称系统设计说明书。编制概要设计说明书的目的是说明对程序系统的设计考虑，包括程序系统的基本处理原则和方法。流程、程序系统的组织结构、模块划分、功能分配、接口设计、运行设计、数据结构设计和出错处理设计等，为程序的详细设计提供基础。

概要设计说明书的内容包括引言（含编写目的、背景、定义等）、总体设计、接口设计（含用户接口、外部接口、内部接口）、运行设计、系统论据结构设计、系统出错处理设计等内容。

9.3.3.6 详细设计说明书

详细设计说明书又可称为程序设计说明书。编写详细设计说明书的目的是说明一个软件系统各个层次中的每一个程序（每个模块或子程序）的设计考虑。如果一个软件系统比较简单，层次很少，本文件可以不单独编写，有关内容合并入概要设计说明书。

详细设计说明书的内容包括引言（含编写目的、背景、定义等）、程序系统的组织结构、程序1（标识符）设计说明、程序2（标识符）设计说明等内容。

9.3.3.7 数据库设计说明书

数据库设计说明书的编制目的是对于设计中的数据库的所有标识、逻辑结构和物理结构作出具体的设计规定。

数据库设计说明书的内容包括引言（含编写目的、背景、定义等）、外部设计、结构设计（含概念结构、逻辑结构以及物理结构的设计）、数据字典与安全保密设计等内容。

9.3.3.8 用户手册

用户手册的编制要使用非专门术语的语言，充分地描述该软件系统所具有的功能及基本的使用方法。用户（或潜在用户）通过本手册能够了解该软件的用途，并且能够确定应该在什么情况下以及如何使用它。

用户手册的具体内容包括引言（含编写目的、背景、定义等）、用户手册的用途、硬设备及数据结构等的运行环境、使用过程等内容。

9.3.3.9 操作手册

编制操作手册是为了向操作人员提供该软件每一个运行的具体过程和有关知识，包括操作方法的细节。

操作手册的具体内容包括引言（含编写目的、背景、定义等）、软件概述、软件安装与初始化、运行说明以及远程操作等内容。

9.3.3.10 模块开发卷宗

模块开发卷宗是在模块开发过程中逐步编写出来的，每完成一个模块或一组密切相关的模块的复审时编写一份，然后把所有的模块开发卷宗汇集在一起。编写的目的是记录和汇总低层次开发的进度和结果，以便于对整个模块开发工作的管理和复审，并为将来的维护提供非常有用的技术信息。

模块开发卷宗的具体内容包括标题、模块开发情况表、功能说明、设计说明、源代码清单、测试说明、复审的结论等内容。

9.3.3.11 测试计划

测试计划里所指的测试是整个程序系统的组装测试和确认测试。本文件的编制是为了提供一个对该软件的测试计划，包括对每项测试活动的内容、进度安排、设计考虑、测试数据的整理方法及评价准则。

测试计划的具体内容包括引言（含编写目的、背景、定义等）、软件说明及测试内容的计划、测试设计说明、评价准则等内容。

9.3.3.12 测试分析报告

测试分析报告的编写是为了把组装测试和确认测试的结果、发现及分析写成文件加以记载。

测试分析报告的具体内容包括引言（含编写目的、背景、定义等）、测试概要、测试结果及发现、对软件功能的结论、分析摘要（包括能力、缺陷和限制、建议及评价）、测试资源消耗等内容。

9.3.3.13 开发进度月报

开发进度月报的编制目的是及时向有关管理部门汇报项目开发的进展情况，以便及时发现和处理开发过程中出现的问题。一般地，开发进度月报是以项目组为单位每月编写的。如果被开发的软件系统规模比较大，整个工程项目被划分给若干个分项目组承担，开发进度月报将以分项目组为单位按月编写。

开发进度月报的具体内容包括标题、工程的进度与状态、资源耗用与状态、经费的支出与状态、下个月的工作计划及建议等内容。

9.3.3.14 项目开发总结报告

项目开发总结报告的编制是为了总结本项目开发工作的经验，说明实际取得的开发结果以及对整个开发工作的各个方面的评价。

项目开发总结报告的具体内容包括引言（含编写目的、背景、定义等）、实际开发结果、开发工作评价（评价包括对生产效率、产品质量及技术方法上的评价）、经验与教训等内容。

9.3.4 文档管理要求

9.3.4.1 文档管理制度化、标准化

要想使文档能够有效地为信息系统服务，必须形成一套完整的文件管理体系，其内容

如下：

（1）必须确定提供的文档所需要的类型以及格式规范，对已经有国标或行业标准参考格式和内容的文档，应按照标准进行编制，对没有标准的文档需要制定相应的格式和内容，方便对文档进行统一的管理。

（2）要规范文档的管理人员，统一管理人员管理文档的规范做法，使得在有需要时能更加有效及时地找到文档、利用文档、使用文档。

（3）在管理文档时必须明确文件设计、修改和审核的权限，避免发生文档管理混乱等隐患。

（4）制定文档管理制度。

9.3.4.2 保证文档管理人员

在文档管理人员方面应保证项目小组设有文档管理组或至少有一位专门负责管理文档的人员，其主要负责对项目已有的两套主文本进行集中保管。管理人员在进行文档管理时要确保两套主文本的内容完全一致，保证文本的一致性。对于两套文本的其中一套可以按照相关手续办理借阅，在借阅后需及时检查文本是否修改，避免出现文本不一致的情况。

9.3.4.3 维护文档的一致性

信息系统开发建设中的文档处在一个动态变化之中，系统里的文档随时都有可能要根据系统开发所处的阶段不同而进行修改。如果有需要对某一文档进行修改，则要及时且精确地修改与之相关的一系列其他文档，保证文档的一致性。一旦文档在开发过程中没有保持一致性，将会引起信息系统开发过程的混乱。维护文档的一致性需要制定相应的规范和制度。首先，要对项目成员在系统开发过程中所产生的个人文档进行规范管理，确保个人文档中的文本形式与主文本是一致的，在后续修改个人文档时要及时检查与主文本的一致性。其次，明确系统文档修改、审核的权限，对任何可能造成文档内容或格式不统一的活动都应规范化管理，严格遵守制度保障文档的统一。

9.3.4.4 维护文档的可追踪性

由于信息系统开发处于一个动态变化的过程中，因此，对于系统的某种修改最终是否有效，需要经过一段时间的测试来验证。在文档管理过程中，需求变更往往会导致文档也与之发生变化，因此项目变更的可追溯性尤为的重要，它可以监控变更执行情况、防止与用户之间的纠纷、问题的处理分析等。维护文档的可追踪性，要详细记录文档每一次发生的变化，包括变更缘由，变更日期，变更前后的需求内容等。因此，文档应该以版本的形式实现，版本的时间和需求应该由相应的系统来规范。

9.4　信息系统的安全管理

在日常生活和工作中，人们对计算机网络的使用越来越频繁，利用各种信息系统来处理不同的数据，无论是超市的收银管理、库存管理，还是学校的图书管理、学籍管理等，都离不开信息系统的支持。信息系统的建立既提高了企业的信息交流、共享、服务的能力，也提高了企业生产、运行的效率，并且促进企业管理水平的提升，企业的运营越来越依赖于信息系统的运行。但在享受信息系统带来便利的同时，也给企业带来了严峻的信息系统安全挑战。因为信息系统在互联网环境下有着较强的共享性、交互性，更容易受到破坏。

近年来，信息安全问题频发，因安全问题导致信息系统中断所造成的损失不断增加。同时，由于信息技术的快速发展，对于系统攻击者的技术水平要求越来越低，攻击成本也逐渐下降，企业面临的系统安全威胁越来越大。因此，对信息系统进行安全管理是保障信息安全的重要的、不可或缺的环节。企业做好信息安全管理工作，就能在一定程度上做好安全防范工作，从而抵御风险，减少安全损失。

9.4.1　信息系统安全的概念

国际标准化组织将计算机信息系统安全定义为“为数据处理系统建立和采取的技术和管理的安全保护，保护计算机硬件、软件数据不因偶然和恶意的原因而遭到破坏”。

信息系统安全的特性主要包括五个方面：保密性、完整性、可用性、可控性和不可抵赖性。保密性是指保护信息在存储和传输过程中不被未授权的实体识别，只有经过授权的人员才有权利获取到保密的信息；完整性是指确保信息内容在存储和传输过程中不被恶意删除、篡改、乱序、插入等，保证信息内容不发生变化；可用性，表示用户可以在有需要时合法地获取资源，不能由于系统受到攻击而使用户无法正常去访问他本来有权正常访问的资源；可控性，指对流通在网络系统中的信息传播及具体内容能够实现有效控制的特性，即网络系统中的任何信息要在一定传输范围和存放空间内可控；不可抵赖性，是指个人、实体以及进程的信息都必须真实有效，不可以抵赖过去对信息进行的所有访问和操作。

信息系统的安全可划分为信息系统的设备安全、数据安全、行为安全、内容安全四个层次。

（1）设备安全是信息系统安全的关键，除了硬件设备外，还要确保软件设备的安全。保护设备的安全要保障设备的稳定性（即设备在一定时间内不出故障的概率）、可靠性（即设备能在一定时间内正常执行任务的概率）和可用性（即设备随时可以正常使用的概率)，保证信息系统的正常运行，避免因为系统设备的故障威胁到信息的安全。

（2）数据安全的属性包括秘密性、完整性和可用性。即使系统的设备没有发生故障，但数据也有可能受到威胁。数据安全主要是指防止数据被恶意或偶然损坏、删除、篡改、泄露等，保护信息的秘密性、完整性、可用性和可控性。

（3）内容安全是信息安全在政治、法律、道德层次上的要求。它包括信息内容在政治上是健康的、信息内容符合国家的法律法规、信息内容符合中华民族优良的道德规范。除此之外，广义的内容安全还包括信息内容保密、知识产权保护、信息隐藏和隐私保护等诸多方面。如果数据中充斥着不健康的、违法的、违背道德的内容，即使它是保密的、未被篡改的，也不能说是安全的。因为这会危害国家安全、危害社会稳定、危害精神文明。因此，必须在确保信息系统设备安全和数据安全的基础上，进一步确保信息内容的安全。

（4）行为安全主要是强调过程安全。过程安全体现在信息系统的硬件设备、软件设备和应用系统协调工作的程序（执行序列）符合系统设计的预期，这一系列安全得以保证的情况下才能使信息系统安全且可控。其中行为安全包括行为的秘密性，即行为不能涉及损害秘密性，必要时行为过程也需要是秘密的；同时也包括行为过程的完整性以及可控性，即行为的过程和结果应该要保持其数据的完整性，以及在出现偏差时能够及时得到控制和改正。

9.4.2 信息系统的威胁

依据信息系统安全的四个层次，可以将影响信息系统安全的隐患分为数据和信息安全隐患、软件系统安全隐患、内容安全隐患、设备安全隐患。产生这些隐患的原因包括：

（1）信息系统自身短板带来的隐患。信息系统自身的短板通常也会对信息系统造成危害。例如，在信息系统开发的过程中，程序员或开发人员在设计、编制、调试以及检验的过程中，可能会发生粗心、不严格等现象，很多错误被漏检，造成后续信息系统的运行的混乱；信息系统开发过程中要考虑系统后续的防护和维护等安全措施，如果在开发过程中没有对后续的安全进行有效的防护，那么在系统遭到外界环境的破坏以及黑客入侵时，将会致系统数据被恶意篡改、偷窃、毁坏等，甚至信息系统陷入瘫痪中；系统设计时没有考虑防止错误操作进而严格的输入校验措施，当一些随机的错误操作或关键性输入错误发生时，将造成整个系统内部数据的错乱；同时，信息系统开发过程中系统和数据结构设计不合理，也会给系统带来很多的安全隐患。

（2）人为因素可能带来的隐患。例如，黑客攻击与入侵，一些网络黑客利用自身的计算机应用能力通过系统的漏洞入侵信息系统的内部。如果在黑客攻击与入侵时，信息系统没有过硬的安全修复系统来展开防护，则会危害到系统内部的核心文件，核心文件可能会被盗窃、篡改或破坏，这就会使计算机设备出现各种隐患；同时，如果核心文件被竞争对手所窃取利用，则会危害到企业或个人的利益。

（3）外部因素带来的隐患。对信息系统造成威胁的外部因素通常包括突发性灾害、互联网病毒入侵、环境对系统的破坏以及设备的故障等。突发性灾害（如火灾、水灾、地震、台风、极寒天气等）会对系统设备的线路、电源造成不可逆的损害，对信息系统数据的安全产生威胁；互联网病毒的入侵通常是系统设备连入互联网之后产生的威胁，严重时会导致信息系统死机甚至瘫痪；环境对系统的危害主要是强电磁波对磁介质内存数据的破坏作用和灰尘在硬盘读写过程中可能带来的对原始数据的破坏；设备故障包括网络发生故障和电源发生故障等。

9.4.3　管理信息系统的安全策略

当面对前面所提到的诸多信息系统威胁时，潜在的破坏性随时都可能发生。为了保障信息安全，需要制定有针对性的安全策略。信息系统的安全策略是指为了保证系统的安全而制定和遵守的一系列准则和规定，它考虑了破坏者可能发起的攻击，以及为避免系统受到破坏和入侵而采取的措施。要实现信息安全，不仅要靠先进的技术，还要靠严格的管理制度、安全教育和法律约束。不同的信息系统在开发、运行、环境等方面有着巨大的差别。因而，针对不同的信息系统可能会采取不同的安全策略，同时还要考虑其成本和被保护信息的价值之间的平衡。因此，企业可以采取如下措施：

（1）严格的安全管理制度。第一，建立系统管理制度并严格执行，减少人为造成的安全隐患。例如，明确各部门和成员的权力与职责，按照严格分工原则，关键数据和重要设备由专人负责；制定用户管理制度，明确不同用户的使用权限以及不同层次的入网权限，避免未授权的非法访问，以此加强信息安全管理；设备、软件维护升级制度，用制度保证系统软件设备的维护以及及时升级系统防病毒软件，减少感染计算机“病毒”的可能性。第二，建立风险应急方案。根据系统的特点以及可能发生的风险建立应急预案，包括应急反应、备份操作、故障恢复等。一旦发生风险事件，可以按照应急措施尽可能地减少损失，更快地恢复系统、正常运行。

（2）安全意识。一方面，要提高人员安全意识，进行安全教育，组织安全培训，按照规范严格操作系统；另一方面，加强设备安全意识，在安装设备时应考虑到安全问题，例如要防火、防水、防盗等。同时，重要数据备份到可移动介质或者通过网络进行异地备份，对关键设备采取双机备份等措施，对系统可以采取应用容灾措施，在异地构建一套与本地系统相当的备份应用系统，当某个系统发生安全事件时，备份的系统可以接替其工作。

（3）法律约束。与信息系统安全相关的法律法规主要包括两个部分。第一个部分是社会规范，是信息活动中个体的行为标准。通过结合信息的保护要求，明确系统用户和操作人员应履行的责任和义务，定义合法的信息活动，而不正当的信息活动要受到道德的谴责或者民法、刑法的约束和处罚。第二个部分是技术规范，是信息活动中的技术标准，例如网络安全标准、信息安全标准、计算机安全标准、操作系统安全标准等。这些法律法规是保证信息系统安全的防线。

(4) 安全技术。信息系统安全技术可以防止对系统的非法入侵以及对系统资源的非法使用，能够在信息系统内部保障其安全性。下面是几种常见的信息系统安全技术：

其一，IP 安全协议。IP 安全协议是为 IP 网络引入的一套安全加密的协议组件。它能够实现密钥的安全交换，可以保护数据在传输期间不被未授权的第三方可见。IP 安全协议有两种工作方式：传输方式和隧道方式。传输方式保护 IP 载荷，即可以为运行于 IP 顶部的任何一种协议提供保护。隧道方式保护整个 IP 包，即把一个数据包用新的数据包封装，但新数据包未加保护。

其二，防火墙。防火墙是一种隔离技术，在内部网络和外部网络、公用网络和专用网络之间建立保护屏障。它是一种软件和硬件设备的组合，用来控制计算机流入流出的网络通信。防火墙通过对流经它的网络通信进行扫描，来阻止一些攻击，以免其进入所保护的网络。防火墙还能关闭一些不常用的端口，禁止有风险的特定端口流出的网络通信，封锁特洛伊木马。防火墙还可以禁止来自风险站点的访问，进而阻止来历不明入侵者的通信。通过防火墙可以实现内外部资源的安全流通，能及时发现、处理安全隐患问题，从而提升了信息数据的安全性。

防火墙有不同的类型。一种防火墙可以是硬件的一部分，可以把因特网连接和计算机都插入其中；另一种防火墙可以独立运行在一个机器上，这个机器作为它背后网络的计算机代理和防火墙。此外，连接因特网的机器也可以使用个人防火墙。

为建立一个可靠的防火墙，管理者应该根据系统内部规则详细了解哪些访问者、地址或者应用程序是可以接受的，哪些是该被拒绝的。防火墙可以阻断部分但不能完全阻止外部的入侵和破坏，因此防火墙应该被视为安全策略的一部分，要与其他安全技术结合，进而共同抵御风险。

其三，认证和加密。能与防火墙配合使用的有认证加密技术，它可以提供信息数据的安全性和真实性，保护重要信息不被非法使用，保护密码数据不被外部破解。

其四，电子签名。由于传统的手写签名和盖章无法在电子文件上进行，需要依靠技术手段辅助操作，因此为解决这一问题出现了电子签名技术。联合国贸发会对电子签名的定义是：在数据电文中以电子形式所含、所附或在逻辑上与数据电文有联系的数据，它可用于鉴别与数据电文相关的签名人和表明签名人认可数据电文所含信息。它能够证明个人在电子文件中的真实身份，与手写签名或盖章具有等同的作用。

其五，数据加密技术。数据加密技术是一种将信息或者数据经过加密函数或加密钥匙转换成一种密文，接收者收到密文后，通过解密函数或者解密钥匙将密文转换成原来的信息数据的技术。数据加密技术要求只有指定的用户和网络才能解密，这在很大程度上增加了信息的安全性。数据加密技术主要分为：数据传输加密技术，即对传输中的数据信息进行加密；数据存储加密技术，即对存储环节上的数据进行加密，防止未授权用户存取数据；数据完整性鉴别技术，即对数据内容和传输、存储、处理数据的用户的身份进行认证，一般是口令、密钥、身份等项目的鉴别，通过验证后才可获得相应的权力，加强对数据的保护；密钥管理技术，即在密钥的产生、使用、销毁等环节上采取的保密措施。

其六，入侵检测系统。入侵检测系统是通过对网络或者计算机系统的关键节点的信息收集和分析，发现是否有异常入侵、违反安全策略的行为或信息遭受侵害的现象的检测系统。入侵检测系统具有全天候检测的特点，它可以防止可疑的网络流量对系统、文件的异常访问。如果发现可疑或异常的事件，它就会发出警报或采取主动反应措施，能够有效地预防恶意攻击。

9.5　信息系统的外包管理

9.5.1　外包概述

外包（outsourcing）是指企业动态地配置自身和其他企业的功能和服务，并利用企业外部的资源为企业内部的生产和经营服务。在讲究专业分工的 20 世纪末，企业为维持组织竞争核心能力，且因组织人力不足的困境，将组织的非核心业务委托给外部的专业公司，以降低营运成本，提高品质，集中人力资源，提高顾客满意度。

现代管理之父彼得 · 德鲁克在其著作《卓有成效的管理者》中有一句经典名言：你的后院是他人的前台。例如，在很多公司保洁工作并不是实现企业成功的一个基本功能，因此保洁工作是一个“后院”；同时也存在一些企业专门从事保洁家政类服务，保洁工作就是这些公司的“前台”，这些企业能够以更合理的价格提供更优质的服务。而对于将保洁工作外包出去的企业便可以专注于核心竞争力的提升。

9.5.2　信息系统外包的分类

（1）按外包程度分为整体性外包和选择性外包。整体外包是将 IT 职能信息技术的 80% 或更多外包给外包商，而选择性外包是指有选择地把几个信息技术职能外包，外包数量少于整体的 80%。

（2）按客户与外包商建立的关系分为市场关系型、中间关系型和伙伴关系型。市场关系型外包服务适用于短时间内可以完成的任务，环境变化改变需求的概率很低，而且没有什么真正的资产专属性的项目。中间关系型外包服务适用于需要花费一些时间来完成的任务，这类任务所处环境的变化可能会改变需求，以及存在某些资产专属性，但是任务完成后，仍然维持与外包商的关系。伙伴关系型外包服务适用于持续的时间较长，相关需求会随着不可预见的环境变化而变化，资产专属性很高以及与外包商续签合同能够最好地满足需要的任务。这类服务管理成本和风险较高。

（3）按战略意图分为信息系统改进、业务提升和商业开发。信息系统改进指组织通过外包提高其核心的信息系统资源的绩效，从而达到其改进信息系统、节约成本、改进服务质量以及获取新的技术和管理能力的战略目标。

业务提升是指以通过外包手段使 IT 资源的配置能最有效地提升业务绩效的核心层面。实现这个目标要求组织对其业务以及 IT 业务流程之间的联系要有清晰的认识，同时要具有实施新的系统和应对业务变革的能力。这种形式的外包要求在引进的新技术和能力时重点考虑业务因素而不是技术因素。这种形式外包的有效实施要求双方共同努力开发组织所需补充的技术和能力，而不是对外包商的单纯依赖。

商业开发是指通过外包为组织产生新的收入和利润或抵消组织的成本，从而提高组织 IT 的投资收益。

（4）按价值中心分为成本中心型、服务中心型、投资中心型和利润中心型外包。成本中心型外包是指通过 IT 外包在强调运行的效率的同时使风险最小化。服务中心型外包是指通过外包在使风险最小化的同时建立基于 IT 的业务能力，以支持组织的现行战略。投资中心型外包是指通过 IT 外包使组织对创建新的基于 IT 的业务能力建立长期的目标，并给予长期的关注。利润中心型外包是指通过 IT 外包向外部市场提供 IT 服务，并获得不断增长的收入，并为成为世界级的 IT 组织获得宝贵的经验。

9.5.3 信息系统外包的重要性

如今许多企业都选择将部分或者全部信息系统业务外包出去，这一决策的常见原因大致有获得管理优势、削减成本、降低风险。

（1）获得管理优势。首先，外包是获取专业知识的捷径。开发创新产品的企业可能缺乏必要的内部专业技术来创造新产品。对于绝大部分企业来说，除非他们不断地为其员工开展最新技术的培训，否则他们可能没有必要的专业知识。当企业与其外包对象开展战略合作之后，便可以制造他们无法在内部制造的产品。其次，外包信息系统还极大地避免了管理问题，节省了管理的时间和精力。并且除了直接意义上减少了信息系统管理者的时间，还节约了批准购买和招聘申请的高级管理者的时间，避免他们为了更好地进行购买和招聘管理，去花费足够多的时间了解信息系统的基本架构。

（2）削减成本。选择外包信息系统的原因还包括削减成本。其一，对于一些并非必需的信息系统，企业可以通过外包获得兼职服务，减少开支；其二，企业可以通过外包信息系统获得规模经济效应。例如，20 家企业各自开发一个人力资源管理的应用程序，那么一旦法律法规发生变动，这 20 家企业就必须在仔细学习新法规的基础上，修改各自的软件，对这些修改进行测试，并编写文件对修改做出解释。但如果这 20 家企业将应用程序统一外包给一个人力资源程序供应商，那么该供应商可以一次性进行所有调整，同时，修改成本可以由这 20 家企业均摊，不仅降低了成本还提高了效率。

（3）降低风险。进行外包还有利于降低风险。首先，外包信息系统可以避免财务风险。在一个典型的外包合同中，外包商会依据自己的服务质量确定一个固定的价格，对于企业来说可以因此控制总费用，降低风险。此外，企业可以通过延迟支付大部分费用，直到工作完成且软件开始运营，来降低财务风险。其次，外包信息系统可以通过确保产品或者服务的质量来降低风险。虽然谁都不能保证外包信息系统一定能够提供高质量的或者比内部开发更优质的产品或服务，但在通常情况下，专业的外包公司知道如何提供标准水平之上的应用程序。同时，如果外包公司不能提供最低质量水平的产品或服务，聘请另一个供应商比重新解雇聘用内部员工更容易。最后，企业选择将信息系统外包可以降低执行风险。正如之前所提到的，法律法规发生变动后，未采用外包的企业可能会因为关注不及时，导致不当执行有关法律法规。外包则将所有这些风险整合为选择正确的外包供应商的风险，一旦企业选定了供应商，那么进一步的风险管理则取决于该供应商。

9.5.4　信息系统外包的风险

既然外包信息系统具有如此多的优势，那么为什么还有企业自己开展信息系统、信息技术业务？原因很简单，因为外包同样存在重大的风险。

9.5.4.1　技术风险

（1）系统安全风险。信息系统在网络、数据存储、设备、系统必须稳定正常地运行，任何的故障都有可能导致业务无法正常办理。所以业主在进行信息系统外包决策时，基本上都将该风险列为首要考虑对象，如存在该风险．则不允许外包。

（2）使用新技术的风险。全球信息技术面临日新月异的变化，但是新技术的应用并不一定能够达到预期的效果，也可能新技术没有被信息服务提供商完全掌握，或者相应的管理没有及时跟上，等等，这些都可能会给新技术使用者带来风险。业主的信息技术人员面对信息服务提供商所采用的新技术，也需要一定的时间去理解和掌握。因此在信息系统外包时，信息系统服务提供商提供新技术，甚至于新的编程语言，均须得到项目经理的批准和备案。

（3）系统运行维护风险。业主的信息系统特别是核心业务系统，基本上都要求 7 × 24 运行，一旦系统出现故障，故障排除时间一般都要求在 1 小时之内。信息系统外包商对系统故障的及时响应能力直接反映了其系统运行维护能力。

（4）过分依赖供应商的风险。信息系统服务提供商由于其自身的信息技术优势，在信息系统外包项目中的系统设计方案方面逐渐占据了主导地位。业主的信息技术人员可能逐渐转化为信息系统外包项目的项目管理人员，而在技术细节方面主要由信息系统服务提供商去完成和实现，以至于可能会因为信息系统人员不了解外包的信息系统内部的技术架构和实现细节，在系统开发和系统运行维护方面业主对供应商的依赖程度越来越高，导致业主在信息系统运行维护方面处于被动局面，而且在后续开发工作中逐渐失去了议价能力。

9.5.4.2 管理风险

（1）选择外包供应商的风险。一个信息系统外包供应商的好坏会直接影响到信息系统外包项目的成败，其技术储备、业务知识储备、项目实施经验、人力资源状况、财务状况、信用度、经营能力等都必须进行详细的审查。业主一旦选择错了外包供应商，则可能会造成项目延期、预算增加、成本增长等风险。另外，外包商的企业文化和运行方式可能与业主的组织文化不同，这种不协调可能会导致冲突和效率低下。好的外包商筛选条件可以降低这种可能性。

（2）外包的监督管理风险。业主在信息系统外包实施过程中，如果业主相关管理部门很少或者没有对服务提供商的财务状况、经营现状、信息外包项目中的关键技术及外包实施人员、信息系统外包实施进度和实施效果进行有效的监督和管理，忽视了必要的监控、审查以及相关项目文档的交接，将可能对外包项目有严重的影响。

（3）合同风险。业主在外包合同的制定过程中，如果没有详细地审查服务提供商的资质、能力，没有对提供商明确服务范围、服务水平和标准、服务周期、后续系统运行维护事项等要求，业主也可能因为需求的不确定因素无法将具体需求写入合同，而合同缺少柔性条款等，一旦需求发生变化或者意外发生，业主都将处于被动局面。

（4）成本增加的风险。外包中的许多风险因素都可能会导致成本的增加。成本的增加包括投资成本的增加。业主对服务提供商的依赖程度越高，业主议价能力越弱，外包成本也就可能越高。业主对外包风险分析不足、管理不善、需求与实际有偏差等都可能导致工期延长，也会导致成本增加，影响业主成本控制。

9.5.4.3 业务风险

（1）业务需求与信息系统不一致的风险。系统开发项目成功的一个关键因素就是对业务需求的精确理解。一旦对业务需求的理解出现偏差，就有可能会导致系统开发工作的返工或者修改，如果牵涉系统架构的重新调整，则可能会造成该系统的重新开发。不但严重影响项目工期，而且会造成预算的大幅度增加。

（2）业务信息泄露或篡改的风险。目前，随着信息系统的建设，业主的大部分业务信息基本上都保存在各个信息系统。基于同行竞争的考虑，业主不允许泄漏业务信息。一旦业主的信息系统外包给了外面的供应商，供应商就可能接触到这些机密的业务信息。如果供应商的员工缺乏安全保密意识，或者业主没有相应的保密机制和数据管理机制，则极可能存在业务信息泄露或篡改的风险。

（3）业务流程与信息系统不配套的风险。如果两者出现了冲突，一般情况下，业务流程的修改会涉及业主所有相关的业务人员，甚至会涉及组织架构的调整，所以业主一般不会轻易地对业务流程进行修改，通常会对信息系统进行改造以适应业主的业务流程。对于新开发出来的信息系统来说，意味着需要重新改造，否则可能会被闲置造成浪费，项目工期会严重延期，项目预算也会相应地大幅增加。

9.5.5　外包风险应对与管理

9.5.5.1　仔细分析评估信息系统外包风险

业主在外包的决策过程中，应该仔细全面地对外包风险进行分析和评估。如果拟外包的信息系统服务是一项范围很小的、稳定的服务范围，其环境相对也是稳定的，那么对于这样一个没有争议的外包决策来说，所需的风险分析是最少的，而且完全可以只通过外包风险评估团队的一些人召开一两次会议就可以了。对于较为大型、复杂的外包决策来说，业主应当扩充风险分析的团队。如果外包风险的相关分析要求很高的技术性或专业性，就应当吸收那些具备专业技能和洞察力的专家加入。

9.5.5.2　制订外包风险应对方案

外包风险的应对方法比较多，风险管理者要根据实际情况正确地选择和确定风险应对方法。信息系统外包风险应对方案主要是要进行开发过程的文档化。同时，业主制定出了外包风险应对方案，并不能仅仅将其作为归档文件束之高阁，还应该确保风险事件发生后该方案的实施。在风险事件发生后，业主首先要成立风险应对方案实施小组，并且根据方案进行明确的分工，划分职责。其次要针对不同的风险事件，根据方案和实际情况确定实施计划，落实方案实施所需资源。

启动应对方案后，要对方案实施情况进行严格的监控，实施人员必须及时地、定期地向管理者汇报实施情况（进度、效果、问题等），以便于及时调整方案和计划。方案实施完成后及时进行总结，积累经验。如果业主有条件的话，在风险事件发生之前可以对风险事件进行模拟，根据实施方案进行演练。

9.5.5.3　选择合适的信息系统外包服务提供商

（1）评估外包服务提供商技术能力。该能力决定了外包项目是否能够正常地实施。业主的信息系统一般比较专业和复杂，系统庞大，涉及的产品和厂商比较多，缺乏相应的技术知识、技术储备将无法对信息系统提供优质的外包服务。业主在评估提供商的技术能力时，可以考察该提供商资质情况（ISO9000 认证、CMM 认证）、现有的产品、技术掌握水平、支撑 IT 外包实施的技术储备情况、该提供商过往的实施经验等。

（2）评估信息外包服务提供商业服务的能力。信息系统的专业性决定了实施人员必须了解业主的业务知识，才能减少信息公司与业主之间的冲突。业务需求往往也决定了业务系统的架构和流程，不清楚业务需求也就无法设计出一套好的系统。对信息系统外包服务提供商的业务能力评估，主要是考察该提供商在类似项目上的实施经验、是否一直都是从事信息系统开发和服务等。

（3）评估信息外包服务提供商管理控制能力及其信用度。主要考察该提供商过往实施的项目是否按计划完成、成本预算是否控制在预算范围内、项目经理能力如何、对于项目风险是否有完整的管理控制规范、质量管理做得怎样、文档质量如何。另一方面，还要考察该提供商有没有隐瞒一些不利于业主的事实，有没有违反合同条款的历史，有没有泄漏业主业务信息的历史等。

（4）评估信息外包服务提供商人力资源状况。业主重点要考察该提供商的组织架构、人员规模、人员经历、专业认证、技术人员与业务人员占比情况、历年来技术人员离职情况、团队建设情况、项目经理或技术专家储备情况、技术人员分布情况，以及能否满足外包实施的人员需求等。

习题

1. 管理信息系统运行涉及哪些人员？各类人员的作用是什么？
2. 系统运行管理主要有哪些方面？
3. 简述信息系统项目管理的特征及其五大核心要素。
4. 如何理解“技术与管理是管理信息系统建设的重要支柱”？
5. 信息系统文档有哪些作用？
6. 计算机软件的开发过程中会产生哪几种文件？
7. 如何面对信息系统受到的威胁？
8. 信息系统外包方式有哪些？存在的风险有哪些？

第 10 章　MongoDB 数据库

10.1　NoSQL 数据库

10.1.1　NoSQL 数据库概念

NoSQL 一般的解释是“non-relational”或“Not Only SQL”，泛指非关系型的数据库。NoSQL 数据库与传统的关系型数据库不同，它们不保证关系数据的 ACID 特性。NoSQL 数据库通常用于存储超大规模数据。例如 Google、Facebook 等巨头企业每天收集的数据量大到我们难以想象，NoSQL 数据库在存储与处理这样的巨量数据有明显优势。

NoSQL 是一项全新的数据库革命性运动，其拥护者们提倡运用非关系型的数据存储，相对于铺天盖地的关系型数据库运用，这一概念无疑是一种全新思维的注入。NoSQL 的概念最早出现于 1998 年，但是直到大数据出现后，才开始受关注。一些企业为了解决数据并发读写、巨量数据存取及数据库扩展等问题，使用了 NoSQL 数据库。随着 Web 2.0 网站越来越广泛，以及大数据的快速发展，关系型数据库已经不能完全适应这类应用场景。所以 NoSQL 数据库的应用也越来越普遍。

10.1.2　NoSQL 数据库特征

10.1.2.1　NoSQL 数据库的主要特征

（1）可弹性扩展 NoSQL 数据库。NoSQL 数据库经常采用反正规化的设计，去掉了关系型数据库的关联特性，因此数据之间没有关联，更容易扩展。

（2）BASE 特征。BASE 特征即基本可用性（basically available）、可伸缩性（scalable）、最终一致性（event consistency）。相比关系型数据库的 ACID 特征——原子性（atomicity）、一致性（consistency）、隔离性（isolation）和持久性（durability）特征，NoSQL 数据库仅保证具有 BASE 特征，而一个支持事务（transaction）的数据库必须具有 ACID 特性，否则无法保证数据的正确性。

（3）大数据量、高性能。由于存储的数据关联性较小且数据结构单纯，所以数据更加容易分散存储，更易实现并发处理，因此 NoSQL 数据库往往有较好的读/写性能。

（4）灵活的数据模型。NoSQL 数据库不需要事先定义数据字段，可以随时存储自定义的数据格式，此特性有利于在一张大数据量的表中新增一个字段。这使得 NoSQL 数据库比较容易保存格式多变的非结构化数据或半结构数据。

（5）高可用。NoSQL 数据库可通过副本集实现故障转移，保证高可用。

10.1.2.2 NoSQL 数据库与关系型数据库适用场景的区别

NoSQL 数据库并不能完全取代关系型数据库。NoSQL 数据库主要被用来处理大量且多元数据的存储及运算问题。因此需要根据应用场景的不同选择合适的数据库，甚至可以在一个应用中同时采用两种类型的数据库。这两种数据库主要存在以下差异。

（1）数据模型的关联性要求。NoSQL 数据库适合模型关联性较低的应用。因此，若需要多表关联，则更适合用关系型数据库。若对象实体关联少，且数据量大、并发度高，则更适合用 NoSQL 数据库。

（2）数据库的性能要求。若数据量大且访问速度至关重要，那么使用 NoSQL 数据库可能是比较合适的。NoSQL 数据库能通过数据的分布存储大幅提高存取性能。

（3）数据的一致性要求。NoSQL 数据库有一个缺点，它在事务处理与一致性方面无法与关系型数据库相提并论。因此，NoSQL 数据库很难同时满足强一致性与高并发性。如果应用程序对性能有高要求，则 NoSQL 数据库只能做到数据最终一致。

（4）数据的可用性要求。考虑到数据不可用可能会造成风险，NoSQL 数据库提供了强大的数据可用性（在一些需要快速反馈信息给使用者的应用程序中，响应延迟也算某种程度的非高可用）。

一个项目并非总是只选择一种数据库，可以将其拆开设计。例如，将需要关系型数据库（RDB）特性的数据放在 RDB 中管理（如交易系统），而将其他数据放在传统的 NoSQL 数据库中管理（如每日交易记录）。

10.1.3 NoSQL 数据库类型

常见的 NoSQL 数据库包括键值数据库、列族数据库、文档数据库和图形数据库。不同类型的 NoSQL 数据库存在很大的差异。每种 NoSQL 数据库都有其优势与不足，优秀的 NoSQL 数据库一定特别适用于某些场合，在这些场合中，其作用远胜于其他类型的数据库，例如某些 SQL 和其他类别的 NoSQL 数据库。

10.1.3.1 键值数据库

（1）相关产品：Redis、Riak、Memcached。

（2）应用：内容缓存，如会话、配置文件、参数等；频繁读写、拥有简单数据模型的应用。

（3）优点：扩展性好、灵活性好、大量写操作时性能高。

（4）缺点：数据无结构化，通常只被当作字符串或二进制数据，无法存储结构化信息，条件查询效率较低。

（5）使用者：百度云（Redis）、GitHub（Riak）、Twitter（Ridis 和 Memcached）。

10.1.3.2 列族数据库

（1）相关产品：BigTable、HBase、Cassandra、HadoopDB。

（2）应用：分布式数据存储与管理。

（3）优点：查找速度快、可扩展性强、容易进行分布式扩展、复杂性低。

（4）缺点：功能局限，不支持事务的强一致性。

（5）使用者：Ebay（Cassandra）、NASA（Cassandra）、Facebook（HBase）。

10.1.3.3 文档数据库

（1）相关产品：MongoDB、CouchDB、ThruDB、CloudKit。

（2）应用：存储、索引并管理面向文档的数据或者类似的半结构化数据。

（3）优点：数据结构灵活、性能好、灵活性高、可根据 value 构建索引。

（4）缺点：缺乏统一的查询语法。

（5）使用者：百度云数据库（MongoDB）、SAP（MongoDB）。

10.1.3.4 图形数据库

（1）相关产品：Neo4J、OrientDB、InfoGrid。

（2）应用：大量复杂、互连接、低结构化的图结构场合，如社交网络、推荐系统等。

（3）优点：灵活性高、支持复杂的图形算法、可用于构建复杂的关系图谱。

（4）缺点：复杂性高，只能支持一定的数据规模。

（5）使用者：Adobe（Neo4J）、Cisco（Neo4J）、T-Mobile（Neo4J）。

10.2 MongoDB 基础

10.2.1 MongoDB 基本概念

MongoDB 是一个介于关系数据库和非关系数据库之间的产品，是非关系数据库中功能最丰富、最像关系数据库的。它支持的数据结构非常松散，是类似 Json 的 Bson 格式，因此可以存储比较复杂的数据类型。MongoDB 最大的特点是它支持的查询语言非常强大，其语法有点类似于面向对象的查询语言，几乎可以实现类似关系数据库单表查询的绝大部分功能，还支持为数据建立索引。它的特点是高性能、易部署、易使用、存储数据非常方便。其主要功能特性为：

（1）面向集合存储，易存储对象类型的数据。“面向集合”（collenction-oriented）的意思是数据被分组，存储在数据集中，被称为一个集合。每个集合在数据库中都有一个唯一的标识名，并且可以包含无限数目的文档。集合的概念类似关系型数据库里的表，不同的是它不需要定义任何模式（schema）。

（2）模式自由。模式自由意味着对于存储在 Mongodb 数据库中的文件，我们不需要知道它的任何结构定义，我们可以把不同结构的文件存储在同一个数据库里。

10.2.2 MongoDB 的优势

MongoDB 之所以强大，除了它能通过分布式架构解决大数据量存储和高并发应用的难题外，还因为它有一个重要特点——能支持丰富多元的查询。它不仅支持大部分关系型数据库的单表查询，还支持范围查询、排序、MapReduce 等。MongoDB 的查询语法类似于面向对象的程序语言。另外，MongoDB 还支持对数据建立索引，其中包含了复合索引、文本索引和地理空间索引。由于 MongoDB 更接近关系型数据库，使得曾经熟悉关系型数据库的人比较容易上手。

（1）集合中可以存储海量的文档，这样可以非常容易地存储大量数据。文档的存储架构是基于 JSON 格式改良的 Binary JSON（简称 BSON）。BSON 与 JSON 相同之处是，都是内嵌对象及数组架构；不同之处是，BSON 存储使用的是二进制的格式。因此可以存储的数据类型较为多样，包括视频、图片、音频等。MongoDB 可以存储无模式的文档，不需要事先定义数据结构和数据类型。

MongoDB 能让使用者根据应用程序的存取需求，设计反正规化的数据结构，以加快查询速度。

（2）在数据查询方面 MongoDB 具有以下特点：首先它不仅支持关系型数据库的单表查询功能，还支持强大的聚合计算（如 sum、avg、count、group 等），以及大数据引擎中常见的映射和归纳。在查询优化方面，MongoDB 可以在特定的集合字段上添加索引，以提高查询的性能。索引的使用与关系型数据库大同小异。其次它可以使用多种程序语言操作，包含 Java、Python、C、C#、C ++、Node. js、JavaScript、Perl、PHP、Ruby 等，能满足应用开发存取数据库的要求。

（3）数据库架构 MongoDB 在架构方面有以下特点：首先，MongoDB 集群具有副本集的架构，可以实现数据实时备援、故障转移等，能确保服务不会长时间中断或发生数据丢失的情况。其次，MongoDB 支持数据块自动切分，可以实现横向扩容，能保证数据存储与访问的负载均衡，使数据量可以不受单台硬件的限制。虽然数据是分布式储存的，但对应用程序来说，仍可以通过统一的路由来访问数据。

10.2.3 MongoDB 适用场景

（1）需要处理大量的低价值数据，且对数据处理性能有较高要求。比如，对微博数据的处理就不需要太高的事务性，但是对数据的存取性能有很高的要求，这时就非常适合使用 MongoDB。

（2）需要借助缓存层来处理数据。因为 MongoDB 能高效地处理数据，所以非常适合作为缓存层来使用。将 MongoDB 作为持久化缓存层，可以避免底层存储的资源过载。

（3）需要高度的伸缩性。对关系型数据库而言，当表的大小达到一定数量级后，其性能会急剧下降。这时可以使用多台 MongoDB 服务器搭建一个集群环境，实现最大限度的扩展，且不影响性能。

10.2.4 MongoDB 中的对象

（1）数据库。登录后可以用“use”指令切换到某个数据库并新增数据，此数据库就会自动创建；若没有切换就新增数据，则数据会建在默认的数据库“test”下。

（2）集合。在储存数据时，MongoDB 会使用集合来做分类，在集合中可以储存许多文档。集合对应的是关系型数据库中的表（table），差别在于：集合不需要事先定义模式（schema）。

（3）文档。文档是 MongoDB 存储数据的最基本单元，相当于关系型数据库中的行（row）或记录。文档内包括一至多个“键值对”（key-value）。每个“键”为一个“字段”（field），该字段的值可以是数值、字符串、数组或子文档等。

（4）视图。视图与查询集合的结果相同，但视图并非实际存在的集合，而是通过指令来构建数据查询得出的结果。MongoDB 的视图与关系型数据库中视图的使用方法类似。MongoDB 能对现有的集合和视图创建只读视图。

（5）索引。MongoDB 索引的使用方法和原理都与传统关系型数据库的索引相同。MongoDB 还支持地理空间索引，以提升查询平面或球面坐标的速度。

（6）用户。如果 MongoDB 开启了安全认证，则会在数据库中产生用户表。在 MongoDB 中，每个数据库都有独立的用户表。在用户权限配置方面，MongoDB 与关系型数据库基本一致。

（7）存储过程。MongoDB 的存储过程是用 JavaScript 撰写的，储存在 system.js 集合中，具有输入/输出参数、嵌套调用等特性，可供应用程序调用。

（8）字段。字段是 MongoDB 文档中的元素，相当于关系型数据库中的“列”（column）或字段。在 MongoDB 中，字段可以弹性地增加或减少，并不需要事先定义。

10.2.5 MongoDB 数据类型

MongoDB 文档存储是使用 BSON 类型。BSON（binary serialized document format）是二进制序列化的形式，类似于 JSON，同样支持内嵌各种类型。

MongoDB 的单个实例可以容纳多个独立的数据库，每一个都有自己的集合和权限，不同的数据库也放置在不同的文件中。

10.2.5.1 常用的数据类型

（1）String：字符串，在 MongoDB 中，UTF－8 编码的字符串才是合法的。

（2）Integer：整型数值，根据所采用的服务器，可分为 32 位或 64 位。

（3）Boolean：布尔值。

（4）Double：双精度浮点值。

（5）Min/Max keys：将一个值与 BSON 元素的最低值或最高值相对比。

（6）Array：用于将数组或列表或多个值存储为一个键。

（7）Timestamp：时间戳，记录文档修改或添加的具体时间。

（8）Object：用于内嵌文档。

（9）Null：用于创建空值。

（10）Symbol：符号，基本上等同于字符串类型，不同的是，它一般用于采用特殊符号类型的语言。

（11）Date：日期时间，用 UNIX 时间格式来存储当前日期或时间。

（12）ObjectID：对象 ID，用于创建文档的 ID。

（13）Binary Data：二进制数据，用于存储二进制数据。

（14）Code：代码类型，用于在文档中存储 JavaScript 代码。

（15）Regular expression：正则表达式。

10.2.5.2 注意事项：

（1）MongoDB 中存储的文档必须有一个_id 键。这个键的值可以是任何类型的，默认是个 ObjectId 对象。

（2）由于 ObjectId 中保存了创建的时间戳，所以不需要为文档保存时间戳字段，可以通过 getTimestamp 函数来获取文档的创建时间。

（3）MongoDB 中的日期表示当前距离 Unix 新纪元（1970 年 1 月 1 日）的毫秒数，并且日期类型是有符号的，负数表示 1970 年之前的日期。

10.2.5.3 例子

表 10－1 列示了 MongoDB 数据类型的含义。

表 10－1 MongoDB 数据类型示例

数据类型	含义
null：d = {'x':null}	用于表示空或不存在的字段
布尔型：d = {'x':true,'y':false}	注意是 js 的 true 和 false，不是 Python 的 True 和 False
数值：d = {'x':3,'y':3.1415926}	支持整型和浮点型
字符串：d = {'x':'Damon'}	与 Python 字符串一致
日期：d = {'x':new Date()}	是一个时间对象
数组：d = {'x':[1,'a','v']}	索引从 0 开始
user = {'name':'egon','addr':{'country':'China','city':'YT'}}	类似于字典套字典，取值形式为 user.addr.country
对象 id：d = {'x':ObjectId()}	MongoDB 插入数据时不指定_id 的话默认就是用这种形式自增的，好处是绝对唯一；它是一个 12 字节的 ID，是文档的唯一标识，不可变

10.3 MongoDB 的基础操作

10.3.1 集合操作

MongoDB 中的集合类似于关系数据库中的表。固定集合就是拥有固定大小的集合。集合会按文档的顺序插入数据，如果发现插入时超过了分配的空间，则会删除旧文档释放空间，保证新文档的正常插入。

集合名称的命名规则包括：名称第一个字符必须是字母；名称中不能包含“$”符号，因为“$”是 MongoDB 系统保留字符；名称中可以有空格；名称不能以“system.”开头；名称不能超过 128 个字符。

10.3.1.1 创建集合

（1）语法格式为：db.createCollection(<name>,<options>)。

（2）参数说明。name：集合名称；options：可选参数；capped：默认为 false，为非固定集合，若设置为 true，则为固定集合，但需搭配 size，指定固定集合大小；max：固定集合存放的文档数；validator：集合具有校验功能；validationLevel：数据校验时对文档的严格程度；validationAction：在数据校验时如何处理违反规则的文档。

（3）范例。

```
> db. createCollection( " student" , {    capped : true , size : 10000 , max : 1000 } )
> db. createCollection( " teacher" , {    capped : true , size : 5000 , max : 1000 } )
> db. createCollection( " course" , {    capped : true , size : 2000 , max : 200 } )
> db. createCollection( " score" , {    capped : true , size : 20000 , max : 2000 } )
```

10. 3. 1. 2 查询集合

查询当前数据库有哪些集合的方式有两种：show collections；show tables。例如下面的命令及结果：

```
> show collections
student
teacher
course
score
```

10. 3. 1. 3 删除集合

删除集合的命令格式为：db. collection. drop ({ writeConcern: < document > })。例如下面的命令将会删除 course 集合：> db. course. drop ( )。

10. 3. 2 文档操作

文档操作主要包括插入、更新、删除、基本查询、条件查询以及内嵌文档查询等功能。

10. 3. 2. 1 插入

插入的命令主要有 insert() 和 save()。insert() 是插入文档最常用的方法，可以插入单个或多个文档。save() 与 insert() 的区别是：insert() 在主键相同时会报错，save() 则会覆盖相同主键的文档。

（1）insert() 语法。

```
db. collection. insert (
        < document or array of documents > ,
        {
            writeConcern: < document > ,
```

```
        ordered: <boolean>
    }
)
```

（2）参数说明。

document or array of documents 为要被插入的文档或数组。若插入一个文档，文档内容放置在 {} 中；若插入多个文档，每一个文档放置在一个 {} 中，所有文档一起放置在 [ ] 中，如：[{document1}，{document2}]。

writeConcern 为可选参数，表示是否使用写入策略。

ordered 为可选参数，表示是否有序插入文档，默认为 true。若为有序插入，则当插入的文档中有一个发生错误时，MongoDB 将不再继续插入后续的文档；若为无序插入，则当插入的文档中有一个文档发生错误时，MongoDB 将会继续插入后续的文档。

（3）insert() 范例。下面的命令实现向 student 集合插入两个学生信息文档。

```
>db.student.insert(
[{
    studentID: 2020192101,
    studentName:"张三",
    studentSex:"男",
    studentPhone:"13699887654",
    studentClass:"信管专业 1801 班",
    studentAddress:"浙江省绍兴市越城区"
  },
  {
    studentID: 2020192102,
    studentName:"李四",
    studentSex:"男",
    studentPhone:"13662355432",
    studentClass:"信管专业 1801 班",
    studentAddress:"浙江省杭州市拱墅区"
  }]
)
>db.score.insert(
[{
    studentID: 2020192101,
    studentName:"张三",
    courseID: 120212,
```

```
        courseName:"管理信息系统",
        score: 86,
        testDate:"2021-06-28"
    },
    {
        studentID: 2020192101,
        studentName:"张三",
        courseID: 120219,
        courseName:"运筹学",
        score: 78,
        testDate:"2021-07-02"
    }]
    )
  >db.score.insert (
  [{
        studentID: 2020192102,
        studentName:"李四",
        courseID: 120212,
        courseName:"管理信息系统",
        score: 92,
        testDate:"2021-06-28"
    },
    {
        studentID: 2020192102,
        studentName:"李四",
        courseID: 120219,
        courseName:"运筹学",
        score: 85,
        testDate:"2021-07-02"
    }]
    )
```

在使用 insert() 时要注意几个问题：在执行该命令前，如果没有指定数据库，则 MongoDB 会自动创建 "test" 数据库，并将文档插入该数据库；如果在 insert 中的集合不存在，则 MongoDB 会自动创建所给定的集合。

（4）save() 语法。它的格式为：db. collection. save (< document >, {writeConcern:

```
<document>})
```

(5) save() 范例。下面的命令实现在 student 集合中插入一个学生信息文档：

```
>db. student. save (
{
    studentID: 2020192105,
    studentName:"赵六",
    studentSex:"男"
    studentPhone:"13692121991",
    studentClass:"信管专业 1801 班",
    studentAddress:"浙江省宁波市海曙区"
  }
)
```

10.3.2.2 修改

文档的修改常用的命令为 update() 和 save()。update() 可以通过特定条件更新一个或多个文档，save() 在更新文档时必须有“_id”字段。

(1) update() 语法。

```
db. collection. update (
                <query>,
                <update>,
{
upsert: <boolean>,
multi: <boolean>,
writeConcern: <document>,
collation: <document>,
arrayFilters: [ <filterdocument 1>,…]
}
```

(2) 参数说明。

query 为筛选条件。

update 为修改的字段和字段值。

upsert 为可选参数，默认为 false。若为 true，则在筛选条件没有匹配时，也会插入此文档。

multi 为可选参数，默认为 false。为 false 时，只会修改匹配到的第 1 个文档；若为 true，则表示会修改全部匹配到的文档。

collation 为可选参数，用于指定修改的排序规则。

arrayFilters 用于修改数组中的特定元素。

(3) update() 范例。更新"student"集合中"studentID"为"2020192101"文档的"studentPhone"字段值改为"13688765543"。命令如下:

```
>db. student. update({studentID:2020192101},{$set:{studentPhone:"13688765543"}})
```

(4) save() 用于修改。前面介绍了 save() 插入文档,这里介绍它的修改文档。与 update() 不同,save() 修改文档必须有"_id"字段,通过"_id"对原文档进行覆盖。下面的命令对 studentID 为 2020192105,studentName 为"赵六"的文档更新 studentPhone 和 studentAddress。

```
>db. student. save (
{
  id:ObjectId("55e892f75a0e730853e328f5"),
  studentID: 2020192105,
  studentName:"赵六",
  studentSex:"男"
  studentPhone:"13692344567"
  studentClass:"信管专业 1801 班",
  studentAddress:"浙江省宁波市鄞州区"
}
)
```

10.3.2.3 删除

删除方法有 3 种,分别为 remove(),deleteOne() 和 deleteMany()。一般认为 remove() 是 deleteOne() 和 deleteMany() 的集合。其中,deleteOne() 可从集合中移除单个文档,而 deleteMany() 是从集合中删除与筛选器匹配的所有文档。

(1) remove() 语法。remove() 可以删除指定条件的文档。

```
db. collection. remove(
  <query>,
  {
  justOnc: <boolean>,
  writeConcern: <document>,
  collation: <document>
  }
)
```

(2) 参数说明。justOne 为可选参数,默认为 false。若为 true,则仅删除匹配的第 1 个文档;若为 false,则删除匹配的所有文档。

（3）范例。删除 student 集合中“studentID”为“2020192101”的文档：

```
>db.student.remove({studentID:"2020192101"})
```

或者：

```
>db.student.deleteMany({studentID:"2020192101"})
```

10.3.2.4 基本查询

查询数据库中的数据是经常使用的操作。在 MongoDB 中的基本查询方式有两种，即 find() 和 findOne()。

（1）find() 语法。find() 可以查询集合中所有文档内容，格式如下：

```
db.collection.find(<query>,<projection>)
```

projection 参数为 1 时，显示此字段，为 0 时不显示此字段。例如查询“studentID”为“2020192105”的文档：

```
>db.student.find({studentID:2020192105},{_id:0,studentID:1,studentName:1}).pretty()
```

使用 pretty() 能将结果分行显示，查询结果如下：

```
{
studentID：2020192105,
studentName:"赵六"
}
```

（2）findOne() 语法与 find() 语法相似。例如用 findOne() 查询“studentAddress”字段为空的第 1 个文档：

```
>db.student.findOne({studentAddress:""})
```

10.3.2.5 条件查询

MongoDB 的条件表达式需要用到的操作符包括四种。

（1）比较操作符。$eq 表示与条件值相同；$ne 表示与条件值不相同或不存在；$gt 表示大于条件值；$gte 表示大于或等于条件值；$lt 表示小于条件值；$lte 表示小于或等于条件值；$in 表示字段值与数组中任一元素吻合；$nin 表示字段值不在数组元素中。

（2）逻辑操作符。$and 表示多个查询条件都满足，即“与”操作；$nor 表示多个查询条件都不满足，即“异或”操作；$or 表示多个查询条件满足其中任一个，即“或”操作；$not 表示不符合一个条件，即“非”操作。

（3）元素操作符。

$exists 是一个元素查询运算符。

type 是一个元素查询运算符，可以查找字段为指定 BSON 类型的文档。

（4）评估操作符。

$expr 允许在查询语言中使用聚合表达式。

$mod 对字段的值执行模运算，并选择具有指定结果的文档。

（5）范例。查询 score 集合中“score”大于 80 的学生的信息：

```
>db. score. find({"score":{$gt:80}},{_id:0,studentID:1,studentName:1,courseName:1,score:1}). pretty()
```

运行结果：

```
{
studentID:2020192101,
studentName:"张三",
courseName:"管理信息系统",
score:86
}
```

查询 score 集合中“courseName”为“运筹学”并且“score”大于等于 80 的学生的信息：

```
>db. score. find({$and:[{"score":{$gte:80}},{"courseName":{$eq:"运筹学"}}]},{_id:0,studentID:1,studentName:1,courseName:1,score:1}). pretty()
```

运行结果：

```
{
studentID:2020192102,
studentName:"李四",
courseName:"运筹学",
score:85
}
```

查询 score 集合中存在 score 字段的文档：

```
>db. score. find({"score":{$exists:true}})
```

10.3.2.6 创建索引

如果没有索引，MongoDB 查询时会扫描所有文档，这样的效率会很低。为了加快查询速度，可以对一些重要的查询字段创建索引。

（1）单字段索引。命令格式为：

```
db. collection. createindex(<keys>,<options>)
```

其中：keys 为索引字段和排序规则，排序规则为 1 时表示升序，排序规则为 -1 时表示降序；options 为可选参数；background 为创建索引是否在后台进行，默认为 false；unique 为是否为唯一索引，默认为 false；name 为自定义索引名；partialFilterExpression 为索引只针对满足筛选条件的文档。

例如：

```
>db. student. createindex({"studentID":1})
```

reindex() 方法可以重建索引。

(2) 复合索引。复合索引就是由多个字段组合成的索引，如果在按第一个字段排序时出现并列，则按第二个字段进行排序，以此类推。例如：

```
>db.score.createindex({"score":-1,"courseID",1})
```

(3) 全文本索引。全文本索引查询文档，可以加快在文档文本中的查找速度。使用时需要设定索引字段为“text”，在查询时会搭配“$text”操作符。但是使用文本索引会降低写入速度，查找时不区分大小写，目前不支持中文文本索引。另外，一个集合最多只能有一个全文本索引，可选择所有字符串字段作为索引键；可设置权重，分配查找优先权，默认权重为 1。例如，在“student”集合中，创建“studentName”字段的全文本索引：

```
>db.student.createIndex({"studentName":"text")
```

10.3.3 聚合操作

MongoDB 的聚合操作可以实现分组、排序、条件筛选、数值运算、多表关联查询等功能，可在分片环境下使用。命令格式如下：

```
db.collection.aggregate([
    {<pipeline_1>},
     {<pipeline_2>},
    …
     {<pipeline_n>}
])
```

pipeline 代表不同的聚合操作。常用的聚合操作有聚合 $group、显示字段 $project、条件筛选 $match、多表关联查询 $lookup 等。

10.3.3.1 $group

“$group”类似于 SQL 中的 group，可以对特定字段进行分组，与 group 搭配的操作符有：

(1) $sum：分组后指定字段的数值进行汇总。

(2) $avg：分组后指定字段的数值计算平均值。

(3) $first：分组后显示指定字段的第一个值。

(4) $last：分组后显示指定字段的最后一个值。

(5) $max：分组后显示指定字段的最大值。

(6) $min：分组后显示指定字段的最小值。

(7) $push；分组后，以数组的方式显示指定字段。

(8) $addToSet：分组后，以数组的方式显示字段不重复的值。

例如，对 score 集合计算平均成绩。

```
>db. score. aggregate([
    {$group:
        {"_id":"$courseName",{$avg:"$score"}}
    }
]).pretty()
```

运行结果：

```
{
    "_id":"管理信息系统"
    "avg":89
}
{
    "_id":"运筹学"
    "avg":81.5
}
```

10. 3. 3. 2 $project

$project 操作符用于指定显示字段。例如查询学生课程成绩的命令：

```
>db. score. aggregate([
    {"$project":
        {"_id":0,"studentName":1,"courseName":1,"score":1)}
    }
]}. pretty()
```

此外，“$project”除可以显示特定的字段外，还可以搭配聚合的其他操作符使用。下面介绍 $project 可搭配的常用操作符。

语法格式：

```
db. collection. aggregate([
    {$project:
        {
            <显示结果的名称1>:{<操作符1>:<操作符条件1>},
            <显示结果的名称2>:{<操作符2>:<操作符条件2>},
            …
        }
    }
])
```

10.3.3.3　$substr

$substr 操作符可以截取字符串中指定数量的字符。使用“$substr”时会设定 3 个参数，其先后顺序为字符串、起始参数、长度参数。

（1）字符串：指欲截取的字符串。

（2）起始参数：表示从哪一个字符开始截取。如果指定此参数为“0”，则表示从第 1 个字符开始取。

（3）长度参数：表示欲截取的字符长度。如果设为负数，则表示从指定起始字符截取到此字符串结束。

10.4　集　群

10.4.1　集群概述

在大数据领域常常提到的 5V 特征中，数据量大（volume）是首当其冲被提及的。由于单机垂直扩展能力的局限，水平扩展的方式则显得更加靠谱。MongoDB 自带了这种能力，可以将数据存储到多个机器上以提供更大的容量和负载能力。

此外，为了保证数据的高可用，MongoDB 采用副本集的方式实现数据复制。一个典型的 MongoDB 集群架构会同时采用分片 + 副本集的方式。

MongoDB 的集群架构主要包括：路由（mongos）、配置服务器（config server）、数据分片（shard），如图 10－1 所示。

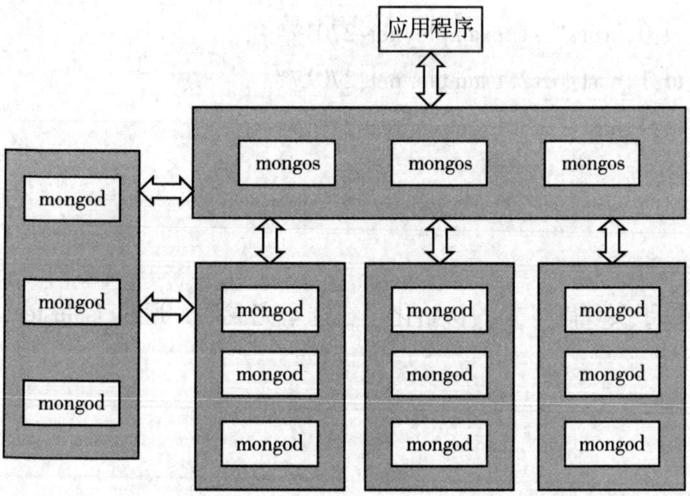

图 10－1　MongoDB 的集群架构

这里的 mongod 进程是独立的 MongoDB 单机服务。最简单的情况就是一台服务器只挂载一个 mongod 进程的单机数据库。mongos 是 MongoDB 数据库的路由器，为应用程序与数据库交互提供接口。Mongos 属于轻量级的服务，可以存在多个 mongos 对集群进行存取。Config server 是 MongoDB 数据库的配置服务器，用于保存说明数据结构的元数据，以及身份验证的相关信息。一般情况下不需要我们变更 Config 的数据。Shard 是数据分片，负责存取数据。每个分片都是一个完整的副本集，而每个副本集由一个或多个 mongod 节点组成。副本集和分片集都属于 shard 范畴。

10.4.2 副本集

副本集（replica set）是数据高可用的必要配置。MongoDB 副本集采取了一主多从的结构，即一个 Primary Node + N * Secondary Node 的方式，数据从主节点写入，并复制到多个副节点。主节点宕机后，由副节点自动选举成为新的主节点；读写分离，读请求可以分流到副节点，减轻主节点的单点压力。节点类型包括主节点（primary）、副节点（secondary）和仲裁节点（arbiter）三种。主、副节点用于保存完整的数据，节点间通过“心跳”机制进行沟通，确保所有节点都能正常运行。仲裁节点在主节点出现异常需要切换时发挥副本集仲裁（投票）的作用。副本集所有节点都拥有投票权，但是仲裁节点只拥有投票权。

MongoDB 副本集通过 Raft 算法完成主节点的选举，这个环节在初始化的时候会自动完成，如下面的命令：

```
config = {
    _id:"my_replica_set",
    members:[
        {_id:0,host:"rs1.example.net:27017"},
        {_id:1,host:"rs2.example.net:27017"},
        {_id:2,host:"rs3.example.net:27017"},
    ]
}
rs.initiate(config)
```

initiate 命令用于实现副本集的初始化，在选举完成后，通过 isMaster() 命令就可以看到选举的结果：

```
>db.isMaster()
{
    "hosts":[
    "192.168.100.1:27030",
```

```
    "192.168.100.2:27030",
    "192.168.100.3:27030"
    ],
    "setName":"myReplSet",
    "setVersion":1,
    "ismaster":true,
    "secondary":false,
    "primary":"192.168.100.1:27030",
    "me":"192.168.100.1:27030",
    "electionId":ObjectId("7fffffff0000000000000001"),
    "ok":1
}
```

受Raft算法的影响，主节点的选举需要满足"大多数"原则。

10.4.2.1 Oplog同步（operations log）

Oplog即操作记录，是副本集成员特有的集合，默认为固定大小。它是副本之间数据同步的关键设计。应用端对数据的增加、删除、修改操作都会被记录在这个集合中。

在配置副本集时，若未指定Oplog大小，则Oplog默认为数据文件所在硬盘容量的5%，但默认大小不会超过50GB。若自定义大小则不受此限制，只需要在MongoDB配置文件（mongod.conf）中使用“oplogSizeMB”参数就可以定义Oplog的大小值。不过此参数仅在集群未初始化前配置有效，一旦Oplog创建完集合，则再修改此参数将不再有作用。所以，在定义前必须考虑数据写入的并发程度。如将Oplog size设置得过小，则可能导致数据尚未同步到副本节点Oplog就已经满了。

10.4.2.2 心跳（heartbeat）

在高可用的实现机制中，心跳是非常关键的，判断一个节点是否宕机就取决于这个节点的心跳是否还是正常的。副本集中的每个节点上都会定时向其他节点发送心跳，以此来感知其他节点的变化，比如是否失效、或者角色发生了变化。利用心跳，MongoDB副本集实现了自动故障转移的功能。如果应用仅仅使用了单个副本集，那么就会由Driver层来自动完成处理。

10.4.2.3 数据分片（shards）

分片是指将数据库中不同的文档分布存储于多个服务器中，这样可以有效减轻单个数据库实例的压力。生产环境下shard一般是一个Replica Set，以防止该数据片的单点故障。对于分片集合（sharded collection）来说，每个分片上都存储了集合的一部分数据（按照分片键切分)，如果集合没有分片，那么该集合的数据都存储在数据库的 Primary Shard 中。

Mongos 是 Sharded Cluster 的访问入口，其本身并不持久化数据。Mongos 启动后，会从 Config Server 加载元数据，开始提供服务，并将用户的请求正确路由到对应的 Shard。Sharding 集群可以部署多个 Mongos 以分担客户端请求的压力。

10. 4. 2. 4 数据如何切分

基于分片切分后的数据块称为 chunk，一个分片后的集合会包含多个 chunk，每个 chunk 位于哪个分片（shard）则记录在配置服务器（config server）上。Mongos 在操作分片集合时，会自动根据分片键找到对应的 chunk，并向该 chunk 所在的分片发起操作请求。数据是根据分片策略来进行切分的，而分片策略则由分片键（ShardKey）分片算法（ShardStrategy）组成。

MongoDB 支持两种分片算法：

（1）范围分片。假设集合根据 x 字段来分片，x 的取值范围为［minKey，maxKey］（x 为整型，这里的 minKey、maxKey 为整型的最小值和最大值），将整个取值范围划分为多个 chunk，每个 chunk（默认配置为 64MB）包含其中一小段的数据。例如，Chunk1 包含 x 的取值在［minKey，－75）的所有文档，而 Chunk2 包含 x 取值在［－75，25）之间的所有文档……

范围分片能很好地满足范围查询的需求。比如想查询 x 的值在［－30，10］之间的所有文档，这时 Mongos 能直接将请求路由到 Chunk2，查询出所有符合条件的文档。范围分片的缺点在于，如果 ShardKey 有明显递增（或者递减）趋势，则新插入的文档多会分布到同一个 chunk，无法扩展写的能力。比如使用_id 作为 ShardKey，而 MongoDB 自动生成的 id 高位是时间戳，是持续递增的。

（2）哈希（Hash）分片。Hash 分片是根据用户的 ShardKey 先计算出 Hash 值（64bit 整型），再根据 hash 值按照范围分片的策略将文档分布到不同的 chunk。由于 Hash 值的计算是随机的，因此 Hash 分片具有很好的离散性，可以将数据随机分发到不同的 chunk 上。Hash 分片可以充分地扩展写能力，弥补了范围分片的不足，但不能高效地服务范围查询，所有的范围查询要查询多个 chunk 才能找出满足条件的文档。

10. 4. 2. 5 如何保证均衡

如前面的说明中，数据是分布在不同的 chunk 上的，而 chunk 则会分配到不同的分片上，那么如何保证分片上的数据是均衡的呢？在真实的场景中，会存在下面两种情况：

（1）全预分配。chunk 的数量和 shard 都是预先定义好的，比如 10 个 shard，存储 1000 个 chunk，那么每个 shard 分别拥有 100 个 chunk。此时集群已经是均衡的状态（这里假定）。

（2）非预分配。这种情况则比较复杂，一般当一个 chunk 太大时会产生分裂（split），不断分裂的结果会导致不均衡；或者动态扩容增加分片时，也会出现不均衡的状态。这种不均衡的状态由集群均衡器进行检测，一旦发现了不均衡则执行 chunk 数据的搬迁达到均衡。

MongoDB 的数据均衡器运行于配置服务器的主节点（Primary Config Server）上，而该节点也同时会控制 Chunk 数据的搬迁流程。

10.4.2.6 副本集的回滚（rollback）

在对 MongoDB 副本集进行写操作时，若主节点在接收写操作后尚未将写操作同步至副节点便发生宕机或网络断开，则新的主节点仍有新的写操作，但当旧的主节点恢复后，便会产生数据不一致的状况。这时可以通过回滚机制，将旧的主节点数据恢复至最后一致的状态。

以下两种情况下会触发节点的回滚机制：

（1）同步源最新的 Oplog 没有目标节点新。

（2）同步源的第一条 Oplog 记录与目标节点最新的 Oplog 不同。

在节点触发回滚时，首先会找到此节点与同步源共同的操作点，将共同操作点之后做过变动的文档写至数据文件夹“/rollback/”路径下的 BSON 文件中，并撤销 Oplog 记录；然后从当前的主节点同步共同操作点之后的操作。回滚的状态可以从 log 中查询。

10.4.3 分片集

若将副本集视为集群的纵向延伸，则分片集是集群的横向扩容。

在单机服务的情况下，对大量文档集合进行查询会对性能造成严重的影响，访问速度会变慢。有了分片集，能更轻易地实现海量数据的存储，不再受限于单一服务器的物理硬盘容量。而数据如何被分配保存在哪个分片中，MongoDB 本身的机制会自动处理，不需要开发人员编写复杂的程序来管理，这对于有分布式存储需求的应用程序来说实在是一大便利。

除海量数据存储外，数据分散存储也意味着数据存取压力的分散，特别是在并发处理的案例上。数据依据某个规则被分配到不同的分片，这样的设计可以让全部数据保存到不同的物理服务器上。

10.5 客户端软件——MongoDB Compass

前面介绍的 MongoDB 操作是基于 Mongo shell 输入命令进行的，操作起来不太方便。有不少第三方软件可以帮助我们可视化地操作 MongoDB 数据库。MongoDB Compass 是

MongoDB 官方提供的一款 GUI 工具软件。

习题

1. 什么是 NoSQL?
2. NoSQL 数据库有哪几种类型?
3. 简述 MongoDB 的概念。
4. MongoDB 的集合操作有哪些?
5. MongoDB 的文档操作有哪些?
6. MongoDB 的聚合操作有哪些?
7. 什么是 MongoDB 的集群?
8. 简述 MongoDB 客户端软件。

第 11 章　T 企业数字化信息系统案例

党的二十大报告提出“坚持把发展经济的着力点放在实体经济上，推进新型工业化，加快建设制造强国、质量强国、航天强国、交通强国、网络强国、数字中国。实施产业基础再造工程和重大技术装备攻关工程，支持专精特新企业发展，推动制造业高端化、智能化、绿色化发展”。本书前 10 章主要讲述了数字时代管理信息系统的设计、开发和部署的有关问题，本章以浙江省杭州市 T 集团公司在面对汽车行业结构化转变过程中，特别是新能源汽车崛起后，为应对新兴市场对传统汽车零部件制造业的影响，主动变革其业务流程为例，阐述 T 公司如何借助信息化、数字化实现智能工厂，特别是如何借助管理信息系统的升级与改造实现企业的升级与转型。

11.1　数字化转型策略

三维双重转型：第一个方向是 X 维度的横向发展，即为产品多元化和业务多元化；第二个方向是 Y 维度的纵向一体化，即在产业链分工中，进入新的上游或下游环节；第三个方向是 Z 维度的地域多元化，即在当前业务进入不同的地区市场。企业有可能在这三个方向上建立多元化组合的各种可能性，每一种可能性都形成不同的协同效应，公司级 IT 战略决策就是要使三个方向上的组合协同效应最大化（见图 11 – 1）。

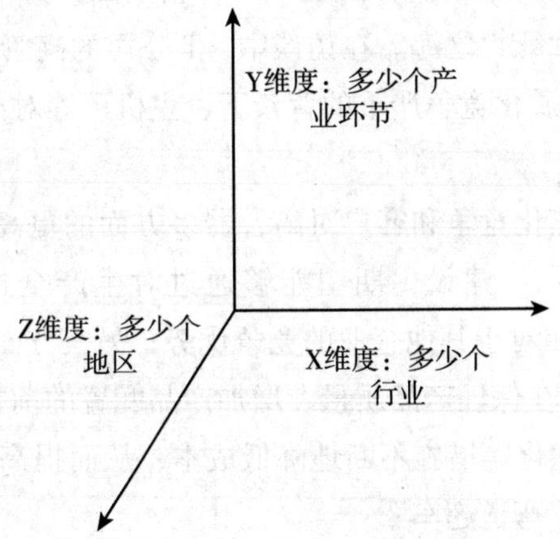

图 11 – 1　三维双重转型模型

在面对技术瓶颈、新能源汽车替代品等挑战中，T公司以卓越的产品质量，出色的品牌价值，独到的发展目光保持经济效益持续稳定增长，真正实现了“三维双重转型”战略愿景。

11.2 X维度

在“成为全球领先的汽车零部件供应商”的愿景的驱动下，在汽车零部件市场日益成熟、外部环境日益复杂和不确定的时候，T公司更加注重原有业务与新业务的横向发展，即产品多元化和业务多元化，以实现竞争优势的构建。竞争优势的构建依赖于两个方面的转型：第一，回归产品本身，为客户提供价值；第二，基于共同逻辑，以实现业务转型。在应对以上两个方面的转型上，T公司进行了相应的战略回应，即：实现公司在汽车离合器传动系统领域中技术领先、市场领先和服务领先的总目标，确保公司主营业务稳步增长；在以汽车离合器为基础上，分别向和汽车离合器有关联的汽车飞轮、轴承等汽车零部件发展，拉长产业链，实现产品的多元化；准确把握新能源汽车的发展趋势，研发新能源汽车相关零部件，将其打造为新的增长点。

11.2.1 回归产品，实现多元化发展

国内离合器市场经过了三四十年的发展，大量汽车零部件生产企业都跻身于离合器的研发生产当中，目前汽车离合器的技术成熟度已经达到了很高的水平，乃至陷入了红海竞争，甚至被称为“血海竞争”。新企业或已在市场中的离合器生产企业难以通过技术革新来迅速开辟或占据更多的市场份额，即使是拥有新技术的离合器也难以获得长期的优势，其他离合器企业能够及时跟进技术的发展并应用于自身的离合器产品上。离合器市场的玩家们只剩下了历经多年发展的老手们，甚至不断有企业因自身离合器的落后而退出市场，离合器市场已然成为了一片死亡之海。在访谈中，T公司的高管形象地将其称为“死海竞争”。并且在离合器产品同质化竞争严重的背景下，主机厂等对离合器产品的品质、成本、交期的需求越来越高。

面对离合器市场的白热化竞争和客户对离合器多方面的更高要求，T公司及时作出回应，一方面开展“未来工厂”建设，期望能够通过对生产全过程的精细化管理，达到“提质降本增效”，以获取相对于其他企业的竞争优势；另一方面T公司开发新技术，以期达到“技术降本创效益”。在保证产品质量、增加产品配置的前提下，公司通过结构优化、材料优化、零部件供应商优化等措施不断地降低成本，从而提高其在市场中的竞争力，实现在离合器市场竞争中的“弯道超车”。

正如本书所述，企业经营的本质是为了给顾客创造价值。T公司回归于产品本身，积

极为客户提供价值，即更高的品质、更低的成本、更快的交期。只有满足了客户的需求价值，T公司才能够谋取发展契机，以拓展离合器市场份额。

11.2.1.1 技术降成本，创造生产效益

T公司注重针对离合器市场识别客户的需求，为客户定位并创造切合自身的产品价值。以技术研发增加离合器产品的性价比，根据客户需求把要做高做强的部分做得更高更强，要做成本低的部分做得效率更高、成本更低，并将产品的品质和使用体验提高到更高的层次，为客户带来更差异或成本更领先的价值，将品牌美誉度做得更高更深。

在面对离合器产品同质化竞争严重和主机厂对离合器产品高要求的情况下，T公司选择通过开发新技术，研发新材料汽车离合器，提高研发的科技含量，以此提升产品档次和降低成本，进而提升产品在离合器市场的竞争力。T公司针对目前A类件号的产品，进行技术改进提升、工艺降成、品质提升工程。针对A类件号产品的技术降成，将会大大提升公司产品的竞争力和市场占有率，同时也为公司直接创造效益。

T公司拥有国内领先的立体模具库，采用全信息化管理，模具型号齐全，能够满足客户同步开发的要求，亦能够确保产品加工稳定性、性能一致性。同时配备国内领先的压力机和大型液压机，能够保证重型车离合器盖的冲压制造，替代铸造离合器盖，保证产品加工精度和质量稳定，安全性高；同时引进了先进技术的全套箱式多用炉生产线，采用低碳钢和多种热处理技术，能够保证产品具有优质的耐磨性和韧性，延长产品使用寿命。此外，T公司通过国内外装备技术引进和适应性改造等手段，自主设计研发了具有国内先进水平的离合器半自动装配线、高速多点自动化冲压线、自动铆接机、离合器综合性能测试台、自动化物流系统等生产设备和检测设备，实现了工艺技术和生产装备的升级换代，进一步提高了公司生产加工与检测精度以及生产工艺的自动化程度，增强了公司整体竞争能力。

11.2.1.2 精细化管理，提质降本增效

1. 提升产品品质

T公司将品质管理作为重点改革和提升的对象，并在资源配置方面给予大力支持。品质管理的工作重点方向以质量管理体系的落实和实施为主线，在总结当年的质量问题清单的基础上，提出下一年的改进提升工作方案，其核心围绕着A类件号的产品品质的稳定和提升。

品质管理要求在自产的零部件和供应商的零部件上均保持并提升产品的品质。在自产零部件生产中，T公司加大对零部件质量的检测力度，包括完善各项监测记录单据，落实自制件的首检、巡检、末检制度、按月对车间生产的产品进行考核等措施，确保自身产品零部件质量的稳定和提升。在供应商零部件的收货与生产中，T公司分别加大外协件的抽检频次与落实外协件单位自检制度。前者包括针对供应商的产品质量形成月度汇报表，实

施严格的供应商考核制度，其主要目的是提升供应商的交付品质，实施优胜劣汰；后者包括建立完善的供应商出厂检验报告机制并制定基于信息系统的供应商质量提升帮扶工作机制，运用供应商质量工程师保障供应商产品质量稳定与提升，并开发新的供应商。

T公司杭州本部与湖北S子公司整合测试中心，加强产品的质量监督。测试中心的主要工作为自制件和外协件检验。本部品质管理部门与S子公司品质部门基于信息系统相互沟通借鉴，共同攻关质量难点，提升T公司整体产品品质。

针对主机产品和重点质量攻关项目中可能出现的质量问题，T公司制订基于信息系统的快速反应机制，有效配合销售部门、技术部门共同开展质量问题排查和整改工作，在主机厂家树立T公司良好的品牌服务形象，以不断开拓主机配套市场。

2. 降低成本

做好全面强化企业管理、稳定发展基础等工作是T公司降低成本所采用的方式。满足客户需求是企业管理的出发点，在保障客户对产品高品质的要求下，精细化管理是降低成本最简要的方法，而作业流程设计是其关键。因而T公司注重精简生产运营流程，在稳定扎实的发展中降低流程成本。

通过导入卓越绩效模式，整合质量管理体系、现场5S管理、精益生产等管理体系和管理工具，明确运营工作重心；通过明确产能瓶颈、生产瓶颈、合理安排工作时间等多种手段，狠抓生产管理；细化内部基础管理，通过建立系统科学的工作目标及岗位职责考核办法、全面落实ERP生产计划管理系统、持续开展5S现场管理工作等多种手段，逐步提升整体综合管理水平；加强财务管理，充分利用政策性融资，降低生产成本。

3. 提升整体效率

提升生产运营的整体效率是T公司精细化管理的重点目标。随着汽车产业迭代升级的加快，主机厂对产品交期的要求越来越高。因而，T公司作为汽车零部件企业，需要提升产品生产和内部运营的整体效率，在满足客户需求的同时降低内部管理成本。

T公司在以往的基础上进一步巩固并提高生产系统的计划管理、现场管理、降本增效、交付能力等方面，同时严格落实“精益生产”“计划统筹”“自动化改进”“模具管理”“供应商管理”“员工管理”等重点工作。其自主开发的基于摄像机监视系统的100%全自动测量控制检测系统能够保证整个产品组的检测效率和灵活性，进一步提高了操作效率，降低了人工成本。

内部运营的效率提升依靠高效供应链的建设。通过实现全流程多维度的采购业务，保障物料供应，通过对采购价格、供应商进行精细化的分析与管理，提高采购效率和透明度，降低采购成本，打造高效供应链。

11.2.2 基于共同逻辑，实现产业转型

面对离合器市场已陷入“红海竞争”的现状，T公司在提升自身离合器产品品质的同

时，积极通过产业转型以实现产品多元化和业务多元化。在现有业务的基础和自身制造优势的前提下，T 公司抓住自身业务组合的共同逻辑，基于共同逻辑的共享进入新的业务之中。因此，T 公司选择汽车零部件研发与制造作为其 X 维度业务组合的共同逻辑，这符合了 T 公司“成为全球领先的汽车零部件供应商”的愿景，不仅在现有业务之间建立发挥协同效应的主线，并且能有效指导其进入新的业务。

新能源汽车成为发展趋势，双离合器成为国内发展热点，双飞轮开始产业化，这些将有助于 T 公司基于自身离合器产品优势实施产业链延伸。因而，T 公司积极开发并进入新的产业领域，向和汽车离合器有关联的汽车零部件产业发展，拉长汽车离合器产业链；紧密把握新能源汽车及相关配套汽车零部件的发展方向，开发适用于新能源汽车的相关汽车零部件，以此寻找新的增长点。对此，目前 T 公司注重于如农机及工程机械离合器、发动机高压共轨系统喷油器、新能源汽车电机轴、汽车尾气净化系统等部件的研发生产。

11.2.2.1　离合器产品在农机业务上的衍生

随着我国拖拉机逐步向大马力、高端化方向发展，对离合器产品要求越来越高。2017 年，T 公司成立农机事业部，根据农机产品与汽车离合器之间的共同逻辑和收割机离合器与汽车离合器产品技术类似的特点，T 公司的农用机械业务首先将收割机市场作为拓展重点，而后主抓拖拉机双作用离合器、制动片等农机装备核心部件的市场开拓工作。这有助于 T 公司发挥与原有离合器产品制造的协同效应。近年来，T 公司的农机装备核心业务得到了大力的发展，在农机零部件市场占有率逐年攀升，产能也不断加大。T 公司良好的技术研发和产品品质等竞争优势得到了显著的体现，竞争优势也将助力公司扩大对农机市场的覆盖。

11.2.2.2　遵循产业升级逻辑的高端产品研发制造

高精密金属零部件研发制造是 T 公司提升自身产业价值的激发点，契合了 T 公司“成为全球领先的汽车零部件供应商”愿景的趋势。但 T 公司囿于技术的限制，难以在自身内部实现高精密金属零部件的突破。因而，T 公司于 2018 年以现金方式全资收购德国 G 公司。该公司掌握了我国“卡脖子”技术之一的高压共轨技术，在核心金属零部件的研发制造上具有显著的优势。T 公司与 G 公司进行技术合作，设立国外研发中心，引进吸收其先进技术水平，逐步同国际化接轨，由此提升品牌价值，打造领先品牌，摆脱在中低端产品市场中同质化竞争严重的困境。

11.2.2.3　发挥业务协同效应的汽车零部件领域拓展

新能源汽车成为未来汽车产业发展趋势、工程机械与汽车自动化带来液力变矩器长期利好、飞轮减震器被广泛应用等市场变革推动了 T 公司在除离合器之外的汽车零部件领域进行拓展。离合器作为 T 公司的原有业务，是其占据显著优势的汽车零部件产品，在离合器业务的基础上，T公司根据汽车零部件研发制造的共同逻辑，探索能够与离合器业务发挥协同效应的新业务，以期实现规模经济、优势互补、市场份额扩大、更全面的服务等整体效益。

新能源汽车电机轴原先由德国G公司生产，目前T公司已经开始建设新能源汽车精密部件项目，主推国内的新能源汽车零部件市场；当前T公司生产的液力变矩器主要适用于工程机械，未来液力传动装置板块将瞄准高端市场、寻求新突破，争取在售后与配件市场提升产品的配套量和品牌知名度；飞轮减震器产品由湖北S子公司研发、生产及销售，目前已打开市场，未来还将加快该产品的研发和性能提升进度，抢占市场份额；通过两个子公司平台，结合线上与线下销售模式，T公司开展除离合器以外的分离轴承、液压轴承等其他汽车零部件的销售工作，顺利打开相关零部件产品的市场，增厚了公司业绩。以上在汽车零部件领域取得的成绩均证实了T公司通过业务共同逻辑发挥其协同效应的正确性，拓展了在离合器以外的新业务。

11.3 Y维度

当前，制造企业对产业链安全、产业链话语权的重要性理解较为深刻，致力于突破产业链的“卡脖子”环节和技术的动力充足，越来越多的企业做出了纵向一体化战略选择。T公司原本是做离合器起家，主要经营的是汽车零部件的销售。T公司在近几十年的发展实践中，实施了多次纵向一体化整合，纵向一体化战略实践方面具有丰富的经验，在板块之间形成纵向关系、板块内部也有很强的纵向关系。

Y维度纵向一体化最大的难点是需要首先具有这样的战略认识：纵向一体化所进入的环节及其行业，与原主业是不同行业；产业链上的每一个环节所处的行业有不同的资源能力要求，有不同的行业内竞争要素。制造企业在往上和往下的纵向一体化中，务必十分清晰企业在原有的制造业务所具备的思维、资源能力和核心竞争力有多大程度能够共享至纵向一体化的新产业环节，与原有的制造业务如何形成整合效应。要解决Y维度的难题并不容易。下面来看看T公司的Y维度纵向一体化发展。

11.3.1 上游一体化，拓宽产业链

首先，制造企业不仅需要具备上下不同行的意识，而且需要解决技术突破与产业化、战略性保障与市场化协同等组织管控难题，转型的侧重点在业务组合的具体选择以及组织结构、机制的调整。T公司作为汽车零部件的制造者，可以被认为是汽车制造企业的上游。因此，T公司的上游一体化发展注重拓宽自己的产品产业链，实现产品的多元化发展，力争成为汽车制造业、农机装备市场的高端零部件供应商。

11.3.2　下游一体化，完善售后服务业

数字经济下的制造企业下游一体化最受关注的是发展服务型制造，制造业与服务业深度融合的“两业”融合是新业态的重要形式。与制造业最密切相关的产业之一就是售后服务业。售后服务，是指生产企业、经销商把产品（或服务）销售给消费者之后，为消费者提供的一系列服务，包括产品介绍、送货、安装、调试、维修、技术培训、上门服务等。中国汽车零部件售后服务市场仍处于发展初期，规模小，进入门槛较低，生产企业众多，组织架构不合理，经营秩序有待规范，缺乏统一行业标准，呈现出较为松散且无序竞争的格局。客观来说，优质的售后服务是品牌经济的产物，名牌产品的售后服务往往优于杂牌产品。T 公司也敏锐地关注到了这一点，并且在售后服务上投入了许多资源：在国内售后服务市场上，公司拥有完善的销售网络体系，客户遍布全国各地，公司生产的离合器凭借出色的产品质量和价格优势牢牢占据国内售后服务市场产品份额的领先位置，在售后服务市场客户关系稳定，客户资源优势突出；同时，公司产品亦远销美洲、欧洲、南亚、非洲、中东等数十个国家和地区，客户包括完美公司等规模及影响力处于全球头部的大型汽车离合器渠道商，合作关系稳定。公司已经在国内汽车售后服务市场建成了发达的经销商网络体系，经销商数量从最初的 20 余家发展到近万家，覆盖了除港澳台地区外的国内所有省、自治区和直辖市，并实现了市场细分和销售渠道下沉。

T 集团已成立多家子公司，并在国内外新建工厂，逐步从单一生产离合器发展成多元化，线上线下相结合，售后服务与阿里、京东互联网平台合作，多产业链且附带良好售后服务的汽车零部件销售集团，形成了汽车零部件上中下游全产业链整合的发展模式。汽车零部件制造与发展售后服务成为“两业”融合的汇聚点，在这里纵向一体化的共同逻辑十分清晰，重点在实施有效的组织转型，推动国内与国外、上游与下游的协同。T 公司内部具有很强的市场竞争意识和文化，因此，尽管上下游企业之间的管控以竞争机制为主导，但也能够实施管理团队合作、项目制等机制。

11.4　Z 维度

为科学应对百年变局、重塑竞争格局、开拓发展新局，我国政府提出了加快构建以国内大循环为主体、国内国际双循环相互促进的新发展格局的战略部署。在响应政府的号召下，T 公司通过有效的跨区域横向整合克服国内市场分割的难题，通过发达国家生产的信息传递品牌的亲和力，完成对国内国际循环不平衡格局主动作为、主动调整、主动谋划的中长期战略布局。在该战略布局的贯彻下，T 公司构建发达的经销商网络体系来提高产品在各区域的铺货能力，以确保产品份额在国内市场中稳中向好的增长趋势；在美国、德国

等发达国家保持市场份额来赢得印度等非发达国家的信赖，从而向其传递品牌亲和力以增强产品国际市场竞争力。

11.4.1 全方位占据国内市场

市场分割现象作为中国经济增长的特色之一，近年来依然突出，其分割形式掺杂交互。相应形成的原因包含选择性地方主导的产业政策，产权交易的高市场壁垒，商品市场分割以及劳动力、资本、技术、数据等要素的市场分割。为了打破这种割裂，十八届三中全会明确提出要进一步深化改革措施来推动统一开放、竞争有序的市场体系的形成。该政策的明确和后续相关举措的落实，为企业跨区经营减少了制度约束和障碍限制。除政策因素之外，数字经济作为经济增长的新引擎，能够发挥其网络效应、高渗透性和多元融合的特征来帮助多种要素资源质量的同时提升，进而协调各个区域发展。在数字经济的驱动下，企业能够利用虚拟的互联网市场规避物理层面的区域市场分割，从而获得国内超大规模的市场红利。

在政策支持和经济利好的情况下，T公司致力于两条路径的开拓。一是利用经销商网络优势来打破经济物理边界，实现跨区经营。最初，其离合器凭借出色的产品质量和价格优势牢牢占据了国内售后服务市场产品份额的领先位置，在售后服务市场客户资源优势突出。随后在2019年，T公司以现金方式全资收购在维修市场领域拥有覆盖全国销售网络和行业内领先的离合器生产、检测生产线的湖北S公司。经过一年多的培育和整合，2020年度湖北S公司业绩大幅度提升，在助力公司业绩提升的同时，其在主机配套市场上占据的行业地位，和公司本部在离合器后市场积累的品牌知名度互为补充，已形成1+1>2的聚合效应。截至目前，T公司已经在国内汽车售后服务市场建成了发达的经销商网络体系，经销商数量从最初的20余家发展到近万家，覆盖了除港澳台地区外的国内所有省、自治区和直辖市，并实现了市场细分和销售渠道下沉。公司采用信息化手段对经销商进行管理。经销商可通过信息终端完成销售订单下达与收货确认，同时每半年度定期召开经销商大会，对经销商进行业绩督导、技术与产品培训及市场信息交流，提高了公司离合器产品经销效率，促进了经销商市场开拓与产品销售能力的不断提升。二是利用互联网技术来完成汽车后市场的平台化和连锁化。公司额外设立了大客户部，重点服务于京东、天猫、车享家、康众、快准车服、开思等平台，直接向后市场平台供货，减少了中间的渠道，进一步实现市场占有率的提升。同时，公司运用了好运通四方和国联汽配的后市场智慧服务平台，将制造业逐步往服务业延伸，并带动公司离合器产品的销售，提高产品渗透率。综上，T公司针对国内市场分割的实际情况，依托经销商和信息技术建立“分治”制度的前台和后台组织管控机制，从而最大限度地克服了市场分割的影响。

11.4.2　力争抢占海外市场

对外贸易，其作为我国经济增长的“三驾马车”之一具有重要的发展意义。只有在海外市场中获得品牌和品质认可度，在国际市场中获得足够可观的盈利收入，才能在全球日益加剧的优胜劣汰的市场中获得生存之地。如何在海外市场中获得品质认可度？T 公司凭借概念隐喻的手法建构了良好的媒介形象，进而实现了形象的转移和嫁接。T 公司将设立在美国、德国等汽车制造强国的工厂作为来源体，并试图将这些国家具有的高质量汽车零部件制造工艺的属性赋予目标体——企业的发动机高压共轨系统喷油器及新能源车辆高精密零部件等产品，从而塑造产品具有高新技术和优秀质量的媒介形象。具有汽车强国制造工艺的优质产品的媒介形象是 T 公司根据其自身需要向不发达国家市场销售产品的经营管理需要，因此 T 公司以打造精品来获得海外消费大众的青睐。

事实上，T 公司不仅在欧洲和北美均设有全资子公司，而且在印度地区也设有合资工厂。本地工厂的设立不仅在实现产品、营销方式、人力资源要素本土化的基础上适应当地环境、融入目标市场，更有利于 T 公司生产的产品满足本土消费者的需要，同时也节约了 T 公司海外派遣人员和跨国经营的高昂费用，减少当地社会对于外来资本的排斥情绪，更进一步地在当地居民心中传递品牌亲和力。目前，T 公司旗下产品销售范围涵盖美国、南美、南非、日本、东南亚、东欧、中东等近 40 个国家和地区，产品客户还包括完美公司等规模及影响力处于全球头部的大型汽车离合器渠道商。由此可见，T 公司在海外市场所采取的“媒介形象”策略是契合顾客需求和市场环境的。

内循环带来的“量”和外循环创造的“质”，能够帮助 T 公司实现国内国际资源和能力的相互赋能，推动企业高质量发展，进一步提升 T 公司的国际竞争力。同时，T 公司贯彻“双循环”战略发展固然重要，然而更重要的是要保持动态的循环发展战略，因势利导，不断创新，从而在激烈的全球化竞争中实现长期的可持续发展，这恰恰是信息系统能为企业变革提供的最大助力。

参考文献

［1］暴丽艳，林冬辉．管理学原理［M］．北京：清华大学出版社，2010.

［2］蔡淑琴．管理信息系统分析与设计［M］．北京：高等教育出版社，2016.

［3］蔡永鸿，李文国，姚海波，赵伟．管理信息系统理论与实务［M］．北京：清华大学出版社，2011.

［4］常晋义，邹永林，周蓓．管理信息系统［M］．北京：中国电力出版社，2002.

［5］陈国青，郭讯华，马宝君．管理信息系统——原理、方法与应用［M］．北京：高等教育出版社，2019.

［6］程世平．系统论视野中的大学生马克思主义宗教观教育原则［D］．乌鲁木齐：新疆师范大学，2007.

［7］大卫·M. 克伦克，兰德尔·J. 博伊尔．管理信息系统：技术与应用（第10版）［M］．袁勤俭，张一涵，孟祥莉，等译．北京：机械工业出版社，2018.

［8］代黎平．探析管理信息系统在项目管理中的运用［J］．企业科技与发展，2020（6）：106－107.

［9］杜建国．管理信息系统研发及其应用［M］．南京：东南大学出版社，2018.

［10］范红．信息安全风险评估规范国家标准理解与实施［M］．北京：中国标准出版社，2008.

［11］付东鹏．心灵与计算［D］．武汉：华中师范大学，2013.

［12］韩雅鸣，王昌．管理信息系统［M］．北京：清华大学出版社，2011.

［13］何爱平，李清华．数字经济、全劳动生产率与区域经济发展差距［J］．经济问题，2022（9）：9－17.

［14］何泽恒，胡晶．管理信息系统［M］．北京：科学出版社，2018.

［15］贺盛瑜，孙艳玲．管理信息系统［M］．北京：中国人民大学出版社，2012.

［16］胡锐先，左美云．企业信息化发展阶段模型比较［EB/OL］．（2016－06－30）［2023－03－02］．https：//www.docin.com/p－1660429691.html.

［17］斛嘉乙，符永蔚．软件测试［M］．北京：机械工业出版社，2019.

［18］黄汉江．建筑经济大辞典［M］．上海：上海社会科学院出版社，1990.

［19］黄洪．管理信息系统［M］．北京：机械工业出版社，2012.

［20］黄丽华，俞东慧．管理信息系统［M］．北京：机械工业出版社，2018.

[21] 黄丽娟，赵阿平，郭磊磊．管理信息系统 [M]．北京：电子工业出版社，2019.

[22] 霍震．信息系统项目管理的概念结构与方法 [J]．信息记录材料，2021，22 (8)：58－60.

[23] 姜旭平．信息系统开发方法——方法、策略、技术、工具与发展 [M]．北京：清华大学出版社，1996.

[24] 金敏力，矫庆军．管理信息系统（第二版）[M]．北京：科学出版社，2014.

[25] 肯尼斯·C. 劳顿，简·P. 劳顿．管理信息系统（第15版）[M]．黄丽华，俞东慧，译．北京：机械工业出版社，2018.

[26] 梁华．X波段中频相参天气雷达数字接收机设计 [D]．北京：北京邮电大学出版社，2012.

[27] 刘建明，王泰玄，谷长岭，金羽，等．宣传舆论学大辞典 [M]．北京：经济日报出版社，1993.

[28] 刘秋生．管理信息系统研发及应用 [M]．2版．南京：东南大学出版社，2018.

[29] 刘秋生，石小健，项军，张同建，陈永泰，张燕．管理信息系统研发 [M]．镇江：江苏大学出版社，2015.

[30] 刘汝焯等．计算机审计技术和方法 [M]．北京：清华大学出版社，2004.

[31] 刘一书，李德奎．管理信息系统 [M]．北京：化学工业出版社，2013.

[32] 马芝蓓．从Nolan模型到Synnott模型——组织管理信息模式选择研究 [J]．情报杂志，2002 (9)：52－54.

[33] 毛基业，郭讯华，朱岩．管理信息系统——基础、应用与方法 [M]．北京：清华大学出版社，2011.

[34] 莫昊珏．于丹彤．项目时间管理的创新实践及总结研究 [J]．山西青年，2019 (15)：1－3.

[35] 慕静，任立肖，檀柏红．管理信息系统开发方法、工具与应用 [M]．2版．北京：清华大学出版社，2018.

[36] 潘自强，黄丽华，熊伟，薛华成．信息系统战略规划方法及其组合策略的研究 [J]．管理科学学报，1999 (3)：43－50.

[37] 戚桂杰．管理信息系统 [M]．北京：经济科学出版社，2011.

[38] 钱学森．论宏观建筑与微观建筑 [M]．杭州：杭州出版社，2001.

[39] 任华．土地招投标信息系统研究 [D]．武汉：武汉大学，2004.

[40] 上海社会科学信息研究所．信息安全辞典 [M]．上海：上海辞书出版社，2013.

[41] 斯蒂芬·哈格，梅芙·卡明斯．信息时代的管理信息系统（第9版）[M]．颜志军，等译．北京：机械工业出版社，2016.

［42］斯蒂芬·哈格，梅芙·卡明斯．信息时代的管理信息系统（第8版）［M］．严建援，等译．北京：机械工业出版社，2011.

［43］陶西平．教育评价辞典［M］．北京：北京师范大学出版社，1998.

［44］汪应洛．系统工程［M］．5版．北京：机械工业出版社，2016.

［45］王鹏，徐国锋，唐若涵．信息系统项目中的范围管理与风险控制［J］．产业科技创新，2019（12）：103－104.

［46］王其民．信息系统外包风险辨识研究［C］．中国企业运筹学学术交流大会，2019.

［47］王要武．管理信息系统［M］．北京：电子工业出版社，2006.

［48］温锦明．论信息系统项目的范围管理［J］．中国新通讯，2020，22（15）：77.

［49］向卓元，彭虎锋，丁亚兰，李向．管理信息系统［M］．北京：人民邮电出版社，2021.

［50］邢以群．管理学［M］．杭州：浙江大学出版社，2016.

［51］徐德华，刘仲英．信息系统分析方法的发展研究［J］．计算机工程，2001（11）：6－8.

［52］薛华成．管理信息系统［M］．5版．北京：清华大学出版社，2007.

［53］尹涛．管理信息系统［M］．北京：高等教育出版社，2005.

［54］袁康乐．企业的信息系统安全管理研究［J］．现代工业经济和信息化，2021，11（3）：69－70.

［55］张凯．信息资源管理［M］．北京：清华大学出版社，2013.

［56］周懿．过程型机械系统计算机辅助方案设计技术研究［D］．杭州：浙江大学，2011.

［57］Bourgeois D. Information systems for business and beyond［M］．The Saylor Foundation，2014.

［58］Cegielski C G，Rainer R K. Introduction to Information Systems：Supporting and Transforming Business［M］．5th ed. Donnelley/Von Hoffman，2014.

［59］Dennis A，Wixom B，Tegarden D. Systems Analysis and Design［M］．5th ed. America：John Wiley & Sons，2012.

［60］Laundon K C，Laundon J P. Management Information Systems：Managing the Digital Firm［M］．12th ed. America：Pearson College Div，2011.

［61］Satzinger J W，Jackson R B，Burd S D. Systems Analysis and Designina Changing World［M］．7th ed. America：Cengagelearning，2015.